21 世纪特殊教育创新教材

孤独症儿童课程与教学设计
兼论特殊教育的课程

王 梅 等著

图书在版编目(CIP)数据

孤独症儿童课程与教学设计:兼论特殊教育的课程/王梅等著. —北京:北京大学出版社,2014.8
21世纪特殊教育创新教材
ISBN 978-7-301-24637-5

Ⅰ.①孤… Ⅱ.①王… Ⅲ.①孤独症—儿童教育—特殊教育—课程设计—高等学校—教材②孤独症—儿童教育—特殊教育—教学设计—高等学校—教材 Ⅳ.①G76

中国版本图书馆 CIP 数据核字(2014)第 184141 号

书　　　名：孤独症儿童课程与教学设计:兼论特殊教育的课程
著作责任者：王　梅　等著
责 任 编 辑：李淑方
标 准 书 号：ISBN 978-7-301-24637-5/G·3856
出 版 发 行：北京大学出版社
地　　　址：北京市海淀区成府路 205 号　100871
网　　　址：http://www.pup.cn　新浪官方微博:@北京大学出版社
电子信箱：zyl@pup.pku.edu.cn
电　　　话：邮购部 62752015　发行部 62750672　编辑部 62767857
　　　　　　出版部 62754962
印　刷　者：北京虎彩文化传播有限公司
经　销　者：新华书店
　　　　　　787 毫米×1092 毫米　16 开本　17.75 印张　300 千字
　　　　　　2014 年 8 月第 1 版　2021 年 12 月第 3 次印刷
定　　　价：59.00 元

未经许可,不得以任何方式复制或抄袭本书之部分或全部内容。
版权所有,侵权必究
举报电话：010—62752024　电子信箱：fd@pup.pku.edu.cn

作者简介

　　王梅,女,生于1968年,毕业于北京师范大学特殊教育专业。现为北京联合大学特殊教育学院教授,中国精神残疾及亲友会孤独症专业委员会委员,北京市残疾人康复协会监事。

　　从1993年开始一直矢志不渝地开展特殊教育专业化的研究、服务工作。二十多年来始终专注于这项事业并保持着每周都到一线进行教学研究的好习惯,先后咨询、训练的孤独症儿童有几千人次。不仅理论基础扎实,而且具有丰富而独到的实践经验。其承担国家教育部、北京市教育科学规划办、中国残疾人联合会有关的重点课题6个,带领一支孤独症儿童的研究团队进行本领域的应用性前沿研究。主编或撰写《智力落后儿童心理及其缺陷补偿》《孤独症儿童教育训练文集》《智力障碍与孤独症儿童的学与教》《孤独症儿童的教育与康复训练》《孤独症儿童情绪调整与人际交往训练指南》《特殊教育辞典》等著作,公开发表有关论文二十余篇。其首创的具有本土化特色的"自主交往训练法"在孤独症儿童教育康复领域屡传佳音,并已形成具有自主创新特点的课程体系。

前　言

随着教育教学改革的深入，课程与教学设计问题越来越受到学术界和一线教师的关注，特殊教育领域也不例外。在特殊教育发展过程中，招生对象越来越复杂，特殊学生个体差异加大、障碍程度加重，孤独症等有情绪行为问题的学生大批入学，传统的学科教师依靠一本教材教学的局面日益受到挑战，很多教师辛辛苦苦教学但收效甚微，无形中他们的成就感降低了，这在很大程度上影响了教师队伍的稳定性，而社会和广大家长又期盼提高特殊教育教师的专业素质。从政策层面上讲，国家已经颁布了《2011—2020教育中长期发展纲要》，其中特殊教育作为独立章节写进纲要，有了政策保障；教育投入年年增加，有了财力保障；教师基本素质和学历水平逐步提高，有了重要的人力资源保障。现在比较缺乏的是教师持续性的专业发展，而课程和教学设计能力的提升是教师发展的一个专业核心问题。现今的教育越来越倡导培养创新型人才，已经不再是"一本教材一成不变地教"的时代了，教学要适应时代发展、适应个体化发展，就必须对课程和教学进行重新设计，不可能再用现成的教材进行灌输。教师掌握了先进的课程与教学设计的理念与技术，才可能创出"自主、创新、合作"的学习，学生"高参与、高快乐"的课堂更有利于学生的自我发展。我们的研究团队一直致力于努力实现这个目标，探索特殊教育特别是孤独症（亦称自闭症）儿童的课程与教学设计问题。

在探索过程中，我们发现：与课程相关的理论导向多而不明确，或引进的课程理论之间有冲突，导致目标体系庞杂或矛盾，甚至缺少目标体系；教师受普通教育课程体系影响大，特殊教育专业知识技能缺乏，难于实施，更难于调整和创新；缺少课程研发队伍或相关机构、部门，导致整体发展落后……解决这些问题的困难较多，特别是需要建立研究队伍和进行大量的师资培训和一线课程督导。要一一解决这些问题，光靠几个人和几本书、几次培训是不行的，要持续地系统培训教师。美国21世纪初课程改革方案曾明确提出"课程改革就是教师培训"是有一定道理的。只有提高教师整体的专业化水平，课程改革才可能顺利进行。

  国内外研究特殊教育课程与教学设计的文献相对较少,研究孤独症课程的更少,国内还没有相关的书籍,而我国孤独症教育的发展现状和我国的文化背景、教师的成长背景又决定了我们不能照搬国外的课程模式,因此我们写作本书,主要是希望把我们积累的经验与孤独症教师和相关专业人员、在校学生进行分享,起到抛砖引玉的作用。

  本书第一章和第二章通过列举和分析课程设计的理论,以明确课程设计的相关理论问题;第三章重点探讨孤独症儿童的学习特点,以明确课程设计的现实依据;第四章和第五章重点围绕以孤独症儿童为主的特教班和资源教室的课程设计及教学问题进行论述,以期对广大一线教师、在校学生和欲提升专业能力的孤独症及其他特殊儿童家长提供指导和帮助。第六章针对这些年孤独症儿童日益增多,缺乏相应的专业化课程的问题,重点论述了自主交往课程的由来、组成与实施等问题,包含了我们团队近年来的主要研究成果。本书并不涉及资优或天才儿童的课程设计问题等。

  真诚地感谢中国残疾人基金会给予的大力支持,感谢北京联合大学十二五教材建设项目支持。

  要特别感谢团队老师们在繁重工作之余不辞辛苦地写作,这里有一直孜孜不倦研究发展性障碍儿童和课程本位评估的、我的同事张旭老师,她撰写了第四章第四节课程本位评估与评价设计;有在一线始终默默推动随班就读和资源教室事业、悉心钻研课程目标设计的朝阳区新源西里小学的朱振云老师,她完成了第四章第三节、第六章第二节自主交往训练课程设计的写作,和我一起完成了第四章第一节、第五章第五节的写作;还有自始至终、顶住各种压力坚持8年进行自主交往课程实验、为孤独症孩子倾注大爱的王艳老师,她不仅写了很多教学设计案例,还经常为书稿出些好主意;还有很多全身心投入孤独症儿童教学研究的老师们,正因为有他们的努力,越来越多的孤独症家长们看到了希望……因为有了他们默默无闻的奉献,才有了今天的分享。

  毕竟这是一只年轻的队伍,完成这样艰巨的任务尚有困难,一定会有许多不足,真切渴望同仁们的关心和指正。

王　梅
2014 年春于北京联合大学

目 录

第一章 课程设计概述 …………………………………………… 1
    第一节 课程及其相关概念 ………………………………… 1
        一、课程的多种概念 …………………………………… 1
        二、与课程相关的概念 ………………………………… 5
    第二节 课程设计 …………………………………………… 7
        一、课程设计的概念 …………………………………… 7
        二、课程设计的重要性 ………………………………… 9
        三、目前特殊教育学校的课程及其设计普遍存在的问题 ……… 10
        四、课程设计发展趋势及对特教课程发展的影响 ……… 13
        五、特教课程设计应强调的原则 ……………………… 17

第二章 课程设计的基础理论问题 ………………………………… 19
    第一节 课程设计的经典理论流派 ………………………… 19
        一、经验主义的课程论 ………………………………… 19
        二、要素主义的课程论 ………………………………… 20
        三、结构主义的课程论 ………………………………… 21
        四、人本主义的课程论 ………………………………… 22
    第二节 多元智能和建构主义课程理论 …………………… 23
        一、多元智能课程理论 ………………………………… 23
        二、建构主义课程理论 ………………………………… 24
    第三节 课程类型的组织形式 ……………………………… 27
        一、多学科并列型课程、相关型课程和广域型课程 …… 27
        二、核心型课程 ………………………………………… 29
        三、必修课和选修课 …………………………………… 30

第三章　孤独症儿童的学习特点 ………………………………… 32
第一节　孤独症儿童的身心发展特点 ………………………… 32
一、孤独症定义及其称谓变化 ……………………………… 32
二、孤独症儿童的身心特点 ………………………………… 34
第二节　孤独症儿童的学习特点及发展策略 ………………… 41
一、知觉型学习为主 ………………………………………… 42
二、情绪和注意力都不稳定，缺少共同关注 ……………… 43
三、沟通困难 ………………………………………………… 44
四、思维缺乏变通、连贯和计划性 ………………………… 45

第四章　孤独症特教班课程目标、内容与评价设计 …………… 48
第一节　孤独症特教班课程目标与内容设计 ………………… 48
一、课程目标 ………………………………………………… 49
二、课程目标设计范例及其分析 …………………………… 52
三、孤独症特教班课程内容设计 …………………………… 54
第二节　资源教室课程目标与内容设计 ……………………… 58
一、资源教室的对象、功能 ………………………………… 59
二、资源教室的课程目标设计 ……………………………… 65
三、资源教室小组课的课程内容设计 ……………………… 68
第三节　随班就读孤独症学生课程调整与设计 ……………… 70
一、随班就读课程的调整 …………………………………… 71
二、随班就读孤独症学生的课程设计 ……………………… 76
第四节　课程本位评估与评价设计 …………………………… 83
一、课程评价的内涵 ………………………………………… 83
二、我国特殊教育课程评价的现状 ………………………… 84
三、课程本位评估 …………………………………………… 85
四、课程本位测量 …………………………………………… 91

第五章　孤独症特教班和随班就读的教学设计 ………………… 98
第一节　教学设计概述 ………………………………………… 98
一、教学设计的发展历程 …………………………………… 99

二、教学设计的基本要素 …………………………………… 100
　　三、教学设计的种类 ………………………………………… 102
　第二节　教学目标及其过程设计 ………………………………… 103
　　一、教学目标概述 …………………………………………… 103
　　二、基本要求 ………………………………………………… 104
　　三、具体教学设计方案范例 ………………………………… 106
　第三节　教学模式与抛锚式教学 ………………………………… 107
　　一、教学模式概述 …………………………………………… 108
　　二、抛锚式教学 ……………………………………………… 111
　第四节　孤独症特教班教学设计的原则与案例分析 …………… 114
　　一、原则 ……………………………………………………… 115
　　二、孤独症特教班教学设计案例 …………………………… 117
　　三、教学设计的评价 ………………………………………… 118
　第五节　随班就读教学设计的案例与分析 ……………………… 121
　　一、随班就读学生的教学目标调整 ………………………… 122
　　二、随班就读学生教学内容、手段的设计 ………………… 128
　　三、随班就读教学设计中应注意的问题 …………………… 130

第六章　自主交往训练法及其课程设计 …………………………… 133
　第一节　自主交往训练法 ………………………………………… 133
　　一、自主交往训练法的由来 ………………………………… 134
　　二、自主交往训练法的依据 ………………………………… 135
　　三、自主交往训练法的基本内容 …………………………… 136
　第二节　自主交往训练课程设计 ………………………………… 142
　　一、与课程设计及实施有关的问题 ………………………… 142
　　二、自主交往课程目标设计 ………………………………… 145

附　录 ………………………………………………………………… 161
　附录1　第四章第一节 …………………………………………… 161
　　附录1-1　某校孤独症特教班课程目标设计一览表 ………… 161
　　附录1-2　学前到学龄中段各领域课程纲要举例 …………… 164

附录2　第五章第五节 …………………………………………………… 170
　　　　附录2-1　随班就读孤独症学生集体课教学设计案例……………… 170
　　　　附录2-2　随班就读学生个训课的教学设计案例 ………………… 171
　　　　附录2-3　随读生资源教室小组课教学设计案例 ………………… 172
　　附录3　第六章第二节 …………………………………………………… 175
　　　　附录3-1　以生活语文课为例进行班级课程目标设计案例………… 175
　　　　附录3-2　自主交往课程中的运动康复课设计案例 ……………… 176
　　　　一、具体内容设计 ……………………………………………… 176
　　　　二、干预结果 …………………………………………………… 178
　　附录4　自主交往课程教学设计案例集………………………………… 180
　　　　附录4-1　案例中的理解关键和常见问题提示 …………………… 180
　　　　附录4-2　情绪调整阶段的教学设计案例 ………………………… 182
　　　　附录4-3　自主交往中关注阶段的教学设计 ……………………… 194
　　　　附录4-4　自主交往中参照阶段的教学设计 ……………………… 218
　　　　附录4-5　意图理解、想象力拓展和分享阶段的教学设计案例…… 236

编者推荐阅读资料 …………………………………………………………… 269
后　　记 …………………………………………………………………… 271

第一章 课程设计概述

本章主要内容
理解课程及其相关概念。
了解课程设计的重要性。
掌握课程设计的基本概念。
了解特殊教育课程设计中存在的问题。

我们每个人一生上过无数节课,有的喜欢语文课,有的喜欢数学课,有的喜欢音乐课……这些课中又有哪些课印象深呢?在与学生的交流中发现,给学生留下深刻印象的课通常有以下几个特点:首先是教师知识渊博、旁征博引,自始至终能吸引学生;其次是某次讲课内容或方式特别吸引人;第三是师生关系密切,积极鼓励学生参与……总之,一个人学习历程很长,但一生中能听到一些好课并不容易,所以每个人都渴望多听几节好课,作为教师也同样希望自己上的课能让学生喜欢。每个人一生中上了万余节课,它深深地影响着人们的发展,不仅如此,也影响着社会的文明进步。

探讨孤独症等特殊学生的课程设计问题首先应明确课程与课程设计的一些基本理论问题,只有在理论指导下的实践才能越做越扎实。

第一节 课程及其相关概念

了解课程概念是研究课程及其设计的基础性工作。

一、课程的多种概念

课程的提法对大多数人并不陌生,每个人的学习生涯中上课无数。但此处所说的上课和本书的课程并不等同。课程的概念可谓五花八门,涉及哲学、社会学、教育学、心理学等多个学科。据美国学者 A. C. 鲁尔(A. C. Ruhr)在其博士论文《课程含义的哲学探讨》(1973年)中的统计,课程定义至少有119种之多。① 国内对课程概念也是众说纷纭,施良方曾归纳并分析了6种典型的课程定义:①课程即教学科目;②课程即有计划的教学活动;③课程即预期的学习结果;④课程即学习经验;⑤课程即社会文化的再生产;⑥课程即社会改造。② 比较有代表性的观点有如下几种。

一种提法认为课程是有计划的教学活动,这一提法与大多数人理解或感知的课程类似,通俗地看上课就是课程的主体,容易混淆上课中的课与课程研究中的课字,且主要着眼于课程实施,容易使人把课外活动、课程目标设计过程忽略,也容易使人产生课程就是教师导引的,忽视学生角色的参与性。这样的定位容易使课程与教学相混淆,使重点落在了教学活动的安排上。再者,如果仅仅把计划界定为书面计划是无法涵盖所有课程的,未包括学生在学校的活动中所获得的经验,如课外活动和社团等活动中的经验等,也可能造成忽略课程设计的工作。③ 计划性、制度化的课程不能顾及特殊学生千差万别的个体差异。随着特殊教育的发展,越来越多地重视以生为本、环境育人,而教师接纳态度的变化、儿童健康心理环境的营造有些不属于有计划的教学活动。

第二种提法认为课程是预期的学习结果。有人认为,课程是在学校的帮助下,为了使学生在能力上获得不断发展,通过知识和经验的系统组织而形成的有计划、有指导的学习经验和预期的学习结果。④ 课程不应指向活动,应该是直接关注预期的学习结果或目标。这种理解把重点放在预期的学习结果上,要看到学生"能力的发展",但在特殊教育实施过程中,很多学生在缓慢地、默默地变化,并不宜以成绩、能力指标来直接评定教育成果,情绪稳定、主动参与、快乐心态等非能力发展指标亦受到重视,其结果效应持久、缓慢,这种提法亦可能造成忽略非预期的学习结果和学生之间所存在的不同差异的问题。

第三种提法认为课程即学习经验。即强调课程应关注学生实际学到什么而不是教师教了什么。这种理解把课程的重点从教材转向个人,认为课程是师生共同创造的经验,而不是固定的知识体系,美国的格林(M. Green)、格鲁梅特

---

① 乔治·A. 比彻姆. 课程理论[M]. 北京:人民教育出版社,1989:169.
② 施良方. 课程理论——课程的基础、原理与问题[M]. 北京:教育科学出版社,1996:3-7.
③ 刘万海. 从知识到经验:课程本质的现代解读[J]. 全球教育展望,2004(12):20.
④ Loucks, S. F. The International Encyclopedia of Curriculum [M]. Oxford: Pergamon Press, 1991: 15.

(M. Grumet)、加拿大的范梅南(M. VanMannen)、史密斯(D. Smith)等人均认为课程是个体的自我体验,这种经验必须通过具体的个体对其"生活履历"进行"概念重建"①。美国课程论专家卡斯威尔(H. L. Caswel)等人认为,"课程是儿童在教师指导下获得的一切经验";另一著名课程论专家福谢依(A. W. Foshay)也认为,"课程是学习者在学校指导下获得的一切经验"。②

这种提法突破了"知识说、计划说",把重点放在了学习者身上。学生在学校的实际体验和学习得来的经验就构成了学校课程,这种认识虽带有一定的狭义性,但符合目前我国特殊教育发展现状,符合特殊学生发展需要,他们需要"通过实践主动获得经验",因此这种提法较容易接受。

第四种提法是课程即社会改造。③ 课程不要使学生适应社会文化,而是要帮助学生摆脱现存社会制度的束缚。弗莱雷(P. Freire)、布拉梅尔德(T. Brameld)等都认为课程应由教育者按照社会需要来决定,而不是由学生自己来决定。这种理解夸大了课程在社会发展中的作用,过于强调其社会作用的一面,相对比较片面。对于特殊儿童而言,其担任的社会角色较少,若课程内容按照社会需求而不是特殊儿童的需求设计,学生从中受益很有限,反而会影响其社会角色的发挥。

第五种提法认为课程是文本总汇。这种提法出现较晚,1995年美国的课程专家派纳(W. F. Pina)等人出版了《理解课程——历史与当代课程话语研究导论(上、下)》一书,阐述他们这方面的主张。课程不只是分门别类的学校材料(school materials),而是需要被理解和建构意义的符号表征,④通过这种文本可以解读和构建出多元的意义:政治意义、种族意义、性别意义、审美意义、神学意义、个性意义等等。⑤ 这种提法反对把课程看做计划、预期的结果,对课程的理解更加动态,更强调课程是情境中的互动、是复杂的会话,有过程和结果的双重意义。课程改革本身即是政治文本的呈现,课程改革不仅是政府事务或决策者的意识投射,而且是一项公共道德事业。⑥ 随着定义的变化,它的内涵也会越

---

① 刘万海. 从知识到经验:课程本质的现代解读[J]. 全球教育展望,2004(12):21-22.
② 张华. 课程与教学论[M]. 上海:上海教育出版社,2000:68.
③ 李丽敏,王振杰,陈瑞雪. 社会改造主义的课程观对我国课程改革的启示[J]. 新课程研究,2007(11):6-7.
④ 但武刚. 课程概念界定的五种视角评析[J]. 教育研究与实践,2011(4):27-29.
⑤ 高伟. 课程文本:不断扩展着的隐喻[J]. 全球教育展望,2002(2):28.
⑥ 任平. 新课程改革的"再概念化"[J]. 中国教师,2007(2):26-28.

来越饱满。目前对这种概念的接受度、本土化等都需要一定时间进行观察和研究。

在考虑课程的概念时,不同学科、不同研究者着眼点不同,有的着眼于结果,有的着眼于活动的过程或程序,有的着眼于计划性,有的则从功用或作用角度说明。给课程下一个统一的定义很困难,结合国内外对课程概念的不同提法,本书选取了一个应用比较普遍的概念,从广义和狭义两个方面来进行界定。

广义上课程是指学生在学校获得的全部经验。其中包括有目的、有计划的学科设置、教学活动、教学进程、课外活动以及学校环境和氛围的影响。[①] 从这个角度上看,广义的课程包括显性和隐性课程两部分。所谓显性课程又称为显课程,主要指学校正规的学术性课程和计划内的课外活动。隐性课程(又称潜在课程)是指学生在学习环境(包括物质、社会和文体体系)中,所学习到的非预期的知识、价值观念、规范或态度。可通过校园生活、人际关系、集体活动等潜移默化地影响学生的课程,[②]它是教学计划以外的课程。在特殊教育学校中,环境塑造、家长工作、志愿者活动都是非常重要的潜课程,值得认真研究其开发问题。

狭义上课程是指教师指导下学生主动获得的某类经验。根据目前国内课程研究现状,本书采用的课程概念为这种狭义的课程概念。选用这种狭义课程概念主要是由其实质和特殊儿童的特殊性决定的。这个概念关注儿童个体本身,而不是教师、知识体系、社会改造,而特殊儿童的经验又有其特殊性,往往已有经验比较零散、混乱、直观性较强(Jasimin Roohi, 2008;曹漱芹,2008;李晶,2012),以此为出发点进行的课程设计旨在整合、填补和发展他们的个体经验。强调主动获得则为了突出以人为本的导向,这种获得必须是在师生、生生互动中的主动建构。这一定义符合本书整体理论基础——建构主义学习理论、人本主义心理学。只有理顺概念及课程理论基础,课程设计才能成为"有源之水"。

课程定义多种多样,而考察是否正确的一个方式是看作者怎么应用这个概念,因研究者或实践者在其课程思考和工作中对概念的使用而有所不同。课程的实际应用最终要比它在内容的理论定义、概念、选择和组织上获得指导重要

---

① 施良方.课程理论——课程的基础、原理与问题[M].北京:教育科学出版社,1996:5-7.
② 陈玉琨,沈玉顺,代蕊华,戚业国.课程改革与课程评价[M].北京:教育科学出版社,2004:5.

得多。① 本书主要研讨显性课程设计,后两章孤独症课程设计部分也涉及一些潜课程设计问题,如情绪调整等,他们对显性课程影响很大。

二、与课程相关的概念

由于"课程"和"学科""教学内容""教学计划""教学大纲""教材"等概念通常关系密切,容易混淆,因此有必要对它们加以区别。

学科通常是指教学的科目,它是按照一定的结构组织起来的知识与技能体系,②是不同的人类文化遗产按一定逻辑组织编排而产生的。其偏重体系和框架,在概念层面,本书中采用的课程概念和人类文化遗产构成的体系不能等同,课程包括学生各种课内、课外活动中获取的实践经验,这些经验有些是不按学科体系排列的。在操作层面,特殊学生获取经验往往是不系统的、综合的,一门课中交叉着多个学科知识,特殊学校课程中经常开展的综合实践活动不属于某个学科,课程编排体系与一般的普通教育学科编排体系亦有不同。

教学内容通常是师生双方沟通的中介物,以教学计划、教学大纲、教材或讲义、活动安排等具体形式表现出来的知识、技能、价值观念及行为。③ 有学科知识、道德观念、行为习惯等,基本不包括学习结果,而课程概念中包含双方互动的结果。

学者对教学计划的理解也有不同,有的认为教学计划是由国家政府部门颁布的某种专业全部教学过程的指令性或指导性的教学文件,由下级教育部门和学校来执行落实。一个完整的教学计划主要包括培养目标、培养要求、修业年限、主干学科和主要课程、课程设置、教学安排与时间分配、成绩考核及学位授予等项内容,④包含了某专业教学计划的主要内容。有学者归纳后认为"教学计划"是课程的体系结构,是国家、地方政府为保证培养人才的规格而做出的关于学习科目和范围的指导性文件,一般规定教学科目、学科的顺序、各门学科的教学时数、学年编制和学周的安排。从概念中可以看出,教学计划是体现体系结构的指导性文件,不是课程本身。

与教学计划密切相关的是教学大纲,对教师而言,教学大纲主要指课程教

---

① 江山野.简明国际教育百科全书·课程[M].北京:教育科学出版社,1991:65.
② 陈玉琨,沈玉顺,代蕊华,戚业国.课程改革与课程评价[M].北京:教育科学出版社,2004:5.
③ 同上书,2004:6-7.
④ 吴荣泉.教学计划、教学大纲与教材在教学中的作用[J].海南医学院学报,2005(11):354.

学大纲，它是一门课程的纲要结构，是以纲要的形式规定有关学科内容的指导性文件，[①]它规定了本门课的目的、任务、内容、范围、教学进度、时间安排以及对教学方法的要求等。相对教学计划，大纲指向每一门课，更具体，是编写教材的依据。斯腾豪斯（Stenhouse）认为，教学大纲"将某一教育项目的基本原则和特点表现出来，能够有效地付诸于实施，接受大众的评价和审视"[②]，教学大纲至少要阐明大纲设计、教学内容与实践以及这样做的理由。

教学大纲是编制教材的依据，也是进行教学效果考核的基本指南。每门课都要有一个纲领性的文件，教师的教学必须紧扣教学大纲，大纲作为开设本门课的指导，但不是课程本身。

教材（包括讲义）是根据大纲要求，由相关人员编写的教科书，包含一门课程的具体知识内容，是教师教学、学生学习和进行评教、评学的依据。与教学内容的概念一样，都不是课程本身。

在某个学科领域，任教某门课程的教师要熟悉教学计划，掌握教学大纲对各章节内容的要求，精通教材内容和相关学科的知识，根据不同的教学对象写出系统、科学的授课教案，然后传授给学生。学生在各个教师指导下和自己参与相关活动等获得的经验的总和构成了广义上的课程概念。

课程与学校中常用的学科、教学内容、教材、教学大纲等概念有密切联系，如果定位不准就容易混淆。因此，在研究伊始必须先准确区分概念，给课程定位：课程不仅包括学科教学内容、教材，它还包括各种实践活动及其进程；课程不是教学计划、教学大纲这些纲领性文件，它包含对这些纲领性文件的具体化活动，课程更不是一本具体的教材。这一概念定位于学习者角度，而不是文件、框架、书本知识。在这个定位下，课程概念的内涵比教学、教材、教学计划和教学大纲都丰富。

一定要明确课程不是教学本身，不能说某个教师具体的教学设计、上课行为是课程，它们只是课程的一部分；课程也不是教材本身，教师对教科书的补充或延伸部分也是课程，教材只反映了课程内容的一部分。广义的课程包括了教师根据培养目标选择教材、教参所要传递的目标内容（被学生接受了的知识能力），包括了对传递活动和结果的构想与操作（学生接受的过程、接受过程中情

[①] 陈玉琨,沈玉顺,代蕊华,戚业国.课程改革与课程评价[M].北京:教育科学出版社,2004:6-7.
[②] 吴尚义.关于国外教学大纲的研究[J].教育与职业,2012(8):166.

绪情感、兴趣变化),还包括了隐性的、学生互动交往所得,教师对环境的创设、校园班级文化的持续影响等,狭义的课程主要包含前两方面。从概念的外延看,课程目标和教学目标有联系但不等同,课程内容和教学内容的关系也是如此,因此不能把课程和教学混淆。

第二节 课程设计

谈到设计,使用较多的是建筑设计等,指在建造之前,设计者按照建设任务,把施工和使用过程中所存在的或可能发生的问题,事先作好通盘的设想,拟定解决这些问题的办法、方案,用图纸和文件表达出来。[①] 课程设计中的设计跟建筑设计中的设计有异曲同工之处。课程是在教师指导下学生获得的全部经验,课程设计者泛指教师群体,课程设计具体指什么?它与教学设计有什么关系?这些重要问题应该在课程设计中明确。

一、课程设计的概念

课程设计同课程的概念一样,不同视角对它们的定义不同。与课程设计相近的称谓较多,有的称课程编制、课程规划,有的称课程开发等。我国台湾学者王文科在《课程与教学论》中认为课程编制或设计是为学习者提供学习机会而运用的架构和模式,它们是一回事。而我国课程论研究者施良方则区分了课程编制与课程设计两个概念,他把"课程编制定义为完成一项课程计划的整个过程,包括确定课程目标、选择和组织课程内容、实施课程和评价课程等阶段;课程设计主要是指课程计划的制订,只有在计划完成后才实施和评价"[②]。还有人指出课程开发指形成、实施、评价和改变课程的方式和方法,课程开发是一种决定课程、改进课程的活动、过程。[③] 从本书的研究内容看,课程设计的称呼更为合适。

课程设计的定义也有很多,我国课程与教学论研究者丛立新在《课程论问题》中提出,课程设计就是对于课程各个方面做出规划和安排。[④] 韩延伦在《高

[①] 郭勇超.建筑设计市场管理问题的分析[J].广东建材,2011(6):91.
[②] 施良方.课程理论——课程的基础、原理与问题[M].北京:教育科学出版社,1996:81.
[③] 汪霞.课程设计的几个基本问题[J].教育理论与实践,2001(11):54-59.
[④] 丛立新.课程论问题[M].北京:教育科学出版社,2000:253.

校文化素质教育课程设计研究》中提出"课程设计要素层面所包括的基本问题，主要是课程目标的确立、课程内容的选择和组织以及课程设计评价体系的确立。"①

《国际教育百科全书》中给课程设计下的定义为：课程设计是课程的组织形式或组织结构。它取决于在两种不同编制水平上的决策：一种是概括水平，在这一水平上要做出价值选择；另一种是具体水平，在这一水平上涉及有关课程因素的技术设计和实施问题。②

美国课程专家蔡斯（R. S. Zais）认为，课程设计是一个尤其会涉及课程的实质结构、形式或组织的术语，组成课程的基本要素一般包括宗旨、目的和目标、题材内容、学习活动、评价，这些要素的性质以及将这些要素组合成一个统一的课程组织形式就构成了课程设计。

钟启泉等人认为，课程设计是指课程结构、基本要素以及这些要素的组织形式或计划安排。包括课程目标、内容活动、评价几个组成部分。课程设计是关于整个课程的计划安排。③

从以上课程设计定义看，不同定义之间的区分主要体现在课程设计范围的不同，例如蔡斯定义的课程设计包含从课程的目标确定到课程的实施和评价，施良方给出的定义也包含课程目标和课程内容的选择，丛立新的课程设计有设计又有实施，总之对"设计"把握产生偏差而造成课程设计的要素不同，"设计"是理解课程设计的一个关键词语。

借用建筑设计的提法和内涵，设计就是预先精心地规划和制订方案，而课程设计是由一群特定的成员依据某些教育理念（课程理论）拟定课程目标、选择课程内容，并按一定的原则加以组织，同时考虑评量课程目标是否达到的方法（课程评量）的一系列活动过程，通过这一系列活动而形成教学人员可以应用的课程。④ 此定义清晰、具体、易理解，既指明了课程设计内涵，也包含了外延——课程设计的主要工作：在理论指导下进行目标设计、围绕目标进行内容设计，并考虑如何评量，而不是真正实施评量。这一概念与本书理念相切合。

课程设计在实际操作中易与教学设计相混淆，课程设计着重宏观、整体，教

---

① 韩延伦.高校文化素质教育课程设计研究[M].青岛：中国海洋大学出版社，2005：43.
② 丁延森.国际教育百科全书[M].贵州：贵州教育出版社，1990：568.
③ 钟启泉，汪霞，王文静.课程与教学论[M].上海：华东师范大学出版社，2008：95.
④ 李宝珍.如何编制课程，重庆江津向阳儿童发展中心内部资料.

学设计侧重微观、具体,两者密切相关但是两个不同的工作。课程设计主要是拟定一门课的目的要求、组织形式、组织结构和主要内容,是搭架子的工作(即解决如何使目标、对象需求相匹配的问题),教学设计填充具体内容(即解决如何完成目标的问题),它主要是结合教学目标提出一些具体的教学内容和教学策略的设计方案,涉及目标、内容、对象、教学策略、教学媒体、教学评量等各要素,有各自独立性。[1]

二、课程设计的重要性

课程是学校实现其培养目标的基本途径,是实施学校教育的中心环节。其地位非同一般,对它进行认真设计十分必要。

课程设计的重要性可以从概念本身以及应用角度分析。

从概念角度看,首先,课程设计要清楚地说明目标,有助于保证目标的价值和参与者的正确理解,不能仅限于给我什么教材我就教什么,设计本身就会使教师对目标和学生现状都不能忽视。其次,课程设计要选择达成目标的最佳方案或途径,[2]并对设计进行预评价,使设计者做到心中有数,这些都是提高课程质量的有效保证。

从应用的角度看,近十年来我国特殊教育领域发生了很大的变化,以前主要发展特殊学校的安置形式,虽有随班就读的形式,但真正开展的研究很少,现在教育安置形式上更加多元,融合教育日益受到国家的重视,资源教室、随班就读、普通学校的特教班等形式都将得到更大发展,现状是形式有了但普遍缺乏相应的课程,课程设计与实施是促进它们内涵发展的重要支柱。

在特殊学校,特别是培智类的特殊学校,教育对象也发生了很大变化,十年以前主要以中重度弱智儿童为主,弱智儿童发展速度慢,水平低但均衡,少有情绪问题,行为习惯一旦形成就比较稳定。现在,教育对象日益多元,孤独症儿童、脑瘫儿童、多重障碍儿童日益增多,认知能力、沟通能力方面的个体间差异越来越大,情绪行为问题多发,实现班级授课和集体化目标困难重重,需要长期及时地进行教育康复,与之相应的传统课程必然需要大的变革,首当其冲仍然是解决课程问题。因此无论是安置形式还是教育对象的变化都亟须课程设计

---

[1] 钟志贤.论教学设计定义的重构.电化教育研究[J],2007(7):11.
[2] 汪霞.课程设计的几个基本问题[J].教育理论与实践,2001(11):54-59.

和研究。

总之,若现有课程不成体系、满足不了学生发展需求,需要进行课程设计;若现有课程基本可行,但面对不同的学生配比,不同的环境条件,也需要教师进行课程再设计。

三、目前特殊教育学校的课程及其设计普遍存在的问题

随着教育改革步伐的加快,世界各国对课程设计问题都日益关注起来。普通教育中的每次教育改革的重点之一都是课程,特殊教育也不例外。目前主要存以下课程及其设计问题需要改进。

(一)缺乏课程理论指导,教师自定课程现象凸显

有研究表明,中小学教师普遍存在课程理论缺失的问题,[①]特殊学校教师也不例外,简单移植普通教育的课程理论研究成果,没有自身特色。[②]从培智学校校本课程设计现状看,理论依据众多,有的以皮亚杰的认知发展及动作思维理论为依据,有的学校以陶行知的生活教育理论、维果茨基的社会文化传递理论为依据,兼顾马斯洛、罗杰斯的人本主义学习理论,有的以社会学中的功能性理论、实用主义哲学、行为主义心理学为依据,心理学基础类别庞杂甚至对立。[③]

长久以来,特殊教育学校的课程是依据1993年教育部(原国家教育委员会)颁发的《全日制聋校、盲校课程计划(试行)》以及《中度智力残疾学生教育训练纲要(试行)》而设置的,之后随着特教学校招收的学生残疾程度越来越重,类型越来越复杂,这份文件已明显不适宜,新的《培智学校义务教育课程标准》(以下简称新课标)虽已在2007年出台,但教师大多不知如何使用?没有相应的配套教材或教学参考书。[④] 目前全国中、东、西部特殊教育学校学生程度千差万别,很难遵循一个纲要。教师"自行决定课程"的情况比比皆是。"自行决定课程"需要教师具有很高的专业素质和丰富的教学经验,但现状不容乐观。在一些地区存在比较严重的特教教师队伍年轻化、非专业化现象。2008年江苏省近三千名特殊教育教师中,真正毕业于特殊教育专业的教师只有995人,仅

---

① 张治平,谢翌.觉醒课程理论:教师课程领导的当务之急[J].教育理论与实践,2012(9):26.
② 谈秀菁.特殊教育课程理论研究的缺失与回归[J].中国特殊教育,2006(4):31-32.
③ 王辉.培智学校现行培养目标和课程问题的探析[J].中国特殊教育,2003(2):35.
④ 同上注.

占总数的36.1%,而从事特殊教育教学的大多是非特殊教育专业毕业的教师。[①] 河南2009年的一项调查显示,专任教师中特教专业的占42%,大部分是普教或其他专业改行的。[②] 新疆2012年的一项调查显示5年以下专任教师占教师总数的28.2%,特教专业毕业的占教师总数的3.2%。[③] 山东泰安特教教师中特教专业的占42%,但大部分起始学历是中专毕业,经过进修仍有31%是专科及专科以下。[④] 2012年北京市某区特殊学校5年以下教龄的教师占该校教师总数的50%以上。虽然教师队伍在不断进步,但要想进行课程规范化和卓有成效的课程设计依然有很大困难。

(二) 缺少地方课程规范,课程结构较杂乱

教育部已于2007年发布了《培智学校义务教育课程设置实验方案》,但目前缺乏根据各地不同实际情况出台相应的配套指导方案、解读课程目标和规范地方课程,培智类特殊学校各行其是地实施课程、课程结构杂乱与之密切相关。

课程结构指学校课程体系中各种课程类型及具体科目的组织、搭配所形成的合理关系与恰当比例,[⑤]一般有横向和纵向之分。横向结构是对符合培养目标的课程按一定比例有机平行地安排。纵向结构指从培养目标出发形成的、蕴涵由高到低目标梯度课程安排,分必修和选修课,必修课含基础课程、主干课程、专业课程。课程横向结构杂乱,有按学科、活动、适应三大板块安排的,有按运动、认知、生活自理、沟通、社交几大领域安排的,有按社会化、体能、图形操作、情绪分化四大类安排课程结构的。[⑥] 科目之间缺乏联系,不利于学生融会贯通。[⑦] 有些纵向结构按照国家课程、地方课程和校本课程安排,缺乏统整。虽然现在有学校用部分科目的主题教学统领各科,但主题之间关系割裂,缺乏层次和重点。许多教师都采取先教认识吃的、喝的、用的,再教跟家庭、学校有关的内容,再教些安全常识就构成了总体课程架构,目标性、层次性、创新性普遍缺乏。

[①] 蒋云尔,王辉,范莉莉.江苏省特殊教育学校教师队伍的现状与对策[J].中国特殊教育,2008(8):46.
[②] 李志刚.河南省特殊教育师资队伍现状及发展对策[J].河南教育学院学报,2009(6):63.
[③] 马艳艳.新疆特殊教育学校师资队伍建设调查研究[D].新疆师范大学教育科学学院硕士学位论文,2012.
[④] 孙刚.泰安市特殊教育师资队伍现状调查研究[D].山东师范大学硕士学位论文,2012.
[⑤] 赵文平.论学校课程结构的构建[J].教育理论与实践,2013(19):52.
[⑥] 王辉.培智学校校本课程研究案例分析[J].中国特殊教育,2004(9):41.
[⑦] 徐丽华.杜威课程理论对新课程改革的启示[J].福建师范大学福清分校学报,2008(6):6-7.

结构混乱的课程不利于甚至会阻碍特殊学生发展,也不利于教师自身产生成就感。一些特教学校教师的职业倦怠情况十分严重。① 蒙军2008年对内蒙古巴彦淖尔市特教教师的调查中,30%的教师认为身心疲倦、厌倦特殊教育工作,近三年中,已有15名教师调离特殊教育岗位,其中有13名教师改行从事普通中小学教育教学工作,有2名教师从事其他教育和行业工作。②

(三)课程设计的意识比较淡薄,课程目标及其定位不清

缺乏理论指导,缺乏实质性的特殊教育课程实践研究作支撑,缺乏科学的课程设计的意识,有很多教师把课程设计和教学设计混淆,或把课程设计片面理解成编几本教材。从某市调查显示,十几所培智学校就有五六所公开出版了校本教材,但可用的并不多,本校教师并不经常使用。不使用的原因多种多样,表面看与班级学生个体差异大,或各类特殊学生多,现成教材不适宜多数学生学习,只适用于少数有关,实质上与教育指导思想偏颇(片面重视知识教学等)、教材导向(定位)不清等深层问题有关。

有很多教师安排的课程没有目标或目标跳跃性大、缺乏核心目标统整,内容重复或交叉,"像磨豆腐原地打转",有目标意识的教师把课程目标偏重知识技能取向,而忽视了对人发展十分重要的情感、态度与价值观等。③ 另有一部分教师在实用技能和知识教学导向上"摇摆不定"、定位不清,经常东一榔头西一棒子,依据新课标中的目标时也是如此。

此外,缺乏研究队伍和相关系统的研究也是制约特殊教育课程设计发展的因素。课程设计是一项系统工程,既包括课程目标、内容、实施手段、评价方法的设计,也包括课程理论研究、课程领导或课程规划教师的培养(课程队伍建设),还包括家长、学生本人参与课程建设的方式方法、课程参与者对课程的反思。特殊教育课程设计需要系统的、专业的研究,而从事特殊教育课程研究的人员很少,中国知网近十年发表的有关特殊教育课程设计方面的文章不足10篇,且多是关于呼吁和介绍课程改革、新课程标准制定方面的,几乎没有探讨课程理论依据的。特殊教育课程设计有许多需要发展和完善之处。

---

① 郭璐露.特教教师职业倦怠的现状及其与工作特征的相关研究[J].中国特殊教育,2008(1):22.
② 蒙军.巴彦淖尔市特殊教育师资队伍建设存在问题及对策研究[D].内蒙古师范大学硕士学位论文,2008.
③ 徐丽华.杜威课程理论对新课程改革的启示[J].福建师范大学福清分校学报,2008(6):8.

四、课程设计发展趋势及对特教课程发展的影响

（一）课程设计现代化

课程设计在我国发展较晚,在 20 世纪 80 年代,国外一批重要的课程论著作相继被介绍到国内,各主要课程流派的设计理论也随之进入国内学术界。[1] 但长久以来,拉尔夫·泰勒(Ralph Tyler)关于课程的思想、课程编制的目标模式等对学术界影响较大。[2] 进入 21 世纪后,反对泰勒的传统理论的呼声越来越高。[3] 课程应当是以儿童为本还是以社会为本？课程应当是注重知识的传授还是注重能力的培养？课程应当强调分析还是强调综合？这些问题引起了人们对课程理论现代化的追求。有学者提出把课程作为一种可以基于多元价值观进行解读的"文本",一种高度个性化的、开放的"事件",未来的课程将是提供给人们对话、交流、体验、思考、探究和行动的机会,它有"形"却不拘泥于某种固定的"形态",它有"过程"却没有什么恒定不变的程式,它有"内容",但允许人们有不同维度的理解。[4] 要从原则规范、结构、功能等多方面建立一个全新的理论。随着课程概念的变迁,对课程设计理论进行创新的需求和研究工作都在加强。把现代的科学、技术、文化的成果及时地反映在学科结构中,加入"新成果",以计算机学科、网络技术尤为明显,开设了生计教育、环境教育、创造教育等一系列内容现代化的课程。

特殊教育课程发展中重视生涯规划、转衔教育,开设生命教育、综合实践课程等都与这种趋势相吻合。随着时代的发展变化,特教课程现代化也是必然趋势,孤独症儿童的课程也不例外。

（二）课程设计主体均权化

以往课程设计的主体多是国家或地方政府,改革开放前,我国实行的是单一的国家课程,地方和学校在课程设计方面几乎没有什么权力,许多教育工作者只是"照课本上课",不考虑课程设计的问题,英、美等国也出现过此类问题。

---

[1] 于海波,孟凡丽.课程设计研究 20 年:历程、问题与走向[J].沈阳师范大学学报:社会科学版,2003(5):18-20.

[2] 钟启权,汪霞,王文静.课程与教学论原理[M].上海:华东师范大学出版社,2008:13.

[3] 于海波,孟凡丽.课程设计研究 20 年:历程、问题与走向[J].沈阳师范大学学报:社会科学版,2003(5):18-20.

[4] 黄清.当代课程理论发展:背景与走向[J].天津师范大学学报:基础教育版,2004(3):5-7.

1988年英国保守党政府推行"国家课程",教师们失去了课程自主权,[①]1993年英国教师工会开始发起抵制"国家课程"活动。美国联邦政府在20世纪七八十年代经常通过提供巨额资助和政策法规的形式干预课程开发与变革,课程决策的权力逐渐走向集中。而到21世纪初,美国的不少学者提出美国课程决策的中央集权化倾向有走向另一个极端的倾向,广大教师、基层管理人员、课程论专家在课程变革中的地位日益提高,但也有学者认为这种倾向也不利于解决课程问题,未来课程变革很可能走向均权化。[②]

从多国的教育实践不难看出,虽然国家课程的实施,为保证整体教育质量的提高、适应时代发展、增强国家竞争力奠定了基础,但对于适应地方经济发展、培养差异化人才、调动教学者的创造性可能有不利的影响,因此课程设计逐渐增加了主体:地方教育主管部门和学校。国家课程、地方课程和校本课程都应受到重视,[③]课程变革的过程不是国家对地方和学校施加控制的过程,也不是国家、地方和学校我行我素的过程,而是三方面达成共识的过程,每一方面都是课程改革的主体。

早在20世纪六七十年代,在爱尔兰阿尔斯特大学举办了一场"校本课程开发(school-based curriculum developmen,SBCD)"的国际研讨会,会上一些学者提到了校本课程开发的论点。[④] 其主要思想是针对国家课程开发的弊端,要求以学校为基地进行课程开发,实现课程决策的民主化,[⑤]校本课程越来越受到关注。有学者认为校本课程是由学生所在学校的教师编制、实施和评价的课程,[⑥]有学者认为它是以学校为编制主体,自主开发与实施的一种课程,是相对国家课程和地方课程而言的一种课程。[⑦] 校本课程开发指的是学校根据本校的教育哲学,通过与外部力量的合作,采用选择、改编、新编教学材料或设计学习活动的方式在校内实施以及建立内部评价机制的各种专业活动。他们强调校本课程的开发主体是学校中的教师团队。开发校本课程,使学校、教师、学生

[①] 于忠海.英国课程改革中的官僚主义与专业主义矛盾的历史反思[J].外国中小学教育,2007(4):24-26.
[②] 林小松,吴越.当代课程理论的走向[J].湘潭师范学院学报,2005(7):118-119.
[③] 郭元祥.关于地方课程开发的几点思考[J].课程•教材•教法,2000(1):7.
[④] 钟启泉,张华.世界课程改革趋势研究(上卷)[M].北京:北京师范大学出版社,2001(10):188.
[⑤] 洪福珍.新课程背景下教师专业发展途径研究——以嘉兴市秀洲现代实验学校为例[D].浙江师范大学硕士论文,2009.
[⑥] 王斌华.校本课程论[M].上海:上海教育出版社,2000:1.
[⑦] 陈玉琨,沈玉顺,代蕊华,戚业国.课程改革与课程评价[M].北京:教育科学出版社,2004:111.

都有自我发挥、自由表现、自由创造的空间,要充分满足学生的需求。[1]

对于特殊教育教师而言,开发校本课程、自编教材将变成常态工作。从制度上看,国家课程规定占用的学时数越来越少,自选课程学时数增多;从实际教学看,招生对象不断变化,每个区县都有不同,有的区县随班就读工作成效大,上特殊学校的主要是重度智障、孤独症和脑瘫儿童,有的区县随班就读开展得晚,上特殊学校的还主要是轻、中度智障儿童,有的区县是盲生和聋生,生源不同,就不能只有一套课程纲要。但特教学校也出现了一些"矫枉过正"的现象,有些学校基本上是"师本课程",即班主任和任教语文、数学的老师自编本班教材,存在过于灵活的问题。校本课程需要灵活性与结构性并重,规范课程审议。使国家课程、地方课程和校本课程有效衔接、有机结合。国家课程规定主要目标体系,地方课程进行分类解读和补充,在此基础上结合本校实际发展校本课程,并完善和认真执行课程审议制度。

(三)课程表现形式多样化,多媒体和网络化手段增多

随着多媒体和网络技术的发展,很多国家加强了课程网络化的改革,如新加坡颁布了一系列有力的政策,并给予强大的财政支持,使网络课程改革实施比较顺利。英国、美国、加拿大等国家的高校开始建设"课程地图",并联网使用,使之作为教育资源共享的主要手段之一。[2] 课程地图指教师在授课后将实际教学活动的各个要素用图表等视觉形式重新呈现出来的一种方式,它能帮助教师梳理课程目标、内容,有助于更多的学习者领会。

特殊教育领域倡导的"通用学习设计理念"就与之密不可分。通用学习设计(Universal Design for Learning,简称 UDL)思想由"美国特殊技术应用中心"(Center for Applied Special Technology,简称 CAST)结合大脑研究的最新成果和计算机网络通讯技术明确提出的。旨在鼓励生产能够为所有人使用的产品。网络技术越来越发达,这为这种思想的实现提供了更多的支持。[3] 此前我国台湾地区的某些特殊学校把学生评估系统和个别教育计划做成网络版,也与这种趋势相符合。

---

[1] 崔允漷.校本课程开发:理论与实践[M].北京:教育科学出版社,2000:56.
[2] 柯晓玲.课程的后再概念化运动及对我国高校课程建设的启示[J].广东外语外贸大学学报,2012(5):101-102.
[3] David H. Rose,盛群力,等.利用信息技术促进"三表"的原理与策略——CAST 通用学习设计指南[J].当代教师教育,2009(2):11-14.

(四) 微型化、个别化、动态化课程日渐增多

微型课程也称短期课程、课程单元,是美国阿依华大学附属学校于20世纪60年代创立的,是由一系列既相互联系,又相对独立的单元或专题组成的课程形式。

普通教育中大部分微型课程都能结合学生关心的问题开设,体现了比较强烈的实用性、个性化。随着网络教学的兴起,微型课程更有了用武之地。在美国,微型课程在社会学科中发展最快,在内容上适应学生兴趣和爱好,注重当代社会发展。如美国堪萨斯州一所公立高中"美国史"课程就分为南北战争、今日合众国、美国西部、美国印第安史、黑人史等近20个专题。[①] 随着课程改革的深入,微型课程在特殊教育领域也已兴起,有的学校实施单元课程,一门课包括一系列半独立的单元,由若干名教师共同承担一门课的教学,各自教相对擅长的部分。这种微型课程安排方式有助于教师的专业发展和对学生进行有针对性的教育。微型课程不一定按照能力分,可以按学生兴趣分专题,如自理课按兴趣专题分为家务整理、烹饪、花木养殖……但这种实施必须做好几个重要的环节:教师之间密切沟通,建立共同商议机制,理顺专题间关系,有课程监察统筹制度保证,教师专业培训跟进等。

个别化的课程及其研究增多,为特别需要的学生设计和调整个别化的课程,同时单一被试实验设计研究方式在课程实施研究中兴起,这也间接说明课程个别化发展的趋势。[②]

个别化课程在特教领域占有十分重要的地位,个别化教育计划(Individualized education program,简称IEP)本身就是个别化的课程方案,为每个学生制订个别化教育计划早在20世纪70年代就写入了美国的法律,并对很多国家产生影响,在个案目标指引下的个别训练课程长期在特教学校存在。

动态化课程是从生态平衡角度提出的,课程设计与生态环境需求相匹配,课程要依托周围的生态环境来实施。[③] 生态环境设计明确了个体都是生态环境中的一分子,个体发展要与生态发展协调、适应。因此课程设计需要不断进行动态调整。

(五) 重视隐性课程设计

隐性课程,顾名思义,会对学生产生潜移默化的影响,其概念已经在本书第

[①] 陈玉琨,沈玉顺,代蕊华,戚业国.课程改革与课程评价[M].北京:教育科学出版社,2004:112—116.

[②] McDougall, Dennis. Recent Innovations in the Changing Criterion Design: Implications for Research and Practice in Special Education[J]. Journal of Special Education, 2006, Spring, Vol. 40:2.

[③] 苏秀燕.陈鹤琴"活教育思想"对我国特殊教育课程发展的启示[J].新课程研究,2010(8):12.

一节中提到,它主要通过校园生活、人际关系、集体活动、家校配合等途径影响显性课程,它虽在教学计划以外,但其作用不可小视,尤其在学生非智力因素培养方面更要重视这部分课程的设计。教育的使命是培养有社会责任感的公民,先做人后做事。温馨有序的校园环境,相互合作的社团生活,互助友爱、积极进取的校园文化,家长对学校工作的认可等都有助于学生良好品格的形成。

特教学校也应该把"先做人后做事"当成课程设计的基本准则,不论学生能力高低,都要尽可能树立有礼有节的意识,养成一定的良好习惯,习惯和性格塑造大多可通过隐性课程养成。

五、特教课程设计应强调的原则

特教课程设计应遵循一般的课程设计理论和原则,坚持科学性与思想性统一,坚持以人为本,坚持社会需求与个人需求协调,等等,在此基础上要特别突出一些重要的原则。

(一)充分尊重特殊儿童的发展需求

普通教育课程担负着为国家培养栋梁之材的任务,栋梁之材首先要有基本良好的人文素质,榜样引导、严格要求、良好行为习惯化、儿童心理需求的满足等都是形成基本人文素质常用的手段。而特殊教育培养的人也要有基本良好的人文素质,但很多学生自我意识发展缓慢,自控力差,缺乏自尊感。[①]

因此特殊教育人文素质的培养手段不完全等同于普通教育。他们在满足心理需求后更能表现出与他人的良好互动,随着需求的满足、康复训练使得神经调控能力提升,特殊学生(包括孤独症学生)也能规范自己的行为,养成良好的习惯。课程设计要充分尊重儿童的现状,考虑缺陷的不良影响,把满足特殊儿童的需求放在重要位置,保护学生学习积极性为先。所有课程设计的出发点和归宿都是为了孩子健康、快乐地发展。

(二)个别化与集体化统一协调

特殊儿童个体差异大,课程设计要与之相适应,就要在目标及其层次、内容、评价手段等方面提供差异化设计,从目标出发协调集体与个别教育内容,实施弹性化设计。如随班就读的个训课、资源教室的小组课以及相应的个别教育计划中均需体现个别化的需求,同时也要兼顾集体课程目标,在集体教学中渗

---

① 陆建华.浅议智障儿童自我意识的发展[J].现代特殊教育,2001(9).

透和完成个别化目标。了解城乡差异、性别差异、班级差异等集体差异,熟悉个体心理差异,兼顾个体差异是协调统一的基础。

(三) 本土与实用相结合

课程本身是一种文化传承,需本土化才能更好地传承下去。[①] 本土化的课程符合本地区生活文化、风俗习惯,各国都在研究有本土文化积淀的课程。对于特教学生而言,本土化的课程不宜"曲高和寡",应具有较强的实用性,贴近学生的现实生活。在大城市和农村地区生活的特殊儿童的课程目标都要符合本土化的要求,与本市、本地区实际生活紧密结合。

(四) 有利于整体生涯发展

课程发展虽然要本土化,但不能"故步自封",借鉴国外发展经验十分必要。国际上盛行的回归主流和全纳教育等教育理念也深深影响着我国特殊教育课程发展。在此基础上特殊教育应促进全人发展,着眼于整体生涯设计。生涯更多地倾向于与职业相关的经验与活动,包括职业的选择与发展、休闲活动、社交活动选择、追求与参与所获得满足感。生涯是一个人的终身发展历程,[②]特殊教育课程设计不能只着眼于学生现在,应更加着眼于他们整个生涯发展。

特殊教育课程设计是一个系统工程,需要多单位、多人参与、分工合作。课程设计、课程评量,这些都是难点,单一学校、个人不可能完成,完成了也不适宜推广。因此,特殊教育课程设计需要政府政策支持,专家和教师团队的协同研究,家长的有效参与。面对具有广泛发展障碍的孤独症儿童的课程设计更需各方力量的合作创新。

本章思考题

1. 什么是课程?课外活动可否看做是课程,请简述理由。
2. 你认为现在课程设计的发展趋势主要有哪些?
3. 谈谈特殊教育中校本课程的地位和对未来发展趋势的理解。
4. 分组讨论:我国制定课程以前是国家课程统揽,现在各地多有地方教材,又倡导校本课程开发,为什么?
5. 特教学校重视隐性课程开发的意义何在?如何进行?

---

① 郝明君.我国特殊教育课程研究的发展、现状与走向[J].重庆师范大学学报,2008(6):104.
② 申仁洪.论基础教育课程的生涯发展特性[J].教育理论与实践,2007(4):50.

第二章　课程设计的基础理论问题

本章主要内容
了解课程设计的经典理论流派。
理解多元智能与建构主义课程设计思想分析。
理解课程类型的组织形式。

事物的产生都有一定的背景、一定的基础。课程也不例外。课程设计要在一定的理论基础上进行。如果不清楚或混淆理论,很难保证课程设计的质量。

第一节　课程设计的经典理论流派

研究和归纳课程设计的经典理论流派,主要是为理清特教尤其是孤独症课程设计的理论基础。对理论基础认识不清是导致现代课程改革实践困境的根本原因,[①]理清理论有助于明确课程设计的出发点和找准前进方向,这对于课程设计至关重要。

课程设计一定要有理论基础,不能凭空臆造。本章主要从对课程发展影响深远的角度选取几个主要的课程理论,[②]通过对它们的分析,找出适应现阶段特殊教育课程发展的理论,为课程设计提供理论依据。

一、经验主义的课程论

20世纪初,美国和欧洲纷纷开展了以反对传统教育、倡导改革的新教育运动,经验主义课程论受到关注并逐渐流行起来。因其依据实用主义哲学、力推"进步主义教育运动",也被称为"实用主义课程论或进步主义课程论"。其代表

[①] 郝德永.国外现代课程改革的理论困惑与实践困境[J].课程·教材·教法,2012(11):119-121.
[②] 赵卿敏.课程论基础[M].武汉:华中科技大学出版社,2004:7.

人物有约翰·杜威(John Dewey)等。

杜威是美国现代著名哲学家、教育家、心理学家,曾任美国哥伦比亚大学教授,出版《儿童与课程》《民主主义与教育》等著作。他长期研究哲学和教育问题,提出教育即经验的改造或改组的著名论断。这里的经验包括学生在教师指导下所获得的经验以及学生自我发展所获得的经验。要从儿童需要的兴趣出发设计课程,让儿童多活动、多实验,以获得直接经验,课程目标着眼于儿童现实和未来的生活需要,因此课程内容应更贴近学生生活,更综合化,在实实在在的活动中发展能力。这一课程理论对美国现代教育发展具有十分深远的影响,甚至可以说塑造了美国现代教育。[1] 对于改变传统的以教师为中心、注入式教育起到了重要作用,有利于激发学生的主动积极性和培养儿童创造力,其倡导的不断变革的精神受到美国社会的广泛认同,但批判之声也始终不绝于耳。批评者认为该理论宣扬实用、功利的价值观,否定教育自身的规律,不利于社会发展。

这一理论对特殊教育课程发展也有着潜移默化的影响,特殊教育中的功能主义课程导向与这种价值观比较吻合。它主张教导儿童实际生活中重要、必备的知识与技能,主张使用真实的材料,不用迁移,必要时设计辅助替代方案,如脑瘫的儿童使用头部点击式鼠标等。大多数学生学习内容固定化,几乎班班都在学习系鞋带、折餐巾,没有或很少顾及学生的独特需要,考虑学生长远发展目标不够。

二、要素主义的课程论

20世纪30年代,美国爆发了严重的经济危机,而苏联的经济、科技发展势头良好,美国感到岌岌可危并开始反思。通过对教育的反思发现,当时盛行的以杜威为代表的经验主义儿童课程论对传统、纪律、系统知识都有所削弱。要素主义课程论应运而生。其主要代表人物有 W. 巴格莱(W. Bagley)、贝斯特(Bester)、詹姆斯·柯南特(James B. Conawt)等人。

巴格莱是美国教育家、作家,曾任伊利诺伊大学、哥伦比亚大学教授,出版《学校纪律》《教育决定论》等著作。他认为,实用主义课程难以保证学生获得系统的知识技能,课程目标是要传授人类文化遗产中的精华,进行道德、文化知识

---

[1] 崔相录.二十世纪西方哲学[M].哈尔滨:黑龙江教育出版社,1989:134.

训练。那些人类文化遗产中共同的、不变的文化要素应作为知识的核心。学生自身的生活经验在时间和空间上都是十分有限的,迁就儿童自身经验,既不能了解历史,也不能了解世界。课程应当以文化要素为基础,而不是以儿童的生活经验为基础。课程内容要有长期目标作指导,学校应该有稳定的课程。

数学是科学的基础,对理智训练有重要作用,该理论学派对学科课程十分重视,数学、外语等学科得到前所未有的重视。[①] 当时的哈佛大学校长柯南特于1959年发表的《今日美国学校》一文中特别提到要加强中学的基础学科,以此提高美国基础教育的质量。

要素主义课程论重视系统知识的传授,重视传统的学科课程,尤其是理科、历史和外语,并认为课程要有长期目标规划,这些在当时有很大的积极意义。但它具体层面的研究较少,如未提及应该依据什么标准选择要素等,而且它没有处理好学科课程和学生需要之间的关系,比较忽视学生的需要和心理发展,因此得到了很多批评之声。

认同要素主义课程论的通常在特教领域被称为发展导向课程,它主张任何个体的发展规律是相同的,只是发展的速度不同,因此课程组织与内容都按普通儿童的安排,一个阶段一个阶段地向上学,只是速度慢、达到的水平低。有些教师赞同这个论点,十分重视数学学科中的数概念和语文中的汉语拼音的学习,认为它们是学知识的基础(要素),但教学效果并不佳。[②] 其原因之一就是没有考虑到学生内在需求和感受,没有处理好社会需求和个人需求的关系。课程目标和内容都不符合特殊儿童实际水平,学生很难把所学应用到现实生活中,学习内容很难激起缺乏抽象概括能力的孤独症等特殊学生的兴趣。

三、结构主义的课程论

结构主义课程论思想产生于20世纪50年代,它同样认为杜威等人倡导的经验主义课程论忽视了系统的理论知识的学习,不利于国家的科技发展,要按照年轻一代的心理结构设计课程,以达到促进他们心理发展的目的。[③] 自20世纪中叶至今,其影响广泛而深刻。主要代表人物是瑞士心理学家皮亚杰(Pi-

---

[①] 和学新.学科课程理论形态的确立——要素主义课程[J].西北师范大学学报:社会科学版,2001(6):16.
[②] 李秀.特殊教育课程理论的发展趋势[J].现代特殊教育,2007(7):32.
[③] 赵连锋.简述现代课程理论的发展[J].赤峰学院学报:汉文哲学社会科学版,2008(3):122-124.

aget)和美国教育家布鲁纳(Bruner)。

他们认为儿童在不同的发展阶段具有不同的心理结构,教育与课程必须建筑在这种结构之上,强调课程内容应当是学科的基本结构。布鲁纳说过一段著名的话:"不论我们选教什么学科,务必使学生理解学科的基本结构。"所谓基本结构就是指各门"学科"中的基本概念、基本公式、基本原则等理论知识。虽然美国在20世纪70年代按照布鲁纳的思想编了一批教材并进行了实验,但结果并不理想,普遍认为教材过难,不能调动多数学生的学习积极性。

这一理论和要素主义理论的兴起都起到了加强基本知识和基本技能教学的作用,它与要素主义不同的是更强调课程基本结构和学生心理结构要一致,出发点是可取的,但没有解决课程的知识结构怎么与学生经验联系的问题。知识结构与心理结构并不是对应关系,有时很难把学科结构转换为学生所能了解和接受的课程形式,片面强调学科结构易使课程设计局限于学科结构的分析,而忽视了社会需要和学生需要等。[1]

特教课程设计中要研究和了解特殊儿童的内在心理结构、发展特点和现状,把它们作为课程设计的基础元素之一,但不能完全按照心理结构设计课程内容,儿童是随时变化的、有不同需求的个体,且内在心理结构差异较大,心理结构只是课程目标设计的重要参考。

四、人本主义的课程论

美国20世纪课程改革的钟摆主要是在儿童需要和学科知识两个之间摆来摆去,摆到一边,是要求提高学业程度或课程质量,与要求适应社会需要或者说生活适应相对应,[2]摆到另一边,则是要求满足学生的需求和实际生活经验。人本主义课程论的出现也是这种钟摆现象的体现。

人本主义课程论是人本主义心理学发展的结果。被称为第三势力的人本主义心理学在20世纪中叶取得了很大的发展,马斯洛(Maslow)、罗杰斯(Rogers)等人本主义心理学家被广为人知。他们明确反对结构主义的课程思想,提出了自己的理论框架。他们提出,课程目标是满足学生个人自由发展和自我实现的需要,要实现这个目标,就要允许学生自由表达、做实验、犯错误、获得反

---

[1] 岳刚德.现代课程概念重建历史:从知识、经验到结构[J].全球教育展望,2011(2):28.
[2] 韩和鸣.关于课程概念的探讨[J].天津市教科院学报,2007(6):23.

馈、发现自我。课程内容要进行整合，以"真实问题"纳入课程内容中。课程评价也要创新，可以采用"学生态度和行为进步的图画""诗歌或谈话"等等。

这种课程理论反映了当时社会进步的思想，"对缓解和改变教育活动中结构主义热潮"，在一定程度上起到了变换"课程钟摆"方向的作用。但钟摆的两端往往都有一定的片面性，人本主义课程观在统筹考虑社会现实因素、脚踏实地开展课程实践研究、推出可操作的课程等方面有局限性，需要不断完善。

20世纪80年代，美国不少公立学校发现学生对科学的认识、知识的掌握比60年代的学生还要差，因此钟摆现象再次出现，兴起了"回归基础"运动。但人本主义课程理论的影响依然深远。特殊教育课程设计中借鉴其部分思想的课程被称为生活质量（成果导向）课程，这里的生活质量指一种主观体验，其包括个人对于一生生活的满意程度、内在知足感以及在社会中自我实现的体会。[①] 残疾人积极主动、快乐地参与学习和生活，自我满意度高，就是有生活质量。他们认为将人本身、个别化放在第一位是构建特殊教育课程理论的关键。课程要满足学生的自我发展需要，以提高学生及其家庭的主观幸福感为主要出发点规划课程及相关支持性服务。

第二节 多元智能和建构主义课程理论

课程的钟摆现象在20世纪80年代以后，不再是"两极"化的摆动，出现了中间摆动状态，其源于多元智能和建构主义课程理论的兴起。

一、多元智能课程理论

哈佛大学教授加德纳（Howard Gardner）1983年首次提出了多元智能的概念，他认为智能是多元的，每个人身上至少存在七种智能，即语言智能、数理逻辑智能、音乐智能、空间智能、身体运动智能、人际交往智能、自我认识智能（1997年新提出的另两种智能暂不列入其中）。[②] 他认为，既然人的智能是多种多样的，课程就要适应学生的智能发展需求，要给学生创设一个有利于多种智

[①] Pam Hunt. Reconciling an Ecological Curricnlar Framework Focusing on Quality of Life Outcomes with the Development and Instruction of Standards-Based Academic Goals [J]. Research & Practice for Persons with Severe Disabilities, 2012, Vol. 37, No. 3. 139.

[②] 何李来. 多元智能理论及其对教学设计的启示 [J]. 安庆师范学院学报：社会科学版，2010（6）：5-7.

能发展的良好环境。这个环境要真实,能联系学生已有经验,这样有利于学生主动探索;课程要综合,可以根据自己的智能和兴趣进行选择。加德纳曾经表明,"以个人为中心"教育方案与严格要求没有丝毫的矛盾,我所提倡的仅仅是为学生准备范围更广的可供选择的课程,以期通过知识的多元切入和学习方法的多样化来加强学生对知识的理解。

此课程理论立足学生智能发展,即获取知识的需要,既不是知识本身,也不是单纯需要本身,把两者有机结合。从智能多元的角度顺理成章地提出了差异化课程、多元化课程设计的理念,提出了更新和扩充课程内容,实施多角度评价等。其蕴涵着浓厚的尊重儿童个体差异的以人为本的思想。

人与人之间具有智能的差异而非差距,课程要适应这些差异的观点对于现代课程设计有着十分重要的作用,对特殊教育课程设计启迪很大。尊重和接受特殊儿童的差异性,课程目标的多元化,课程内容和评价方式的多样化等主张都是这种课程理论的体现。

二、建构主义课程理论

与多元智能理论一样,课程改革的钟摆再一次进入中间融合状态,在吸收了杜威的经验主义、皮亚杰和布鲁纳的结构主义等思想精华后诞生了建构主义。它提倡以学生为中心,在整个学习过程中教师起组织者、指导者、帮助者和促进者的作用,利用情境、协作、会话等要素充分发挥学生的主动性、积极性和首创精神,最终使学生有效地实现对当前所学知识的意义建构。[①] 这一思想主张同样是聚焦学习知识和学习者需要的有机统一,它重视学习者内在需求的调动。

建构主义课程理论中强调课程目标的个体性,课程内容要与学生的实际生活经验相联系,可灵活变化,课程评价要重视过程性和情境性,重视个体化经验参与,手段要灵活多样。究其本质,这些观点与多元智能课程理论不谋而合,但强调的侧重点略有不同。他们都反映了当今课程设计的新理念,也在一定程度上解决了课程理论之间的"矛盾明显"的钟摆两极化问题。

自20世纪90年代以来,以建构主义为理论基础,创建了许多基于技术的学习模式,如电子绩效支持系统、知识管理系统、以学习者为中心的学习环境、

[①] 沈学文.建构主义教学设计在高师理论教学中的尝试[D].上海师范大学硕士学位论文,2009:2.

基于问题的学习、基于项目的学习、认知学徒、抛锚式教学等,取得了良好的教育效果和社会效果。① 这从一个侧面表明其生命力。

特殊教育课程设计中采取哪种理论基础更适合?要素主义注重基础知识(或文化遗产要素)传授,没有提及儿童的接受能力和兴趣爱好,同时也难以说清哪些是特殊儿童必须掌握的"要素","社会文化的众多要素"是特殊儿童难以接受的。

结构主义倡导心理结构和知识结构要一致,强调了课程参与者,即学生的心理特点,但发展性障碍学生的心理结构千差万别,知识结构的学习需要良好的认知能力,感知记忆正常、思维连贯、有计划性、能进行策略加工,这些都是特殊儿童普遍缺乏的,加之情绪行为问题影响认知学习,结构主义的主张很难落实。

人本主义的课程论看似很注重儿童个体需求,与满足特殊儿童的发展需要相吻合,重视人的兴趣需要、情绪情感在课程中的作用,这十分可取。但没有理清人的情绪情感、心理结构、社会知识三者关系,从课程的社会属性角度看显得薄弱,很难在"现代社会中,当学生没有兴趣学时,课程目标应追求什么?任何一个时代能不能坐等'儿童快乐'?"等问题上给出满意答案。三种课程理论能不能、要不要统筹兼顾?它们之间什么关系?要回答这些问题需要进一步了解通用学习设计的理论和相关研究。

通用学习设计(Universal Design for Learning,简称 UDL)思想是美国特殊技术应用中心结合大脑研究的成果和计算机网络通讯技术提出的,这个术语最先由北卡罗来纳州立大学罗恩梅斯(Ron Mace)提出。② 其旨在鼓励生产能够为所有人使用的产品,这表现了一种"尽可能包融"(As Inclusive as Possible)的设计思想。③ 这种思想符合特殊教育的传承与发展。脑科学研究表明,大脑中有三个学习区域:一个是认知网络,这部分脑区工作后可使学习者获取信息、概念。要素主义提倡的"要素"是这部分脑区工作的结果。第二个是策略网络,使学习者能够计划、执行和监控各种行为。要做到结构主义课程理论倡导的适应心理结构的发展需要这部分脑区参与工作。第三个是情感网络,使学习者能

---

① 钟志贤.论教学设计的发展历程[J].外国教育研究,2005(3):36.
② David H. Rose,盛群力,等.利用信息技术促进"三表"的原理与策略——CAST 通用学习设计指南[J].当代教师教育,2009(2):11-14.
③ 高威,高莹.通用学习设计:实现全纳的教与学[J].外国教育研究,2009(5):11-13.

够积极参与学习任务和关注周围的世界。这部分脑区参与学习后,学习者的需要兴趣被激发,积极性提高。这是人本主义课程论倡导的。通用设计理论的研究者普遍认为,课程学习要保证三个脑区都被激活(被支持)。[①] 学习者是通过三个内在的大脑网络进行分布式学习的。

课程设计的理论要与大脑学习机制相符,关注个体的多样化学习方式,设计满足实时实地微型学习、远程学习、小组会议学习等的实际支持,关注特殊人群的个性化需求,和普通学习者多变的、深层次的知识点节点的联系,力求统筹三大脑网络。[②] 课程目标是满足每个学习者个性化的学习需求,课程内容、手段尽可能多样化,这样才能保证学习者情感投入更多,情感投入同时影响到认知学习和策略加工。

按照通用学习设计的思想,课程要满足学生获取经验的需求,就要兼顾几个学习网络,在当今课程设计中需要统筹它们的关系(参见图2-1)。以人为本建立个性化的目标系统,提供多样化的、可选择的课程内容,学生在教师帮助下根据心理结构从中选择可接受的"知识要素"自己建构自己的知识系统。这正是建构主义的主要思想内涵。

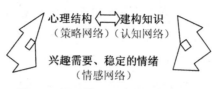

图 2-1 通用学习设计三网络关系图

总之,课程设计必须明确价值取向和理论基础,如果理论基础明确了,选择内容和方法手段都有了"主心骨"。不同的课程理论造就不同的设计。以培智学校一年级孤独症为主的特教班为例,同是培养手眼协调能力,不同理论基础体现的设计思路不同,授课结果亦不同。以人本主义理论为课程导向,可以设计"沙堡探秘""水枪战斗""水果串串串"等单元课程,旨在"高快乐、高参与"下提高手眼协调能力。而按照要素主义的要求,则会设计出"拍手""握笔画""接球""拧螺丝"等基本技能课,经常会出现学生有的能学但不爱做、有的持续教很长时间也学不会的后果。按照结构主义理论要求,应按学生能力,分组设计难

[①] David H. Rose,盛群力,等.利用信息技术促进"三表"的原理与策略——CAST通用学习设计指南[J].当代教师教育,2009(2):11-14.

[②] 陈曦.UDI全方位教学设计的理论与应用初探[J].中国电化教育,2012(1):17-22.

易程度不同的"手指活动""画画""美工""简单劳动"等课,往往出现越教越能力分化,简单技能分两组学,后来稍复杂技能就需要分更多的组、甚至一对一设计课程目标,因为学生的心理结构的变化速度不一样,加之学生需要和情绪差异大,学会的手眼协调技能也不一定能巩固应用。在建构主义导向下,可能设计出"我爱做的水果糖葫芦""在学校我能干的事"等与学生实际生活相联系、又能满足学生心理需要、让学生喜欢上的课程内容。

无论从通用学习设计研究中关于人信息加工的脑机制研究,还是特教班的现状,课程理论的发展趋势都是注重以人为本背景下的学习,尊重、利用特殊学生的主体性需求的课程理论更适合。

我国在课程理论研究上还停留在模仿或借鉴的浅表层面,课程研究缺乏深厚的理论根基和现实基础。[①] 特殊教育课程理论研究很少,更难系统化。毋庸置疑,一个成熟的课程理论应广泛借鉴和包容诸多学派的精华,建立系统而坚定的理论根基,在这方面特殊教育课程理论研究任重道远。

第三节　课程类型的组织形式

进行课程设计前,不仅需要理清理论基础,还需要对课程类型的组织形式进行了解,这些都是课程设计的前期工作。

课程类型的组织形式指课程门类之间的关系。分类依据不同,类别和组织形式也不同,有些相互之间可能有交叉。主要的组织形式有多学科并列型课程、相关型课程、广域型课程和核心型课程等。[②]

一、多学科并列型课程、相关型课程和广域型课程

(一) 多学科并列型课程

多学科并列型课程也被称为学科课程,如语文、历史、英语等,课程的编排中它们之间是并列的关系。每门课程都注重系统知识的传授,强调知识的逻辑性和系统性。这种组织形式虽然有助于学习和巩固系统的基础知识,但学科间相对是分隔的,虽然都属于文科,但课程间的联系不多。有些特教学校中独立

[①] 艾兴.建构主义课程研究[D].西南大学博士学位论文,2007:1.
[②] 陈玉琨,沈玉顺,代蕊华,戚业国.课程改革与课程评价[M].北京:教育科学出版社,2004:13.

设置语文、数学、体育、美术等课程,课程之间基本没有联系,教师各教各的,是这种组织形式的反映。

（二）相关型课程

相关型课程又称关联课程,这种课程组织形式考虑到两门以上相邻的独立学科的关系,加强了各学科间的联系,如小学将思想品德与社会关联,中学将历史与地理关联成人文地理,物理与化学关联成现代科技基础。相关学科有机结合,这使其具有跨学科的性质。特殊教育学校中将生活与语文关联成生活语文,数学与常识关联成生活数学,体育与康复训练关联成运动康复都是这种组织形式的反映。

（三）广域型课程

广域型课程是合并多门相邻学科的内容而形成的综合性课程,[①]为避免传统的学科课程的编狭与经验课程的盲目性,整合出跨领域的课程,它取消了多数的教学科目,以使学生对自然和人类社会有一个全面而完整的理解。广域型课程有利于开阔视野,提高学生的分析问题与解决问题的能力,促进交叉学科的发展。有些中学开设语言艺术选修课,特殊教育中开设的休闲课、社区生活、综合课等都体现了这种课型。

广域（综合）课程的组织要注意以下几个方面。

1. 要编写好综合课程的目标、大纲和教材

采用综合课程的体系,使教给学生的知识不过于零碎,更加接近生活。但通晓各学科的人才难得,综合课程的课程目标、大纲、教材需要统筹规划、总体设计,由主要人员牵头,分工合作进行。

2. 加强综合课程的师资培养培训工作

教师专业划分过细就不易胜任综合课程的教学,可以考虑几个教师共同上几门课的模式。在培训师资工作上要注意培养一专多能的教师,同时需要着重培养教师的组织协调能力、社会交往能力。

3. 调动和利用好社区资源,发挥校内外联合办学的优势

开设综合课需要分析和利用好社区里的多种资源,根据需要请社区里有某些经验的人员参与到课程设计和实施中,课程成果要反映社区活动的方方面面,使学生多方面的能力有所提升。

---

① 陈玉琨,沈玉顺,代蕊华,戚业国.课程改革与课程评价[M].北京:教育科学出版社,2004:13.

有些特殊学校进行了多种综合课的尝试,如新开设戏剧表演课,综合了语文课、音乐课、舞蹈课、绘画课等,在排练节目过程中锻炼学生多种能力,增强自信,同时将排练好的节目去社区演出,与社区内普通学校一起演出,与家长一起演出,与社区居民一起演出,重要节日参加商业演出等,既服务于社区,也满足了学生的需求。有些学校安排的社会实践课也是一门综合课,包括劳动课、体育课、康复课、休闲课等课程,主要把社区服务有计划地安排进学校课程,有助于学生日后发展社区职业生涯。

要注意"戏曲表演课"是一门独立的,有综合课型定位的课程,不是"为演出而演出"开设的,作为独立课程要有自己的计划、大纲和教材或讲义,该课程一定要服务于总体课程目标和规划。

二、核心型课程

核心型课程是在广域型课程的基础上,以比较重要的学科或内容为核心,其他学科或内容围绕核心组织起来的课程类型的组织形式。①

核心课程研制者既不主张以学科为中心,也不主张以学生为中心,而是主张以社会为中心。在一定的时期内,学生的学习有一个中心,所有的学习活动都围绕着这个中心来进行,这个中心就叫做核心,这样编定的课程就叫核心课程。美国学者布拉梅尔德(Theodove Brameld)把核心课程称为轮形课程,因其形状而得名(参见图2-2)。

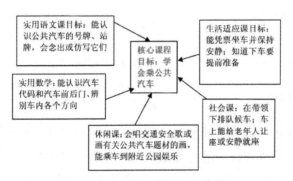

图 2-2 核心(单元)课程设计范例图

---

① 陈玉琨,沈玉顺,代蕊华,戚业国.课程改革与课程评价[M].北京:教育科学出版社,2004:13.

以社会生活为中心来组织教材,可以使学校课程紧密结合社会生活。随着课程核心单元的进展,可以随时补充内容、扩充活动形式,参观、调查、绘图、制作、写作、游戏等都可涉及。各课程均围绕一个主题目标展开,如以认识春天、掌握春天特征为目标(即课程主题),特殊学校生活语文、生活数学、生活适应、音乐、美术等课都要以此为核心,如第一节语文课可以认识春天的景色特征和春天的字词或做说话练习,第二节数学课以春天景物或植树活动为背景展开,第三节社会课或体育课就直接感受春天,一天中的各个课都围绕此主题,特殊儿童掌握"春天"的特征就更有可能,知识掌握得相对会很透彻。其优势不仅体现在打破学科知识分割的局面上,还体现在重实用性和提高学生兴趣上,且能与个别教育计划很好地结合。但可能存在有些课程不适合某个核心课程主题的情况,兼顾个体差异和学生兴趣有一定困难。

核心型课程这种课型不受学科界限的制约,具有明显的跨学科性质,同时核心型课程又具有自身内在的逻辑性和系统性,对促进知识的综合化和教学内容的更新更有意义。如特殊学校以语文课中的多个重要内容为核心目标,确定单元主题,其他都配合这个主题上课。如针对六年级学生,确定能说出预防"禽流感"的措施并进行有关宣传手抄报的设计制作,涉及语文、美术、社会常识或思想品德等课程。特别应注意,核心课程一般只有一个核心目标,这个目标可能与语文课的某目标相似,但不是什么课都上成语文课,其他各科知识围绕这个目标定各自目标,各科的学科性质不变。

核心课程设计是在综合课的基础上突出重点的设计,特殊教育采用核心课程的设计更有利于学生对知识的联系、巩固,因此更符合特殊学生的需求。不同于一门课内围绕一个目标进行设计的单元主题教学。

三、必修课和选修课

必修课和选修课与上述课程类型属于不同的组织序列,分科课程、相关课程中可以有必修课和选修课的分类,必修课、选修课分类中可以有分科、相关课程。必修、选修课反映了国家、地方、学校三个课程主体对学生的不同要求。

(一) 必修课

必修课是指学生必须学习的课程。[1] 国家、地方教育部门为了保证学校的

---

[1] 钟启泉,等.课程与教学论[M].上海:华东师范大学出版社,2008:144.

教育质量,落实培养目标,必须设定一定数量的必修课。必修课通常由基本理论类、专业知识和技能类、政治理论类、体育类、外语类等课程组成。大学中实践性较强的实习、实验、论文写作、社会调查等一般也列为必修课。现在有些地方的中学也开始实施这种课型划分。培智学校新课纲中也有这种分类。

(二)选修课

选修课是相对必修课程而言的,指学生在一定范围内可以因人而异自由选择的课程。可分为限选课和任选课等。选修课是为了适应学生兴趣爱好、就业需要等而设置的,这类课程用以扩大和加深学生的科学理论或应用知识,发展学生在某一方面的兴趣、专长,传授科学方法,其内容既可以是有关知识方面的,也可以是潜能开发方面的。

特殊教育学校普遍开设兴趣活动等选修课,并在高年级开设与不同职业能力有关的技能选修课。

本章思考题

1. 查找有关资料,思考几种课程理论提出和盛行与时代背景的关系。
2. 阐述多元智能与建构主义理论在课程设计方面相通的基本观点。
3. 特教学校课程设计的基本理论依据是什么?
4. 特殊教育课程按什么类型设计合理,频繁转换的内容对孤独症和智障学生有什么影响?
5. 试按核心课程设计思路列出普通小学四年级"品德与社会"三个核心主题以及所涉及的课程及其目标。
6. 以"预防流感"为主题,为培智学校3年级轻中度孤独症班级进行核心课程设计,自定教学目标,教学单元时间为一个月。

第三章 孤独症儿童的学习特点

本章主要内容
了解孤独症儿童的定义及其称谓变化。
掌握孤独症儿童的身心发展特点。
理解孤独症儿童的学习特点。
理解孤独症儿童的发展策略与目标。

随着孤独症人数的增多,在特教学校和普通学校就学的孤独症儿童日益增多,他们不舒服的身体状态,躁动的情绪和异常行为都给教师们提出了新问题:怎么教他们?以往的聋生、盲生和智力障碍学生虽然也有特殊性,但他们基本遵守课堂常规,因此能被大部分教师所接纳。而很多教师对孤独症儿童不理解,也没有有效应对情绪行为问题的策略,加之孤独症学生不理解课堂教学的组织形式和教学方法,听语学习能力弱,他们可能"很难参与或干扰课堂教学",因此如何教他们就成了一道普遍的难题。要想破解这道难题,就需要充分了解他们。

第一节 孤独症儿童的身心发展特点

随着特殊教育的改革与发展,越来越多的孤独症学生进入特殊学校和普通学校学习,但教师们应对困难的状况比比皆是:面对不良情绪行为而不知所措,没有相应的合适的课程和教学方法,被他们的外表"蒙蔽"而不了解他们的内在……探讨和总结孤独症儿童的身心发展特点主要为课程设计提供充分的现实依据,课程与教学设计都离不开对教学对象的深刻认识。

一、孤独症定义及其称谓变化

孤独症(Autism),又称自闭症,它们同是英文 Autism 的中译名,1943 年由美国儿童精神病医生利奥·凯纳（Leo Kanner）命名。当年他明确提出"婴幼儿孤独症"的概念，并报告了11名儿童异常特点：他们拒绝交往；不说话或以自己的方式喃喃自语；对周围环境有着相当或极端固定的要求，他把这些症状称之为"婴幼儿孤独症"，此后人们对他们的研究络绎不绝。近年来，随着出现率的不断攀升，研究热度更盛。

世界范围内很难找到统一的孤独症的定义，世界卫生组织在1992年对孤独症的定义是：一种弥漫性的发育障碍，在3岁以前出现发育和（或）受损。特异性的功能失常常可见于所有以下三个方面：社会交往、沟通和局限的重复行为。这个定义比较有代表性。但随着称谓和诊断标准的变化，定义也会变化。

我国卫生部2011年颁布的"儿童孤独症诊疗康复指南"中的定义是：儿童孤独症也称儿童自闭症，是一类起病于3岁前，以社会交往障碍、沟通障碍和局限性、刻板性、重复性行为为主要特征的心理发育障碍，是广泛性发育障碍（Pervasive Developmental Disorders，简称PDD）中最有代表性的疾病。在我国目前归于精神残疾。

现在这一称呼发生了变化，出现了"孤独症症候群"（或称自闭症谱系障碍、孤独症谱系障碍）（英文为Autism Spectrum Disorder，简称ASD）的称谓，该称谓既包括了典型孤独症，也包括了不典型孤独症（Pervasive Development Disorder Not Otherwise）、瑞特症（Rett's Disorder）、童年瓦解性精神障碍（Childhood Disintegrative Disorder）等。2013年5月，美国颁布新的《精神障碍诊断统计手册（第五版）》（*Diagnostic and Statistical Manual of Mental Disorders-fifth edition*，简称DSM—Ⅴ），没有了阿斯伯格症、儿童瓦解性精神障碍、不典型孤独症的提法，正式提出了孤独症谱系障碍的概念。虽然这些障碍在诊断上有明确标准，但目前我国教育领域并没有细的划分，多用"孤独症"单一称谓指代，这些障碍都有社交障碍和刻板行为问题。感知觉异常（包括感觉过敏和感觉迟钝）和特别痴迷某些感觉刺激被加入刻板行为类别。[1]

无论诊断标准和称谓如何变化，有一点始终得到公认：孤独症具有社会交往障碍和行为异常，行为异常通常表现在刻板行为和感知觉异常等方面。

---

[1] 邹小兵，邓红珠. 美国精神疾病诊断分类手册第5版"孤独症谱系障碍诊断标准"解读[J]. 中国实用儿科杂志，2013(8)：561.

二、孤独症儿童的身心特点

孤独症儿童通常从外貌、外形上看没有特殊之处，一般民众很难从外表看出谁是孤独症患者。有关他们身体形态、身体机能和身体素质的研究并不多，主要研究集中在心理方面。

（一）感知觉特点

孤独症儿童感知觉能力发展比较落后且不均衡。[1]

1. 视觉

孤独症儿童视知觉加工和视觉注意都异于一般儿童，几乎没有视错觉，对外界视觉刺激物的局部加工能力较强，空间复合刺激加工能力较弱。[2] 在呈现线索特征明显的非语义的图片信息时，识别率较高，[3]在识别单个图形的镶嵌图形测验中比正常者表现得更好而且能更快完成任务，可谓喜忧参半。[4]

2. 听觉

孤独症儿童与正常儿童听性脑干反应、畸变声反射和声反射检测结果并无差异。但是行为测听结果显示，大约一半的孤独症儿童纯音听阈的平均值超出正常范围，听觉敏感，行为测听个体差异大。部分表现出对某些声音过度迟钝，他们虽有正常的听觉反应时和正确率，[5]但在听觉加工的自动性、前注意方面存在效能和强度上的异常，提示孤独症儿童的初级听觉皮层功能可能在正常范围，其功能异常可能更多反映在高级中枢，如海马、前额叶、顶叶等。[6] 研究者对14名8～17岁的孤独症症候群学生进行视、听刺激反应时实验，结果表明他们在视、听觉刺激间转换注意力有困难，用时显著长于智力正常的同龄普通学生。[7]

3. 触觉

触觉是对来自外界的温度、湿度、疼痛、压力等方面的皮肤感觉。它包括前

---

[1] 李丹,白雪光,等.孤独症儿童心理发育特征初探,中国神经精神疾病杂志[J].2005(2):50-51.

[2] 马玉,王立新,魏柳青,等.自闭症者的视觉认知障碍及其神经机制[J].中国特殊教育,2011(4):60.

[3] 翟孟.中高功能自闭症儿童认知方式的实验研究[D].华东师范大学硕士学位论文,2008.

[4] Happ F. Studying weak central coherence at low levels:children with autism do not succumb to visual illusions[J]. Journal of Child Psychology and Psychiatry,1996(37):873.

[5] Tharpe AM. Auditory characteristics of children with Autism [J]. Ear Hearing,2006(27):433.

[6] 姚雨佳.孤独症儿童神经心理研究综述[J].中国特殊教育 2013(5):47.

[7] Occelli,Valeria. Attentional shifts between audition and visionin[J]. Research in Autism Spectrum Disorders,2013(4):517-519.

内侧丘系触觉和后内侧丘系触觉,与情绪、动作路径识别等关系密切。普通儿童触觉过度敏感比率在10%~15%左右,[1]智力障碍儿童多触觉迟钝,[2]孤独症儿童既有一部分人触觉敏感,不许别人碰,不穿新衣服,不爱刷牙漱口,又有一部分触觉异常迟钝,如用力按压涌泉穴、肩井穴、腋窝等都没有任何反应,且有些是不同部位的敏感和迟钝共生。

4. 前庭觉

前庭感觉主要感知有关头部的角速度和线性加速度,以判知头部位置和运动方向,对维持机体的立体定向有重要作用。[3] 其与平衡感、方向感的形成以及肌张力的调节、注意力维持等都有密切关系。一部分孤独症儿童前庭觉十分敏感,迈大步、小步跨越跳时都害怕,动作幅度很小,情绪比较退缩;另一部分孤独症儿童前庭反应很迟钝,喜欢旋转、荡高秋千、坐"过山车"和"转椅"等,常伴有躁动不安的情绪。

前庭损伤后,平衡功能恢复过程中的本体感觉代偿作用更重要,在前庭康复的各种训练中更要侧重于本体感觉代偿训练。[4]

5. 本体觉

本体觉是包含关节运动觉和位置觉的一种特殊感觉形式。它主要包括三个方面的内容:关节位置的静态感知能力;关节运动的感知能力(关节运动或加速度的感知);反射回应和肌张力调节回路的传出活动能力。前两者反映本体感觉的传入活动能力,后者反映其传出活动的能力。[5] 本体感觉系统主要通过两种方式对躯体运动进行干预,一种是通过运动前期的预兴奋反射性提高参与肌肉的力量,为姿势的调整和承受外部负荷做好准备;一种是在运动的过程中通过肌梭和腱器官反馈式的调整肌肉的力量并协调不同肌肉之间的用力,解决躯体稳定程度和稳定与不稳定交替转换的问题,通过全身不同部位和关节运动的协调、稳定与控制,达到运动效率最大化。[6]

良好的本体觉是获得准确高效的功能性运动的基础,膝关节本体感觉由位

---

[1] 刘晓莉. 儿童感觉统合失调现状及其干预实验研究[D]. 山西医科大硕士学位论文学,2004.
[2] 韩同美. 浅谈智力落后儿童的感官教育[J]. 南京特殊教育学院学报,2007(3):22.
[3] 张丽,等. 前庭感觉、本体感觉及视觉功能对老年人跌倒风险影响的因素分析[J]. 中国康复理论与实践,2010(1):16.
[4] 陈太生,宋伟,等. 干扰本体感觉的静态姿势图检测[J]. 中国耳鼻咽喉头颈外科,2007(4):211.
[5] 谷莉. 前交叉韧带本体感觉功能的临床认知[J]. 中国康复医学杂志,2008(8):756.
[6] 余芳. 本体感觉与运动训练研究[J]. 运动,2010(13):37-38.

于膝关节周围的肌肉、肌腱、关节囊、韧带、半月板、关节软骨和皮肤的感受器发生的传入信号整合而成,信号在不同中枢处理以后,通过反射回应和肌张力调节回路传出。其中肌肉和关节的感受器是关节本体觉的主要来源,[①]减退的本体感觉将导致关节稳定性下降、关节运动失去控制及步态异常,而关节稳定性下降及步态的异常加速了关节软骨的退变。本体觉是与器械、时间、空间融合为一体的"综合感觉",靠视觉不能很好把握的,如摔跤时需感受对方的用力程度,可靠本体觉把握。本体觉在姿势快速变化、姿势稳定调节中的作用大于视觉。[②] 孤独症儿童动作调节异常与本体觉功能异常有关。

本体觉还与肌张力有关,从对膝前交叉韧带(Anterior Cruciate Ligament,简写为 ACL)的研究中发现,它能被各种关节运动所激活,传递关节运动接近极限等信息,对关节内压力、韧带张力变化做出反应,因此能感受关节的运动、位置和旋转角度。自腘绳肌的收缩运动会对抗胫骨前移,起到保护 ACL 的作用,从而更好地保证膝关节的动态稳定性。由于损伤的前交叉韧带失去了对感受器的张力调节,使本体觉功能的发挥受影响。[③] 躯体感觉传入信息的有意识的感知能力、反射性反应能力以及运动控制信息的传出能力,三者之一出现功能下降,即会出现关节不稳定。如踝关节不稳定的运动控制的反馈和前馈机制均发生改变,踝关节侧副韧带损伤后张力改变可影响本体感,[④]本体感影响肌张力,肌张力低又反作用于本体感。

本体觉影响表象形成,它控制功能好有助于建立高级、精细、复杂的条件反射,而表象训练能促使大脑反映技术动作在一定的时间、空间和力量上的基本特征,如身体位置、动作力量、幅度、方向和速度等,它对运动中枢在整个躯体运动情况的认知与把握过程有良好的增强效果。运动中大脑活动区域在表象时尽管激活程度达不到真实运动情景下相同的程度,但同样呈现一种活跃状态。很多技术比较复杂、水平较高的动作无法用视觉注意其身体姿势、技术是否符合要求,主要靠前庭分析器和肌肉的本体感受器判断完成动作的时相,体会动作做法,在多次反复的练习中建立完成动作的本体感觉,使肌肉用力的大小、时

[①] 巩尊科,翟宏伟,等.本体感觉强化训练对膝骨性关节炎的影响[J].中国康复理论与实践,2010(2):158.
[②] 陈太生,宋伟,等.干扰本体感觉的静态姿势图检测[J].中国耳鼻咽喉头颈外科,2007(4):211-213.
[③] 李涛.前交叉韧带与膝关节本体感觉关系的研究进展[J].中国康复理论与实践,2012(8):734.
[④] 李坤,王予彬.踝关节不稳与本体感觉研究现状[J].中国微创外科杂志,2010(9):851-852.

机、方向符合技术要求。① 在取消视觉监看以后，本体感觉对进行复杂动作所必需的协调一致起着重大的作用。可通过在肩膀被压的条件下做双手重物抬起、挤按水海绵测试上肢本体觉，也可通过下肢关节主动、被动位置重现、被动运动感知阈值测试等测量下肢本体觉。② 本体觉可以通过运动训练提升，如可通过本体觉神经肌肉促进技术（Proprioceptive Neuromuscular Facilitation，简称 PNF），利用牵张、牵引、关节挤压和施加阻力等刺激，应用螺旋对角运动模式来促进运动功能。③

本体觉对于儿童整体运动能力的提升，动作稳定性、计划性、肌张力、和运动表象的发展都至关重要。而孤独症儿童的本体觉发展受限：动作多漫无目的，踢球时不管对方站位而任意踢；不会拧毛巾，不能根据毛巾干湿等调控用力；一般运动中从一个姿势变到另一个姿势困难，保持一个伸直动作困难……这些既与关节、肌肉、肌腱本体觉反应迟钝有关，又与通过本体觉建立的中枢运动反馈机制不足有关。

（二）动作特点

动作是以肌肉活动模式为表现形式，具有一定的目标，在特定的物理与社会环境中进行的、兼具生理性与心理性、客观性与主观性的功能活动。④ 动作不仅涉及运动皮层、小脑、脑干等脑的局部区域，还涉及大脑的前额叶、颞叶、顶叶、丘脑、边缘系统等多个领域。心理学中，动作是心理功能的外在表现，动作往往被称为"心理动作"。而动作发起和完成取决于内外信息在个体心理系统中的登录、编码、储存和提取。⑤ 它不仅涉及肌肉层面，还涉及神经控制层面，更涉及心理层面的计划性、情绪调控等。运动后，身体内化学物质多巴胺和5-羟色胺等立即释放，良好的感觉增加。运动与情绪、感知觉关系十分密切。⑥

---

① 陈瑞凯,王勇.本体感觉与表象训练的关系及二者在运动技能形成中的重要意义[J].赤峰学院学报,2011(6):194-196.

② Noronha M.,Refshauge K. M.,Crosbie J.,et al. Relationship between functional ankle instability and postural control[J]. Orthop Sports Physther,2008,38(12):782-789.

③ 郑洁皎,俞卓伟,等.本体感觉神经肌肉促进技术对脑卒中患者膝关节运动控制功能的影响[J].中国康复理论与实践,2010:115.

④ 董奇,陶沙,曾绮,J.凯帕斯.论动作在个体早期心理发展中的作用[J].北京师范大学学报:社会科学版,1997(4):48.

⑤ 董奇,陶沙.动作与心理发展[M].北京:北京师范大学出版社,2002:4.

⑥ Jennifer Cady. An In-Depth Review of the Current Practica, Associated with Early Childhood through Twelfth Grade Special Education Programs, for the Benefit of Higher Education Programs with an Emphasis in Obtaining a M. Ed. in Special Education [OL]. 2010,EBSCO,ED523231,130.

儿童动作发展规律是从上到下，从近心端到远心端，做动作时的躯干肌肉控制是由伸直控制开始，屈曲控制次之，侧弯控制再其次，最后为旋转动作控制。[1] 儿童在4~6岁间动作抑制能力有非常明显的年龄发展趋势，说明这个年龄阶段的幼儿已经有了一定水平的动作反应抑制能力。[2] 研究表明，50%~73%的孤独症儿童在各种各样的研究群体中存在明显的运动迟缓，[3]粗大和精细动作都存在明显障碍，[4]他们步态存在步速慢、步幅小、膝盖过度弯曲、上肢摆放位置异常等特点，[5]且核心稳定控制能力不足。

1. 粗大动作

孤独症儿童基本都能走跑，有些格外喜欢蹦蹦跳跳，但协调性较差，关节和韧带往往比较僵硬，缺乏柔韧性，他们的运动能力比较低下。有的则相反，韧带过软无力，达不到标准动作要求，测查粗大运动肌群发现张力低、肌力差。[6]左、右上肢张力不均衡、不协调，侧平举等动作常做不到位。

2. 精细动作

孤独症儿童手部和手腕动作多，少部分精细动作比较灵活，喜欢写画，多数书写技能、生活自理中的精细动作配合不好。研究发现，言语与手部运动之间存在复杂的联系。有研究表明，儿童只观察手的抓握运动，却能在大脑测查中记录出唇的运动和声音成分，言语产生可增加手运动皮层的兴奋性。言语加工与手势间的联系不仅表现为神经通路的重叠和相互激活，而且可能在外显行为上也相互影响。[7] 我们按照此研究成果调查孤独症儿童发现，语言（自言自语）喋喋不休的儿童通常在不说话时就动手不停。

3. 动作核心稳定性

动作核心稳定性指在运动中控制骨盆和躯干部位肌肉的稳定姿态，为上下肢运动创造支点，并协调上下肢的发力，使力量的产生、传递和控制达到最佳

---

[1] 廖华芳,王天苗.儿童知觉动作发展[J].中华物疗志,1998(23):310-314.

[2] 孟祥芝,谢利苹.幼儿动作发展与动作抑制研究[J].心理发展与教育,2004(3):6-8.

[3] Beth Provost. Level of gross and fine motor development in young children with ASD[J]. Physical & occupationaltherapy in pediatrics,2007(3):21-36.

[4] Jenny page, et. al. Motor impairments in children with autistic disorder[J]. Child Language Teaching and Therapy,1998(14):233.

[5] Sally Ozonoff. Gross motor development, movement bnormalities, and early identification of autism[J]. Autism devdisord,2008(38):644.

[6] 郭佳.儿童孤独症与"肝"的关系初探[J].现代中西医结合杂志,2011(10):3847-3848.

[7] 朱明泉,张智君.言语与手部运动关系的研究回顾[J].心理科学进展,2007(15):1.

化。核心的稳定提供上肢和下肢末端收缩的基础,稳定和不稳定可使运动环节加速或减速。[1] 核心稳定对改善神经-肌肉系统的本体觉有非常重要的作用。[2] 同时核心稳定力量是兼顾深层稳定肌和表层运动肌在内的力量,增加了核心区的稳定性有助于中立位的控制、方向的控制、失衡的控制以及整体肌群的自动牵伸和抑制。[3] 它与本体觉相关,本体觉感受肌肉收缩和关节伸展的程度和位置,为脑部神经元进行运动行为分析提供条件,与维持体位的稳定性有关。[4] 从走路步态、走平衡木步态、交替半跪等动作完成中都不难看出,一些孤独症儿童有核心稳定控制问题,有些有"轻微剪刀步",走跑时"摇摇晃晃"。

此外,孤独症儿童在运动计划、运动执行方面存在缺陷和损伤,[5]综合性运动协调、控制方面问题较多,动作笨拙,对动作的反馈、调节异常困难,运动计划能力十分薄弱。[6][7]

运动障碍并非智力障碍儿童、孤独症儿童的核心障碍,却严重影响其正常的生活、学习、社会交往,限制他们各方面发展。[8] 因为运动发育水平与智力发育水平相关,粗大运动和精细运动发育相关。[9] 运动发展与语言发展亦联系密切,研究者对中央前回动作皮层的唇区和舌区进行双脉冲 TMS 刺激,之后立即要求被试识别唇部发音的音位(/b/和/p/)和舌头发音的音位(/d/和/t/)。结果发现对唇区的刺激使得唇音的识别加快,且会抑制舌头发音的音位识别,对舌区的刺激表现出相反的模式。这种双重分离为动作皮层可影响言语知觉提供了证据。动作皮层的激活以反馈方式对知觉皮层产生关键影响。[10] 可见

---

[1] 于红妍,李敬勇,等.运动员体能训练的新思路——核心稳定性训练[J].天津体育学院学报,2008(1):28.

[2] Bogduk N. Clinical Anatomy of Sacrum[M]. Edinburgh:Churchill Livingstone,1997.

[3] 朱小烽.核心稳定性及其力量训练研究进展[J].内江科技,2010(3):53.

[4] 张建国,谭明义,毛文慧.中老年人静止站立时平衡机能研究[J].中国运动医学杂志,2008(27):606-607.

[5] Kimberly. Motor coordination in ASD:A synthesis and meta-analysis[J]. Journal of Autism Development Disord,2010(40):1227.

[6] 花静,等.发育性协调障碍儿童的运动控制缺陷[J].中国心理卫生杂志,2008(3):171-172.

[7] Kurata K. Information processing for motor control in primate Pre-motor cortex[J]. Behavior Brain Reseach,1994(2):135.

[8] Rosalind Charlesworth. Understanding Child Development for Adults Who Work with Young Children[M]. NY:Delmar Pub,2004:160.

[9] 胡继红,张惠佳,等.精神发育迟滞患儿运动发育特点初探[J].中国康复理论与实践,2012(7):662-662.

[10] 刘文理,周一骑,乐国安.从脑机制角度看言语知觉的理论争论[J].心理科学进展,2011(10):1446.

动作发展是心理发展的重要组成和基础。依据这些证据,研究者利用视觉—动作整合、运动表象进行运动康复的尝试并取得了一定效果。[①]

(三)注意力与情绪

孤独症儿童在自愿前提下能保持良好的注意,但无法进行有效的注意转移。[②] 他们工作记忆[③]中的注意焦点转换不受加工难度水平的显著影响,这一点与正常儿童完全相反,正常儿童的注意转换能力受到加工难度的显著影响。[④] 孤独症儿童缺乏共同关注力且注意朝向往往不清。[⑤][⑥]

孤独症儿童情绪不稳定,不能理解尴尬、羞愧等复杂情绪。随着年龄的增长,处于一定社会情境中的孤独症儿童很少能正确表达自身的情绪。情绪一旦被高度唤醒就很难恢复平衡,没有或很少使用情绪调节策略。研究63名8~12岁高功能孤独症个体后发现他们面对预感不良的刺激情境往往无策略、不躲避,尖叫、击打重复动作和语言增多。[⑦] 但在情绪稳定、主动参与的状态下,孤独症儿童的言语加工识别能力有所恢复。[⑧]

(四)意图理解、概括能力和想象力

孤独症儿童普遍缺乏意图理解、概括能力和想象力。意图理解是通过别人行为之前的尝试态度理解别人。一般儿童四五岁时就能够将意图、愿望或偏好以及有意行为的结果加以区分,[⑨]他们可以了解父母的想法和行动之间是有区别的,哪些意图不一定执行,而许多高功能的孤独症成年后才能通过有关测试

---

① 刘铁军,等.运动想象的脑机制及其在运动功能康复中应用的研究进展[J].生物化学与生物物理,2011(4):299.

② Burack J. A., Enns J. T., Johannes E. A. Attention and Autism: Behavioral and Electrophysiological Evidence[M]. New York: J Wiley, 1997: 246-247.

③ 工作记忆是长时记忆的一部分,但也包含短时记忆,存储长时记忆中刚刚被激活并使这些激活的元素进出于短暂的、临时的记忆存储。参见:郭春彦.工作记忆:一个备受关注的研究领域[J].心理科学进展,2007(1):1-2.

④ 刘晓明.孤独症儿童工作记忆中的注意焦点转换[D].西北师范大学,2008.

⑤ 共同关注力指沟通双方用眼神、手势等手段引导他人注意,持续、共同分享或关注同一活动的能力,包括两种:对他人的回应注意,主动引导他人注意。

⑥ 姚雨佳.孤独症儿童神经心理研究综述[J].中国特殊教育,2013(5):48-50.

⑦ Lucinda B. C. Pouw. The link between emotion regulation, social funcationing, and depression in boys with ASD[J]. Research in Autism Spectrum Disorders,2013(7):549,556.

⑧ 姚雨佳.孤独症儿童神经心理研究综述[J].中国特殊教育,2013(5):48-50.

⑨ 罗洁琴.10-13岁儿童意图理解和情绪理解能力的发展特点及其与同伴接纳关系的研究[D].江西师范大学硕士学位论文,2010.

任务。①

从推理任务完成情况看,智力正常的孤独症或阿斯伯格症②患者根据上下文进行语义推断的能力都很弱。③ 孤独症儿童思维变通和概括也有较大困难,呈现认知加工"系统化"倾向,如做作业时看到题目做错被老师画了叉子就一定要改成对钩,与别人对话时要反反复复提问,直到听到的答案与自己的答案一致时才不再说。按已有规律、步骤或"设定程序"运行就是认知系统化的表现。有研究者认为,他们固执坚持同一玩法、必须指出他发现的错误、痴迷于某类数字或活动,分别是感知运动系统化、空间系统化、数字系统化等方面的反映。④在施测中,当被问到饼干与饼干的概念哪个可以触摸到时,3岁普通儿童能够快速地判断出是前者,而4岁以上孤独症儿童的回答则是随机的,看到苹果形状的灯,4岁的普通儿童能说出"像什么但实际是什么"的话,孤独症儿童通常先回答是苹果,点亮时回答是灯,两者联结困难。⑤

他们通常理解和掌握直接的动词、名词词汇较好,理解代词、形容词和双关语等有一定困难。

(五)社会交往

孤独症儿童在社会交往上存在严重困难,较少主动发起交往,在与人交往时不懂得怎样使用技巧,如不会使用面部表情、眼神,常回避与他人的目光交流,在交往过程中,往往把目光移到无关的方向,或者无目的地游弋,在参加集体活动时往往出现因人关注的行为,即某人可能带了他喜欢的帽子而关注某人,不是因需要而关注。

第二节 孤独症儿童的学习特点及发展策略

孤独症儿童具有与聋童、智力障碍儿童等其他特殊儿童不同的身心特点,

---

① 段蕾,莫书亮.孤独症的认知障碍研究及其评述[J].心理科学进展,2010(2):291.
② 阿斯伯格症(Asperger.s syndrome,简称 AS)和孤独症一样同属广泛性发育障碍,是一种认知能力和语言发育无明显落后但具有社会交往困难、刻板而局限的兴趣行为模式等主要特征的神经系统发育障碍性疾病。在美国 2013 年公布的《精神疾病诊断与统计手册第五版》中此称谓已取消。
③ 项玉.孤独症者知觉信息加工理论评述[J].中国特殊教育,2008(3).
④ 齐星亮,陈巍.自闭症共情-系统化理论述评[J].心理科学,2013,36(5):1261-1265.
⑤ Simon Baron-cohen. The empathizing-systemizing theory of autism: implications for education[J]. Tizard learning Disability Review,2009,issue3.

许多伴有触觉敏感、本体觉迟钝、肌张力偏低[①],核心稳定性不够,机械记忆强但记忆联想、变化能力弱,情绪不稳定等特点,教学设计要根据这些特点进行设计,使康复和认知学习协调并进。其学习活动表现各异。

一、知觉型学习为主

孤独症用眼睛记录世界、复制信息,每时每刻都要处理视觉搜集的大量的、没有联系的信息,尤其是面对多变的人物表情和嘈杂的新环境,其束手无策。他们不会寻找或留意情感线索,有的不会做出适当的判断和反应识别,如判断别人是否高兴、伤心或者生气?[②] 不能有效加工多变的面部表情而采用回避不看的策略。[③] 对于同时出现的多幅图片,中高功能孤独症儿童的局部加工能力优于整体加工,且更倾向于自下而上的加工。[④] 也就是他们更善于从外界搜集图片,这种搜集是局部的或是细节的,从搜集伊始,图片之间的联系就少,图片与言语的联系也少。比较而言,图形加工能力优于言语加工能力。[⑤]

知觉型学习中多数偏爱视觉型加工,对于视觉型学习者,言语信息的作用是告知和评价,如果没有告知和评价需求,他们不一定同时进行视听联合加工。他们搜集甚至自己制造单纯听觉性信息和一些无意义的言语信息,而同步处理大量的、与视觉图片相关的言语信息有困难。研究表明,对口语中的句子理解而言,优先加工句子中的一个动词,其次是名词,而按照上下文顺序进行语义加工困难,在具体沟通场景中也存在类似问题。[⑥] 在众多编码方式中,普通学生倾向于语义编码,而孤独症学生倾向于机械的视觉编码或视听觉编码,即知觉编码。[⑦]

了解孤独症知觉型学习为主的特点,在教学设计中既要充分利用其视觉优

[①] 肌张力指不需努力就可以支撑身体的肌肉力量,如儿童躺着时别人要抱他,他就会不由自主地转身配合,正常地跟随力量易于被抱起。肌张力低则肌肉非常松弛,动作配合有一定难度,抱起低张力的儿童需用较大力气。

[②] 兰岚,兰继军,李越.自闭症儿童面部表情识别的综述[J].中国特殊教育,2008(3):36-37.

[③] 李咏梅,静进,等.孤独症幼儿对面部情绪表情认知特征的初步研究[J].中国循证儿科杂志,2009(1):24-26.

[④] 翟孟.中高功能自闭症儿童认知方式的实验研究[D].华东师范大学硕士学位论文,2008.

[⑤] 同上。

[⑥] 李伟亚.自闭症谱系障碍学生汉语句子理解过程的实验研究[D].华东师范大学硕士学位论文,2009:5-7.

[⑦] 曹漱芹.汉语自闭症儿童视觉性语义理解机制的探索及应用研究[D].华东师范大学硕士学位论文,2009.

势,又要注意视听觉刺激的联合及其表象形成。在有关概念形成的教学中,要充分考虑儿童是否具有整合视觉和语言刺激的能力,已整合的已有经验是否丰富,是否能有效提取。

有效教学需要双方互动交往,要培养他们的交往能力,应注意在接触伊始就控制环境刺激量,提供安静、简单的适宜交往的环境,少语言,用眼神、动作交流时要神情沉稳、少变化。这都是适合他们知觉型学习方式的做法。

二、情绪和注意力都不稳定,缺少共同关注

情绪是主体对客观事物是否满足需求的反应,有愉悦感受的情绪被视为积极情绪,有不愉悦感受的情绪被视为消极情绪(负情绪),如恐惧、害怕、仇恨、愤怒等。孤独症儿童情绪和情绪调节都不同寻常,情绪表达异常。[①] 他们容易出现恐惧、害怕等负向情绪,对害怕表情、威胁性动物等负性目标具有搜索优势,对全威胁的负性环境图片产生注意固着现象。[②] 其对害怕信息的反应阈值低于一般人,研究表明阈下害怕信号(subliminal fear signals)能够引起脑干有关领域的激活,这些领域包括上丘、蓝斑(locus coeruleus)、枕核(pulvinar)、杏仁核以及与定向有关的前颞叶区。原始感觉(crude sensory)从丘脑枕(superior colliculo-pulvinar)视觉通道输入到达杏仁核过程当中,蓝斑区会对其中的害怕信息进行充分评估然后优先传导。[③]

负性情绪与不良注意力都与感知运动问题相关。如前庭觉过于敏感则对大的位移产生恐惧,过于迟钝则需要通过活动保持脑干的觉醒水平,因此会出现"不停地动"的情况。与触觉、本体觉、肌张力等都有关系。

共同注意力指沟通双方用眼神、手势等手段引导他人注意,持续、共同分享或关注同一活动的能力,包括两种:对他人的回应注意和主动引导他人注意的能力,如两人踢球时要相互关注对方的动作,不能各踢各的。孤独症儿童普遍缺失共同关注力。

1996年意大利科学家里佐拉蒂(Rizzdatti)和同事们发现了镜像神经元

---

① Josephine. A comparative study of the use and understanding of self-presentational display rules in children with high function Autism and Asperger's disorder[J]. Journal of Autism Development Disorder, 2007,37:1235-1236.
② 林云强.自闭症谱系障碍儿童威胁知觉的实验研究[D].华东师范大学博士学位论文,2012.
③ Liddell, Brown, K. J. Kemp, A. H. Barton, et al. A direct brainstem-amygdala-cortical alarm'system for subliminal signals of fear[J]. Neuroimage,2005, 24(1):235-243.

(mirror neuron),恒河猴的前运动皮质 F5 区域的神经元不但在它做动作时产生兴奋,而且看到别的猴子做相似的动作时也会兴奋。他们把这类神经元命名为镜像神经元。1998 年进一步研究证实人类也有这种神经元。这类镜像神经元能帮助我们分析各种场景,读懂别人的做法和想法,如看到别人难受你也会难受。该系统是人类社会认知的重要神经机制,参与动作意图的识别、言语运动区的激活、共情等心理活动,发展损伤会导致能模仿动作本身却不理解动作意图、缺乏感同身受,在语言表达时缺乏对相应的口唇动作的识别而导致答非所问。

教学设计前要注意其情绪表现,躁动不安、害怕退缩的情绪都会占用很多的认知资源,严重影响学习效果,而且容易使之产生不要学习的连通心理。要尽可能通过感知运动训练、营养干预等使之前庭功能和本体觉改善、身体舒服、需求满足、情绪平稳。在此基础上发展共同关注力,为交往能力的提高打好基础。

三、沟通困难

沟通困难是孤独症儿童的主要问题之一,无论是口语、手势还是书面语沟通都有困难。主动言语少甚至没有口语、自顾自地自言自语、交流中代名词反转、答非所问、阅读时结合上下文信息整合理解困难……[①]另有研究表明,对他们使用的 70000 个会话单词进行分析后发现在这些输出的词汇中存在词汇概念的异常,尤其是缺少上位概念和时态概念;他们在回忆词汇时是按照词汇呈现的先后顺序而不像正常个体和学习障碍个体那样运用语义的关联性呈现。[②]在高表象句子任务下(如数字 8 在旋转 90 度后看起来像一副眼镜的句子),孤独症组的回答结果比低表象句子任务(如加、减、乘等数学计算任务)差,他们在句子理解过程中更多地依赖视觉,并且局部的视觉中枢以及威尔尼克区等较低级语言功能脑区出现更多激活,而负责高级整合功能的布罗卡区激活较少。

与普通儿童比较,这些儿童不同脑区之间功能联结更差。[③] 其沟通问题与

---

① 李伟亚.自闭症谱系障碍学生汉语简单句理解的实验研究[D].华东师范大学博士学位论文,2009:5-7.

② 曹漱芹,方俊明.自闭症谱系障碍语义加工特点与认知神经机制的研究综述[J].中国特殊教育,2008(9):27-29.

③ 曹漱芹.汉语自闭症儿童视觉性语义理解机制的探索及应用研究[D].华东师范大学博士学位论文,2009.

感知、解释外界事物不同寻常有关。如问一名五年级孤独症学生家住在某某楼几号,他回答说,我穿 43 号鞋爬山,我住 43 号。他把家里门牌 43 号和在鞋子上见过 43 一起记。不理解他们这些特点就很难与之沟通。

他们许多沟通语和行为的习得是仿说和观看得来的,缺乏头脑中的联想、概括、分析和比较,如一个孤独症学生 100 分的试卷只得了 12 分,家长问她考试考得好吗?孤独症学生马上回答"考得好"。她缺乏对"考试好"这个概念的把握:考试答卷上题目都答对了、身边同学不如我得分多。如果告诉她卷子上的对钩多就是考得好,她就会要求"看见"对钩,而不能连接"知识学得好才能考得好、对钩才能多这几个概念",推理更有困难。

解决沟通困难问题要有步骤,分清问题关键,提高相关能力,沟通能力才可能提高。如无口语的或语音极其含混不清的,要检查其发音器官功能、咀嚼、舌位变化、气息控制、口腔原始反射、口唇部肌张力等条件都需适合;会发音但没有沟通意识的,要调整情绪、培养共同关注力、引导沟通动机;有少量口语但基本以手势和哭闹为主要沟通手段的要加强关注力、意图理解能力和规则意识培养,辅以行为调控,如一个孤独症患者能接受周围环境的汉语口语信息,但却愿以英语口语的方式作出应答,并对这种方式乐此不疲,[①]我们在接受他的这种沟通方式的同时增加相互关注力和参照力的培养,使其逐渐感到跟我们用汉语口语沟通能得到更多、更好的回馈,别人也用汉语口语沟通,前提是保护他的沟通主动性。调整情绪、改善沟通情境、感知训练、语言治疗、互动游戏等手段缺一不可。

四、思维缺乏变通、连贯和计划性

当家长说"你听话啊,听话我就奖励你",一般 3 岁儿童都知道家长是让自己做什么(根据情境,有时听话指"要快吃饭",有时听话是指"别乱扔玩具",有时听话指"快睡觉",等等),而 6 岁的孤独症儿童很难对"听话"的含义进行变通:听话指听你说话或某种特指。这种"变不了"跟"联不上"是关联的。当儿童无法以弹性、整合的方式从信息中提取意义时,他们的经验就是支离破碎的(Prizant,1982),而孤独症"弱的中心统合能力"已被脑科学研究证实,[②]学习新

---

① 于松梅.自闭症儿童沟通行为及其干预策略[J].中国特殊教育,1999(3):26-28.
② France,Happe. Autism: cognitive deficit or cognitive style[J]. Trends in Cognitive Sciences,1999(3):216-220.

经验时不能联系旧经验,思维连贯和变化困难。

思维计划性包含选择、检查、监控和预测,[1]预期是一种特殊的搜索方式,它包含假设的提出,然后再对假设进行证实,孤独症儿童做不到假设,没有相应的表征也就很难预测。如一年级教师上课时端着一盘开心果第一个让一名孤独症学生自取,开心果作为奖励物和进一步练习"剥"的教具。这名孤独症儿童只拿了一颗,而后面的智力障碍儿童一次就拿了五六颗,教师接着往下发。第一个孤独症学生吃完后又去找教师,发现盘子里的开心果都被拿没了……他很爱吃开心果,但他第一个拿时,看到还有很多,因预测不到"开心果一会儿会被其他同学拿走"的短近结果。功能核磁共振成像研究表明:在静息状态下,孤独症儿童大脑左侧额叶中央前回、顶叶中央后回、右侧额内侧回等多个区域与其他脑区的联系显著减弱,多个脑区联系不足。[2] 通过对158名孤独症患者的DNA研究也发现接触蛋白4号(contact in 4)发生了变异,而这种基因参与神经网络的形成和维持。[3]

思维问题与动作联系、变化困难,与动作计划性缺乏有关联,在智力发展过程中,布鲁纳提出起作用的再现表象系统有三个,动作性再现表象、图像性再现表象、符号性再现表象,它们之间相互作用是智慧成长的基础。[4] 皮亚杰也认为动作经验内化为知觉表象,在此基础上形成表象联结,变化后抽象成概念。因此思维活动发展需要在情绪稳定、注意集中、已经建立动作表象的联结和动作计划性的基础上进行,避免"本末倒置"。动作调控能力发展、语言符号与视觉符号的联结建立起来后,在实际生活经验积累的基础上发展思维能力才是"水到渠成"。之后在思维发展过程中,概念形成和问题解决是重点,语言在这个阶段发挥极其重要的作用。交往能力的发展也不例外,情绪稳定、共同关注力较强,部分"读懂"他们的行为即意图理解能力建立后才能作出灵活的、主动的、情境性的互动。复杂的连续动作变化游戏、空手道游戏的作用功不可没。

---

[1] 李清. 基于PASS理论的小学数学学习困难儿童应用题问题表征研究[D]. 上海:华东师范大学,2009.

[2] 李雪,刘靖. 儿童孤独症核心症状的脑功能性磁共振研究进展(综述)[J]. 中国心理卫生杂志,2010(24,8):583.

[3] Jamain S., Quach H., Betancur C., et al. Mutations of the X-linked genesencoding neuroligins NLGN3 and NLGN4 are associated with autism [J]. Nat Genet,2003(34):27-29.

[4] 丁品. 试论皮亚杰、布鲁纳认知发展阶段理论之异同[J]. 福建师大学报:哲学社会科学版,1983(2):134-135.

我们不仅要了解其学习特征,还要根据此类特征找到相应的解决策略,同时控制和利用好各种影响因素。影响其学习效果的因素很多,我们在对北京32名孤独症学生进行的胆经、膀胱经经络测试发现,上、下肢经络不通(无知觉和疼痛)的有28人,占比很高。中医经络学认为,膀胱经是人体最大排毒祛湿通道,委中穴是这个通道上的"排污口"(膝盖后窝),[①]而胆经与关节通利、情绪有关[②]——经络不通儿童身体就不舒服,情绪就不愉快,很难稳定地安坐和学习。孤独症儿童的营养不均衡,过敏体质和自身免疫问题也影响学习,如有些学生中耳炎、肠炎长期不愈,身体素质差,不能坚持学习。[③]

总之,我们的教学要尊重孤独症儿童的学习特点,要发挥知觉学习者的优势、正视弱势,在其情绪稳定、感知运动和身体感受正常前提下培养共同关注力、意图理解力,发展思维连贯性、计划性、灵活性,最终促其实现平稳生活、基本自立、自我接纳等目标。

本章思考题

1. 近年来孤独症称谓发生了怎样的变化?
2. 怎么理解孤独症儿童的身心特点?
3. 怎样正确评价知觉型学习者?
4. 举例说明共同关注力缺失的表现。
5. 发展孤独症儿童思维能力的基础有哪些?
6. 解决孤独症儿童学习困难的途径有哪些?

---

① 迷罗.小满节气多疏通[N].健康时报,2010-05-20(8).
② 殷振瑾.足少阳胆经和足厥阴肝经生理功能的《内经》文献研究[D].北京中医药大学博士学位论文,2008:56.
③ Mu-hong Chen, Tung-ping Su. Comorbidity of allergic and autoimmune diseases in patients with Autism Spectrum Disorders: A nationwide population-based study[J]. Research in Autism Spectrum Disorders, 2013(2):205-207.

第四章 孤独症特教班课程目标、内容与评价设计

本章主要内容
理解并掌握孤独症特教班课程目标和内容设计。
理解资源教室课程目标与内容设计。
了解随班就读孤独症学生课程调整与设计。
了解课程评价的设计。

课程设计包括课程目标设计、课程内容设计和课程评价设计这几个方面,以特教班、资源教室为蓝本进行科学系统的、有层次的课程设计是提高孤独症教育质量的保证。

第一节 孤独症特教班课程目标与内容设计

以孤独症和智力障碍学生为主的特教班的课程设计应在理论基础和课程组织形式明确的背景下进行。目标设计、内容设计和评价设计缺一不可。目前特教班存在的选择性地简单仿照普教或幼儿园的课程,加上一些补偿训练或自理训练、职业训练、学习策略训练的思路都是不可取的。设计的流程要科学。

课程目标是课程的灵魂,也是课程设计的重点。怎么理解目标呢?一个心理学家曾做了这样一个实验①,他组织三组人,让他们分别向着 10 千米以外的三个村子进发。第一组的人既不知道村庄的名字,也不知道路程有多远,只告诉他们跟着向导走就行了。刚走出两三千米,就开始有人叫苦;走到一半的时候,有人几乎愤怒了,他们抱怨为什么要走这么远,何时才能走到头,有人甚至

---

① 王冀中.目标就是动力[J].旅游时代,2012(11):1.

坐在路边不愿走了,越往后,他们的情绪就越低落。第二组的人知道村庄的名字和路程有多远,但路边没有里程碑,只能凭经验来估计行程的时间和距离。走到一半的时候,大多数人想知道已经走了多远,比较有经验的人说:"大概走了一半的路程。"于是,大家又簇拥着继续往前走。当走到全程的四分之三的时候,大家情绪开始低落,觉得疲惫不堪,而路程似乎还有很长。当有人说:"快到了!""快到了!"大家才振作起来,加快了行进的步伐。第三组的人不仅知道村子的名字、路程,而且公路旁每一千米都有一块里程碑,人们边走边看里程碑,每缩短一千米大家便有一小阵的快乐。行进中他们用歌声和笑声来消除疲劳,情绪一直很高涨,所以很快就到达了目的地。心理学家得出了这样的结论:当人们的行动有了明确目标的时候,并能把行动与目标不断地加以对照,进而清楚地知道自己的行进速度与目标之间的距离,人们行动的动机就会得到维持和加强,就会自觉地克服一切困难,努力到达目标。目标指明前进的方向,课程目标是要学生达到的一些要求。"课程目标"的内容通常很少、很简单,但最简单的事情往往也是最难做的。有些难以作为效果衡量的标准,有些并没有站在学生的角度设计,还有些根本不是"目标"而是"目的"。课程目的是开设本门课程的意义,课程目标是要达到的要求。

一、课程目标

课程设计中,目标的确定十分重要,不仅有助于明确课程与教育目的的衔接关系,从而明确课程设计工作的方向,而且有助于课程内容的选择和组织,并可作为课程实施的依据和课程评价的准则。不同理论导向决定了课程目标导向也不同,但都需要明确具体。

目标模糊或错位会影响课程实施及评价的基本出发点。制定适合而科学的目标十分重要。被誉为"现代课程理论之父"的拉尔夫·泰勒(Ralph Tyler)认为制定目标要考虑三方面的因素:学习者、当前社会生活和学科知识。[1] 学习者的心理要素涉及心理学理论,当前社会生活离不开国家和地方政策,学科知识构成课程,目标设计的理论基础与课程设计的理论基础应是一致的。

---

[1] 钟启泉,等.课程与教学论[M].上海:华东师范大学出版社,2008:13.

(一) 课程目标设计的思路与要求

2007年,教育部发布了《培智学校义务教育课程设置实验方案》,该方案是根据《中华人民共和国义务教育法》《国务院关于基础教育改革与发展的决定》和《基础教育课程改革纲要(试行)》等有关文件精神制定的,方案提出了培智学校的培养目标:全面贯彻党的教育方针,体现社会文明进步要求,使智力残疾学生具有初步的爱国主义、集体主义精神;具有初步的社会公德意识和法制观念;具有乐观向上的生活态度;具有基本的文化科学知识和适应生活、社会以及自我服务的技能;养成健康的行为习惯和生活方式,成为适应社会发展的公民。2014年1月,我们国家又颁布了《特殊教育提升计划(2014—2016年)》,其中明确提到要注重培养学生自尊、自信、自立、自强的精神。这些是进行班级课程设计的重要依据,对于接收孤独症、中重度智力障碍的特教班而言,自立和适应社会应是关键指标。

课程目标设计是孤独症特教班总体课程目标体系的设计,以班为单位进行。在目标设计前需要明确理论依据、培养目标和课型。本书第二章第三节论述的核心课程较为适合此类特教班,因此本节目标设计以此课型为例。基本思路是在一定理论和价值取向的引领下,在符合国家和地方有关培养目标的文件的前提下,制定学校成长目标和学段目标,在评估班级学生后制定班级学段目标和年度目标、学期目标,各科以学期目标为核心目标设计单元目标(详见图4-1),因学生个体差异大,有些学生还需要依据班级目标定出个别化课程目标。

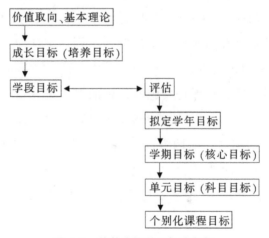

图 4-1 特教班课程目标流程图

特教班核心课程目标设计有不同形式,第一种是按照总目标从低到高设计出每个学期的核心目标(见本书附录1-1和1-2),根据核心目标设计单元主题和目标,分领域实施,一般领域包括运动、生活自理、认知、沟通、人际交往、艺术与休闲等。第二种是先分科,可分为生活语文、生活数学、生活适应、劳动技能、绘画与手工、运动与康复、休闲娱乐等,每门课程都设计自己的学期核心目标,在此基础上设计各自的单元目标。

对目标的要求是有价值、明确具体、可行。目标有价值就是要能适当、有效地反映社会发展、科学进步和人的身心发展需求;明确具体就是清晰地描述出所期望的结果,看到它的多数人能取得一致的判断;可行是要与学生经验、现有资源、实施时间等相匹配。

(二)设计课程目标和单元主题的架构

课程目标架构要解决课程目标要涵盖哪些学习结果的问题。如美国教育心理学家加涅(Gagne)根据习得能力所需学习条件分运动技能、言语信息、智慧技能、认知策略和态度五方面,[1]因此他认为课程目标要包括这五方面。而此前教育目标分类研究的代表人物布卢姆的目标分类理论提出分认知、情感和动作技能三方面,这个分类是较为权威和广被接受的。[2] 认知类目标从知识类型和认知过程两个维度来界定,1999年经由美国南加州大学课程与教学论专家L.安德森主持修订后更加完善和科学。[3] 情感目标包括了态度或价值观目标,从低到高分接受或注意、反应、价值评价、价值或价值体系的性格化等几个层次。动作技能类目标包括知觉、准备、有指导的反应、机械动作、复杂的外显反应、适应和创作几个阶段目标。[4] 分析特教班的实际情况可知,采用布卢姆的分类体系描述比较适合,而认知类目标是与知识学习紧密相关的,沟通、认知学习都可以包含其中。技能目标包括运动和生活自理技能等,情感目标包含态度、动机、注意、情绪调控等。健全的目标体系应按心理、年龄、科目(或领域)三维结构考虑,认知、情感和技能是心理层面的,低、中、高表明不同年龄阶段。领域或科目是按分科教学设计的,可分生活语文、生活数学、生活适

---

[1] 钟启泉,等.课程与教学论[M].上海:华东师范大学出版社,2008:104.
[2] 魏宏聚.新课程三维目标表述方式商榷——依据布卢姆目标分类学的概念分析[J].教育科学研究,2010(4):10-11.
[3] 吴红耘,皮连生.修订的布卢姆认知教育目标分类学的理论意义与实践意义——兼论课程改革中"三维目标"说[J].课程·教材·教法,2009(2):92-93.
[4] 赵俊霞.情感、态度、价值观目标概念——基于布鲁姆目标分类理论[J].剑南文学,2013(6):311.

应、美工、体育等科目或沟通、认知、运动、交往等领域,若按核心课程单元主题教学,第三维可以是单元名称(详见图4-2)。图4-2是以某校二年级孤独症特教班为蓝本绘制的单元主题课型的目标结构图,在此基础上可以进行更具体的课程目标设计。

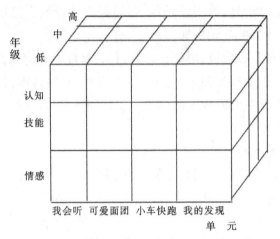

图4-2 课程目标三维体系范例图

单元名称要依据目标和资源条件而定,可灵活变化。

二、课程目标设计范例及其分析

目标设计是一个班课程设计的首要任务,因此,有必要以孤独症特教班为例进一步说明。设计目标前要明确课程理论,理解和依照国家、地方和学校的培养目标陈述,进行班级学生评估。

本范例在建构主义课程论指导下,依据国家、地方、学校三级培养目标,结合班级现状制定下列目标。

二年级特教班,一共7名学生:3名孤独症、3名中度智力障碍、1名轻度脑瘫。性别为5男2女,都有口头语言,其中1名学生口齿不清。他们初入学时,除2名智力障碍女生外,都有严重的情绪行为问题:多动,注意力很不稳定,不听指令,到处乱跑。教师对孤独症进行CARS评估表明2名是中度,1名是重度,智商测试无法配合。轻度脑瘫学生智商测试是轻度障碍,但身体运动受限,走路不稳,不会下蹲,情绪躁动。综合现状分析,本班教师确定了第一学年以稳定情绪、建立常规和加强关注力为主要目标方向,并建立了具体的有层次的目标,经过评估,第一阶段目标基本完成。在第一阶段目标实现后,除1名重度孤独症外,其他学生能遵守课堂常规,关注语言的能力明显提高,5 名学生能关注表情,能进行 2 个回合的对话交流,能跟随教师做"请你跟我这样做"的游戏,能独立完成交替半跪伴举手等动作,据此现状(图 4-2)设计下列学期目标(详见表 4-1)。

表 4-1　二年级某班一学期课程目标一览表

单元名称	认知(沟通)	技能(运动和生活自理)	情感(情绪和注意力)	说明
我会听	分辨明显的鼓乐声,作出相应的回应	跟随鼓乐做相应的动作	能主动参与 1 个音乐律动游戏	据该特教班实际,认知目标包括认知与沟通、技能目标包括运动和生活自理、情感目标包括情绪和注意等。
可爱的面团	认识软硬不同的面团,说出制作的成品名称或形状	能基本正确地做出揉、按、搓等各种动作	在触觉体验活动中持续参与 5 分钟以上	
小车快跑	认识多种车,说出部分名称或用途	能以蹲或半蹲姿势参与小车碰撞的游戏,持续 2 分钟	多次成功地跟随小车较快速移动并变化方向	
我的发现	能用动作(或语言)提示他人或说明物品的去处并使对方找到,能按照规定的数量取物	能打开不同形状的常见器皿,对个别物品进行包装	能找到 3 种以上隐藏的食品并享用它们	
重要说明	"我会听、可爱的面团、小车快跑和我的发现"这些单元是围绕学期目标"培养学生关注能力,发展动作沟通,能跟随进行 2 步活动"附录 1.1 设计,从关注某个动作、教师语言到关注 2 人动作和动作变化,层层递进,单元主题中的媒介物(面团、小车、鼓乐等)都是本班学生喜爱的,单元目标与学期目标和本班学生已有经验紧密联系			
学生张某的个别化目标	张某是中度孤独症学生,在"我的发现"单元的个人目标:根据前期测评和与班内其他学生比较,张某关注力差,机械记忆尚可。制定个别训练目标:在视觉提示下找到器皿并打开,按照名称、个数(1~3)取出相应的食物。个别训练与集体课有机结合,辅助集体目标的实现			

学年目标的设计思路与学期目标一致。在学期目标制定好以后,可以按单

元开始目标设计,若实行核心课程,单元目标设计样式详见图4-3;若实施分科课程,则需设计各科目目标。

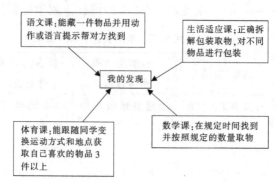

图4-3 核心课程类型的单元目标设计

三、孤独症特教班课程内容设计

课程目标系统明确后下一步是根据目标进行选材和组材。

课程内容是指根据课程目标,有目的地选择的各种直接经验和间接经验的知识体系。① 课程内容设计指依据目标选定的,通过一定形式表现和组织的基本知识、基本态度和基本行为。② 即依据课程目标进行的材料选择、创编与组织。

孤独症班级课程内容有按领域划分的,通常分认知、社会、沟通等几大领域,有的按学科知识划分内容的,如生活语文、生活数学、生活适应、美工、音乐等。

(一)应遵循的一般原则

据美国未来学家托夫勒(A. Tofller)预测,就知识增长的速度来讲,今天出生的小孩到大学毕业时,世界上的知识总量将增加4倍。当这个小孩50岁时,知识总量将是他出生时的50倍,而且全世界97%的知识都是在他出生以后才研究出来的。③ 据一位德国科学家估计,"今天一个科学家,即使夜以继日地工作,也只能阅览有关他自己这个专业的世界上全部出版物的5%"。而学生所要掌握的学科门类以及各门学科的内容都是极其有限的,所以课程内容必须经过严格的、精心的选择。

实践已证明,任何偏离学生已有水平的课程内容,不论是偏难还是偏易,都

---

① 郭元祥.教育逻辑学[M].北京:教育科学出版社,2003:239.
② 张勤.中国基础教育体育课程内容设计研究[D].福建师范大学硕士学位论文,2004.
③ 罗沛笙.利用网络资源为学生学习服务[J].湖北函授大学学报,2011(9):95.

不会取得好效果。它要求课程工作者在选择内容时,要考察这些内容在全面实现教育目的方面的作用。事实上,目标与内容之间不是一一对应的关系。一种内容可以同时实现多种目标,同理,为实现某一目标可能需要有多种内容的组合。在选择课程内容时要考虑到多种因素,应注意以下几项基本准则。

1. 课程内容的基础性和科学性

课程内容纷繁复杂,学生不掌握的知识经验有很多,既要促进学生学习,又要符合学科发展和知识体系的要求,培养学生的基本能力,因此课程内容要考虑知识体系的科学性、基础性。[①]

2. 课程内容的目的性

课程内容要与课程目标始终保持一致,目的性要十分明确。需要学的知识很多,但如果与现阶段目标不相符就不应选择。虽然学生有很多内容没有掌握,但不宜着急、贪多,有目的地按层次选材才能真正有助于其发展。

3. 符合学生的年龄、心理特征等

教师和学生经验、课程设计者自身的经验都不同,站在学生的角度进行选材才能有助于学生掌握他人经验,完善自我经验。因此,要符合学生的年龄和心理特征。

4. 系统化编排

课程内容要由易到难、由旧经验到新经验,呈现完整的生活经验,学完能联系旧有经验应用。注意这里的系统化与知识体系化不同,许多孤独症儿童不具有抽象的数的概念,但能认识和使用钱正确购买日常用品,可以在他们不会数数的情况下部分教授人民币的使用的知识,注意这部分知识传授的系统化。

5. 个别化原则

在考虑社会需求的同时要适应学生的个体差异、文化背景的差异,正视差异的存在,选材不千篇一律,弹性化、个性化就是个别化的反映。

6. 兴趣和促进发展相结合

学生可以并愿意接受的课程内容也是能促进其发展的内容,如同现实生活中当我们做喜欢做的俯卧撑时,已经做了很多个,很累了,这时再鼓励下又坚持做了两个,做这两个的过程能让学生看到自己"有力量",他们会更喜欢这项运动。适切的课程内容既能满足兴趣又能促进发展,两者相辅相成。

---

① 张勤.中国基础教育体育课程内容设计研究[D].福建师范大学硕士学位论文,2004.

课程内容还应有利于举一反三,有利于发展解决实际问题的能力。

偏离上述原则容易出现的问题有:内容超载,脱离儿童经验;缺乏归纳概括,起不到促进发展的作用。比较普遍的还有下列问题:

内容目标化:即把课程内容和目标混淆,如通过玩橡皮泥发展学生的参照能力,有的教师带学生学习认识橡皮泥颜色,揉按、塑形橡皮泥,严重偏离了目标,这里的目标应是提高参照能力,揉按橡皮泥时要注意动作变化,橡皮泥塑形时也要不断加入变化因素。在对方的活动中加入适当变化是参照能力的体现。橡皮泥只是教具,按揉橡皮泥是为目标服务的课程内容,课程内容是配合目标实现的素材,不是目标。

目标内容化:为了实现目标而直接把目标作为课程内容,没有有效地衔接内容,使内容过于死板,这也是十分普遍的内容设计中的问题。例如,某孤独症班三年级体育课以发展学生左右手交替拍球的能力为目标,有些教师只选拍球相关的内容,而发展协调性、手腕力量和灵活性、动作连贯性的基础内容就不顾及了,而单一的拍球内容上了很多节课,因为还有部分同学不会,而使本已会的学生失去兴趣、不会的学生还是不会,因不会的学生的相关技能掌握不好。因此要围绕目标选择多种内容、合理有序安排。

(二)组织方法

课程内容的基本组织方法有横向组织法和纵向组织法。

1. 横向组织法

横向组织是相关内容一起讲、各课程内容平行安排,有助于建立横向联系,课程考虑知识的应用层面的联系,不是深度而是广泛的联系,需要教师不仅了解本学科知识体系,还应该精通相关知识体系,或教师之间有密切的合作。其容易面临的实际问题有:①任课教师要精通或熟悉各门学科的内容,若教师队伍不具备这一条件则影响工作开展。②学校课程表难以安排,学校现有的物资设施需要跟上,如每个班都需要用运动器材或某个功能教室,可能出现"撞车"现象。③学生难以应付目前通行的考试方式,目前考试基本上题目是由易到难安排,横向组织安排授课内容就要改变考试惯例。④课程内容如何避免"大拼盘"现象。

在培智学校课程横向组织中有一种比较特殊的组织形式,即单元主题组织。它是在一门课中围绕某个主题和相应的单元目标组织内容的一种横向组织方式,它与核心课程设计的意图共通,这种形式能充分满足学生建立知识联系,达到形成整体、实用经验的要求。

遵循多元智能理论思路,进行单元主题组织时还要考虑到发挥每个学生的才干或挖掘孤独症儿童的不同特长的问题。例如,按照多元智能的理论,以"认识天气"为主题、以掌握"天气与生活的关系"为目标,某三年级孤独症特教班语文课课程内容为:班里语言智能较好的学生要学写"它看起来像……"句子,进一步发展某些学生的表达能力和想象力,其他同学则说出不同天气的不同着装;数学课上逻辑智能尚好的学生学习制作某月份天气变化形态图、统计图;体育课上身体动觉尚好的学生可自创祈福好天气的舞蹈,人际智慧好的一个唐氏综合征学生组织小组同学一起表演舞蹈等;美术课上视觉空间好的一名孤独症学生制作说明天气的图片。目标相同,内容不同。

单元主题设计与具体情境结合即演变出情境主题组织。以一个具有主题的情境中发生的具体活动为目标,学会某一具体知识或操作,如"认识一元钱并会用它分别买三件小物件","学会用'你好'与熟人打招呼"等。使用时还应借鉴"非指导性教学"中重视情感因素的培养的设计思路。注意这里所指的情境并非就是真实的物理情境,但其经历的认知挑战、复杂程度必须与真实情境一致,避免降低学习者的认知要求。结合掌握学习模式的重单元教学的思想和孤独症、智障儿童的心理特点,培智教育中可以采用单元情境教学。

2. 纵向组织法

纵向组织法是按照一定规则定出序列,从简单到复杂的先后顺序组织,按照建构主义理论,要联系学生已有经验组织课程内容,需要循序渐进。

纵向直线式组织法是把内容由易到难排列,从低到高安排。纵向螺旋式组织法是从最基本的知识教起,随着年级增高而出现螺旋式重复,不断在更高层次上重复它们,直到学生全面掌握该门学科为止。美国学者凯乐(C. Keller)在20世纪60年代构建了一种所谓"逐步深入的课程",即一门学科在中小学12年期间学习两三遍,但学生每次都进一步深入地学习课程的不同部分。国内有些培智学校的孤独症、智障儿童课程采用分几十个大单元,从自我照顾、家庭成员到自我保护、社区利用等等,其中交通安全被重复学习了3~4次,每次都有难度变化,这种模式是纵向螺旋式组织法。

直线式与螺旋式都有其利弊。直线式可以避免不必要的重复,螺旋式则容易照顾到学生认识的特点,加深对学科的理解。很多学校只重视逻辑思维的方式,采用直线式组织。

孤独症班级可以考虑按照课程目标进行纵向螺旋式组织选择课程单元主题,在每个单元主题中再按照横向组织各科或各领域的内容。如"我会听""我的发现"等主题在一、三、五年级都出现,但目标和内容难度不同,涵盖的经验更广。

进行课程内容设计前应明确理论和价值导向、课程目标、内容组织方式后再进行,具体内容设计案例参见表4-2。

表4-2 孤独症班级课程内容设计举例

年级	二年级		
现状	共7名学生,3名孤独症(CARS测验表明2中度、1重度),1名轻度脑瘫,3名中度智力障碍。6名学生能遵守课堂常规,有一定关注语言的能力;5名学生能关注表情,能进行2个回合的对话交流,能跟随教师做"请你跟我这样做"的游戏,能独立完成交替半跪伴举手等动作		
单元名称	我会听		
目标	分辨明显的鼓乐声,作出相应的回应;跟随鼓乐做相应的动作;能主动参与1个音乐律动游戏		
沟通课内容设计	常见生活中声音分辨(声音长久关注)	鼓声节奏、强弱变化分辨(关注声变化)	语音与鼓声配合(参照语音配合动作)
体育课内容设计	跟随音乐蹦蹦跳跳	跟随鼓声变化而做不同动作	伴随音乐肢体有节奏地蹦蹦跳跳
康复课内容设计	按鼓声和轻音乐变化做半跪、站立、起等动作	伴随音乐做3组计划动作,可以自定顺序	
备注	采用单元主题横向组织法		

第二节 资源教室课程目标与内容设计

随着特殊教育的发展,融合教育日益受到重视,作为融合教育的一种重要教育形式,资源教室如雨后春笋般出现在普通中小学。但资源教师学的专业是普通教育,有些不了解有特殊需求的(含孤独症)学生,不知道怎么教;或即使学特教专业,又不了解普通小学教学规律和目标、进程,人员专业性是共同的问题,[①]此外还有目标定位不清的问题,有的为了学科知识补课,有的为了培养生活自理能力,有的为了行为矫正,缺乏总体设计。因此,有必要对资源教室课程设计进行探讨。

一、资源教室的对象、功能

(一) 资源教室的对象与基本功能

资源教室(resource room)在20世纪七八十年代时主要以资源教室计划(resource roomprogram)或方案的形式出现,旨在配合普通学校,满足在此安置的特殊学生的学习需要,进行从设施、课程到教学的帮助性计划或方案,以后演变成在专门场所的相关服务。

资源教室是一种教育措施,它是指在普通学校中设置,专为特殊学生提供适合其特殊需要的个别化教学的场所(教室),这种教室聘有专门推动特殊教育工作的资源教师,并配置各种教材、教具、教学媒体、图书设备等。[②] 承担资源教室教学管理任务的教师称为资源教师。现今资源教室的功能随安置对象的不同而有所变化。

资源教室通常以随班就读学生、学习困难学生为服务对象,随班就读学生是随普通班一起学习的特殊学生,常见的障碍有孤独症、重听、低视力、智力落后等,基本都有病症诊断证明。学习困难学生(下面简称学困生)的界定很多,美国学习困难联邦委员会1988年的定义为:学习困难是多种异源性(heterogeneous)失调,表现为听说读写、推理和数学能力的获得和使用方面的明显障碍。[③] 一般学校的操作性标准是语文或数学学习长期落后,学习成绩连续两个学期不及格且处于班级后15%,基本没有诊断证明。发展资源教室主要是为他们适应普小学习提供支持。资源教室的功能各地、各校都有差异,从一个学校的资源教室规章制度(见表4-3)中不难看出,资源教室的基本功能包括评估管理有需要的学生、实施教育训练、为家长和相关教师提供培训和咨询服务等。

(二) 评估功能

资源教室根据对象类型进行相应评估是目标设计的基础工作。

---

① 高喜刚,等.普通学校特殊儿童支持系统的建立与运作[J].中国特殊教育,2004(6):1,4.
② 徐美贞,杨希洁.资源教室在随班就读中的作用[J].中国特殊教育,2003(4):14.
③ 朱其超,张超.学习困难学生的界定、成因及类型研究综述[J].河南教育学院学报:自然科学版,2013(6):35.

评估学生的感知运动和注意力、记忆力、数学语文知识情况及相关能力的表现(想象力和逻辑思维)、特殊学习困难等,可借助一般评估工具和专项评估工具进行。一般资源教室安置的学生都有注意力问题,可应用有关测验进行评量(参见表4-4,仅供参考)。

应用这类评量工具要注意:①测验是否经过标准化?要了解标准化的背景。②要结合日常行为观察应用。

表4-3　某校资源教室的管理制度条例

资源教室管理制度
根据各级教育主管部门的要求以及我校的实际情况,制定本条例。 　　1. 资源教室接受本校随班就读领导小组的直接管理,领导小组应每学期专题研究两到三次资源教室工作,听取资源教师汇报,加强资源教室工作。 　　2. 在随班就读领导小组下设资源教室工作小组,该工作组具体负责制订每学期的资源教室工作计划、课程计划,开展相关的教学、科研活动。 　　3. 资源教师负责资源教室教育训练和日常管理工作,原则上每学年竞聘上岗。 　　4. 资源教师要依据特殊学生的需求,在个别化教育思想的指导下,对有特殊需要学生进行有针对性的教育训练。教育训练实行部分时间制,坚持小组训练为主,个别指导训练为辅的原则,最大限度地满足每个学生的特殊需要,促进学生发展。 　　5. 资源教室全天开放制,为有特殊需要的学生、全校教师及家长提供支持性服务。 　　6. 资源教师要定期对学生教育训练的情况进行学期初和学期末的定期评估,学期末对资源教室的工作进行全面总结。 负责人:某某某 联系方式:××××

表4-4　注意力测评量表(北京师范大学殷恒婵等创编)

这是一个简单的测验,主要测量你从很多相似的图形中找到某些指定图形的能力。本测验的图形是由两个大小不同、都有缺口的圆环组成。由于圆环的缺口方向不同,就组成很多很近似但又不同的图形。本测验要完成的任务是从很多相似的图形中找出其中指定的两种图形来。 　　　　　　　　　　　　测　验　一 　　请注意: 　　1. 直接在找到的两个图形上面画"√"; 　　2. 两个图形要同时寻找,不能全部找完一个后再找第二个; 　　3. 大圆环与小圆环的缺口方向都要与找的图形完全一致,才算正确;

4. 请从测验图的第一行开始由左至右依次寻找,查完一行再查下一行,直至全部查完或时间到再停止;

5. 如果有错画"√"的地方,请不要改正,继续往下找。
希望你能又快又准确地完成本测验,谢谢!
如还有不明白的地方,请向老师提出,保证完全明白测验的要求。
没有听到"开始",请勿翻页!

从以下图中找出图形 ⊃ 和 C

计算一分钟总检测数、对和错的个数等

测 验 二

姓名：_____ 性别：_____ 专项：_____
年龄：_____ 班级：_____ 运动年限：_____

说　　明

本测验要求从画有不同数目圆圈的小方格内找出画有四个圆圈的小方格，找到后请在该方格上画"√"。

1. 只要方格内有四个小圆圈，不管圆圈的排列方式如何，都属于要找的小方格；

2. 请从测验的第一行开始自左至右依次寻找，查完一行再查下一行，直至全部查完；

3. 如果有错画"√"的地方，请不要改正，继续向下找。

希望你能又快又准确地完成本测验，谢谢！

还有什么不明白的地方，请向老师提出，保证完全明白测验的要求。

没有听到"开始"请勿翻页！

对阅读困难的学生可以借用的主要评量工具除注意力测验外,还有阅读困难筛查(参见表4-5)、CAS测验等。其中CAS及其干预技术应用较多。

表4-5 阅读困难筛查表

本问卷不作为诊断阅读困难的工具,只是作为初步的筛查,一般诊断阅读困难需要进行正式的阅读理解测验和有关的认知测验。请家长根据自己孩子的学习表现进行填写,如果符合就给1分,否则就是0分。

		符合	不符合
1	记字困难,学过的字不会读或不会写	○	○
2	学习拼音困难,经常练习但总是不熟练	○	○
3	阅读速度慢,逐字阅读	○	○
4	不能复述一连串的声音或数字	○	○
5	读后不知意思	○	○
6	不爱朗读	○	○
7	读书易疲劳,只能坚持一会儿	○	○
8	同音字和形近字经常搞混	○	○
9	提笔忘字,口述作文明显好于写作文	○	○
10	学习英语发音极为困难,总是死记硬背单词字母	○	○

评分标准:符合给1分,不符合0分。如果3分以下则无阅读障碍;如果得分4分～6分可能有阅读障碍;如果6分以上强烈建议进行进一步的有关阅读、识字和认知诊断。

20世纪90年代,加拿大认知神经科学家戴斯(Das)等人提出了一种新的智力理论,即PASS理论。PASS理论的P表示计划(planning),A表示注意(attention),两个S分别表示继时加工(simultaneous processing)与同时加工(successive processing)。在此理论基础上,他们还开发了Das-Naglieri认知评估系统(下面简称CAS测验)和相配套的"基于认知加工的阅读增强方案"(the Process-Based Reading Enhancement Program,简称PREP),使理论与实际应用结合起来。已有研究表明,CAS是鉴别儿童学习障碍中阅读障碍亚型与非学习障碍儿童非常有效的诊断工具。[1]

上述模型中的"计划"是指个体对自己行为的规划与过程进行检验、评价与

---

[1] 秦岭,吴欲,邓赐平.D-N:CAS和PREP的应用进展[J].中国临床新医学,2012(1):75.

调整的过程。① 通过数字匹配(Matching Numbers)、计划编码(Planned Codes)和计划连接(Planned Connection)三个分测验来测量。② 可以考查学生组织计划、预知监控自己行为的能力。计划性强的学生做题时有条理,能及时发现问题,反之则"东一榔头西一棒子",且不能及时调控。

同时加工指同步地整合信息,将多个刺激同时整合为一个单元的加工方式。③ 它是预测数学学习困难的良好指标。④ 在 CAS 中,同时加工分量表包括非言语矩阵(Non-verbal Matrices)、言语-空间关系(Verbal Spatial Relations)和图形记忆(Figure Memory)三个分测验,它可以测查学生整体加工信息的能力。擅长同时加工的学生在做题时可以同时处理多个已知条件,联系新旧信息能力强。继时加工指将刺激整合成特定的系列,使各成分形成一种链状结构的加工方式。⑤ 继时加工分量表包括词语系列(Word Series)、句子复述(Sentence Repetition)和句子提问(Sentence Question)三个分测验。它们用以测查学生序列加工的品质。

注意是认知加工的基础,所有心理活动都离不开它,注意不稳定或转移不灵活都会直接影响学习效果。

目前许多研究结果都证实这个测验比智商测验全面,可以有效预测学习能力,资源教室评估中可以借鉴。同时可以利用其开发小组训练课程内容。

二、资源教室的课程目标设计

发展资源教室除政策因素和人员培训外,学校最重要的工作是课程设计。

资源教室课程目标设计一部分是为随班就读学生设计的个别化课程目标,一部分是随读生、学困生共同上的小组课。随读生的个别化课程目标可以根据《盲校义务教育课程设置实验方案》《聋校义务教育课程设置实验方案》和《培智学校义务教育课程设置实验方案》和普通教育的分科目标、随读生的评估结果进行调整和设计(详见本章第三节)。小组课程目标应依据成员而定,需重新设计。

---

① 杜晓新,黄昭鸣,宋永宁.PASS 理论与组织策略[J].外国中小学教育,2006(6):32-35.
② 王晓辰,李清,邓赐平.DN:CAS 认知评估系统在小学生认知发展评估中的应用[J].心理科学,2010(33):6.
③ 杜晓新,黄昭鸣,宋永宁.PASS 理论与组织策略[J].外国中小学教育,2006(6):32-35.
④ 蔡丹,李其维,邓赐平.3-8年级学生数学学习的 PASS 过程特点[J].心理科学,2010(2):274.
⑤ 杜晓新,黄昭鸣,宋永宁.PASS 理论与组织策略[J].外国中小学教育,2006(6):32-35.

(一)随读生的个别化课程目标设计

随着融合教育的推进,孤独症随班就读的人数日益增多。资源教室中的随读孤独症学生的能力总体好于特教班,他们的课程目标要依据教育目标和随读生具体情况分段设计。从学段上看分准备阶段、随读为主阶段、资源教室衔接阶段。准备阶段指随读生入学之初或入学一段时期后发生严重情绪行为问题,不宜随班上课的阶段。这一阶段以稳定情绪,提高关注时间,培养参照能力为目标。这里的参照能力是指以身边同学的行为为参照物,有意与之同步的行为能力。当随读孤独症学生(视个体差异,有些需重上一年级或先在资源班训练一段时间)有了一定的参照意识和行为能力后,即可实施随读阶段目标,以巩固多重参照能力,发展语言交流和想象力为长期目标。资源教室衔接阶段指学生小部分时间随普通班上课,大部分时间在资源班上课的阶段。此阶段学生参与除语文、数学或英语课以外的课程,继续巩固和发展与人交往、自我管理等能力,并在资源教室进行学科学习(个别和小组双形式),以逐步提高生活自理和解决实际问题能力为目标。

随读孤独症学生参与每个学段的时间不同,有些不需要准备阶段,有些可长期在随读为主阶段,有些则从一开始就在资源教室衔接阶段,几乎没有随读为主阶段。准备阶段、资源教室衔接阶段的目标及其相应的内容要重新设计,随读为主阶段的课程目标的定位是调整与补充现行普通教育的课程目标,制定相应的个别化目标。但几个阶段的课程目标都要遵循总体教育目标,整体考虑,不能只考虑一个阶段。

(二)学困生小组课课程目标设计

有些学习能力更强的孤独症学生会与学困生组成学习小组,经常在资源教室以不分科小组课形式学习,小组课程目标要依据普教和特教的双重目标和学生发展现状而定。目标由教育目标、学年目标、学期目标组成。教育目标是总体目标,与普通学生一致,学年目标和学期目标要根据小组成员认知、情感、技能评估结果确定。目标组成依据布卢姆的目标分类,包括认知、情感态度、技能三方面。无论哪类学生,情感态度类目标是关键、出发点,认知类目标是检验,技能策略类是过程保障。

小组目标设计范例见表 4-6 和表 4-7。

表 4-6　某小学二年级一班学生测评结果综述表

学生	学习	行为	既往史	家长情况
甲男生	小动作多,注意力不集中,学习习惯不好,写作业速度极慢;和同学交流少	不跟父母沟通,自理能力较强,但比较任性,不守纪律	由奶奶带大,和父母不亲,父亲经常训斥他	父亲打工。没时间照顾
乙女生	写作业慢,有时不能按时完成,书写速度慢,常改错,字迹潦草;方向感差;记忆力差,读书不流畅,背课文慢	自理能力差,书包凌乱;不爱说话,内向,与同学交流少,守纪律	剖宫产;3岁半入幼儿园,但基本不说话,比较乖	父亲母亲都不管学习,只求不哭不闹
丙男生	语文基础知识差,书写费力,拼音混淆多,语文和数学都比较吃力,考50分;课堂作业能完成,但很慢	爱哭,不爱说话,敏感,不擅与同学交往,守纪律	一直由奶奶带大,是南方人,很溺爱,刚来北京,家里有个妹妹,上一年级	父母想照管好,但工作忙
丁男生	语文基础知识差,字迹潦草,不爱写作业,不爱背书,数学、英语吃力,能完成作业,但错误率高	自理能力很差,上课坐姿差,小动作多	一直全托,周末接,很挑食,惰性强	现在父母比较重视学习,但工作很忙,埋怨孩子多
戊男生	语文基础知识差,写字很慢,间架结构错误多,丢笔少画多,拼音混淆多,错误率高;数学比语文成绩好,能及格	动作慢,自理能力差,注意力不集中,不爱说话,没有好朋友	一直没上幼儿园,跟着父母卖货等	父母在京打工,都没有什么文化,几乎不管,家庭学习环境差

续表

学生	学习	行为	既往史	家长情况
己男生	机械记忆力好,认识汉字很多,写字很潦草,笔顺乱,小动作多,上课基本不听讲	自理能力差,动作慢且刻板,常下座位,课上有时自言自语	本地人,跟妈妈长大,轻度孤独症,早期训练多,偏食严重	妈妈为照顾他失业在家,晚上经常给他补课,经济条件一般
分析	除己生是孤独症外,其他都是学困生,但存在问题不同,需成立两个不同的资源教学小组 A 和 B,两个组的活动都可让己生参与。			

表 4-7 资源教室 A 小组本学期课程目标设计范例

	特教目标	普教目标
情感态度	乐于参与各种"戴高帽"活动,能主动与小组同学互夸	在班里主动展现自己的长项,承担相应工作
认知	完成 PREP* 同时加工训练三组,即时加工训练一组,显著提高同时加工速度和准确性①	养成正确的汉字书写习惯,形声字掌握率达 90%,能用自己的话叙述课文的开始和结尾
技能策略	完成两分钟无间断双手交替拍球和胸前变位传接球;连续在 40 分钟内按标准完成五组交替动作;按要求抓取物品速度显著提高	正确而快速完成 10 秒钟 4 块拼字活动,完成听描述找物(词或图)的时间明显加快
备注	特教目标由资源教师完成,普教目标是资源教师、普教教师和家长一起完成 PREP* 是基于 PASS 智力理论开发的阅读障碍矫治方案	

三、资源教室小组课的课程内容设计

为实现目标,有些学生需要补偿感知运动、注意力方面的缺陷,有的学生需要调动动机,有些 CAS 测验反映出计划、同时加工、继时加工的问题也需要弥补。要紧密围绕小组课的目标进行选材。

基本内容分三方面:一是基本心理能力方面,感知和注意稳定练习、视(听)

---

① 秦岭,吴欲,邓赐平.D-N:CAS 和 PREP 的应用进展[J].中国临床新医学,2012(1):75.

知觉记忆与转换、空间知觉、PASS综合训练内容等。二是基本运动技能与协调运动能力方面,可借助这项内容调整动机和学习态度,改善神经调控能力。三是学习策略和方法方面。可在结合学生自己原有的学习策略或习惯的基础上有针对性地巩固原有策略,重点练习某种常用策略,如图示表象结合策略、列表学习策略、重复策略、审题策略、元认知学习策略、自我鼓励策略、关键词策略、画线索图策略等。这些策略都是经过验证的重要策略。以图示表象结合策略为例,已有研究表明,表象对知觉有促进作用,表象所携带的方位信息可在一定条件下有利于知觉加工;按照皮亚杰思维阶段的划分,前运算阶段的表象是静态的,具体运算阶段的表象是动态的,表象的操作促进了可逆和守恒的概念图式的形成,图式的形成会促进表象操作能力的进一步发展。[①] 因此这种策略应在课程内容中加入,在记字形等方面使用。如拼字活动,把汉字拆为有机的组成成分,如"忘"字,写成"亡心","部"字拆成"立口阝",有研究表明,这种活动蕴涵对表象各成分的操作,属于并行的同时加工,这种并行加工能大大提高表象加工的效率。[②] 可见,策略本身也可以是内容,且可以与学习内容相互促进。除了通用策略外,还可以把语文、数学专项策略纳入课程。

从表4-6中的乙生、戊生的表现可预知他们的同时加工能力很差,应用CAS测验证实推测后,围绕表4-7认知目标——"显著提高同时加工速度和准确性",我们可采用PREP方案。这是PASS研究团队开发的一套训练内容,以提高阅读相关能力。它由内容变化很大、结构要求相当不同的若干任务组成:第一类是继时加工任务,包括移动矩阵(transportation matrices)、连接形状(joining shapes)、窗口排序(windows sequencing)、连接字母(connecting letters);第二类是同时加工任务,包括句子校正(sentence verification)、追踪(tracking)、形状和物体(shapes and objects)、形状设计(shape design);第三类牵涉两种加工任务,包括相关的记忆集合(related memory set)、矩阵(matrices)。[③] 这些任务既可用于训练,也可用于研究,有研究者将其用于数学学习障碍儿童的矫治,结果表明儿童的数学学习能力得到提高。PREP学习方案中强调自己发现规律,在完成任务过程中"这些规律、规则"被内化,[④]有助于孤独症学生连

---

① 祁乐瑛.表象表征——心理旋转的实证探究[D].华东师范大学博士学位论文 2009:4.
② 纪桂萍,罗春荣.表象加工的容量和加工策略研究[J].心理学报,1989(1):18-20.
③ 徐建平.基于认知加工的阅读增强方案:PREP评述[J].中国特殊教育,2006(1):83.
④ 刘翔平.汉语阅读障碍研究:发现、问题与展望[R/OL].(2005-11-28). http://www.eastudy.com/article/ Article-Class2.

贯思维。教师只是一个促进者、组织者。针对上例中的乙生、戊生,结合他们的学习能力,可以设计下面的课程内容(详见表4-8和表4-9)。

表4-8 课程内容与同时加工结合训练表

时间	教师	成绩
课程名称:卡片归类		
说明:一次性呈现一系列的卡片,这些卡片属于特定的几个主题,请看完卡片后按照不同的分类方法进行分类,并说出对应的主题的名称,然后选喜欢的主题编一段话(至少3句)		
主题:动物　过生日　圣诞节　学习用品　旅游 图片: 欣赏海边美景　大象　铅笔　橡皮　生日蛋糕　圣诞铃铛　学校春游 生日礼物　狮子　圣诞老人　猴子　圣诞节　斑马　本 出国游玩　生日蜡烛　圣诞树　牛　铅笔盒　圣诞歌　野外踏青 放着蛋糕的餐桌　鸵鸟　放生日歌曲　爬山　尺子		

表4-9 20格舒尔特表

20	11	12	19	13
15	9	4	14	5
16	2	8	3	17
18	10	1	7	6
说明	做法:从1到20按顺序报数,时间越短越好。功用:对初识数字的学生,有助于发展注意稳定性、定向追踪和继时加工;对熟悉数字的学生,有助于提高同时加工			

总之,影响学生学习的因素很多,有自身的、家庭环境的,从自身因素上看,包括学习习惯和学习动机、学习策略、学习基本能力等方方面面。学习基本能力涉及的内容更多,教师应在目标统领下,参照综合评估结果,遵循知识本身的内在逻辑,合理有序安排内容。同时教师要与家长沟通,塑造良好的学习氛围,在尊重儿童的基础上家长配合教师完成感知运动和基本心理能力训练。

第三节　随班就读孤独症学生课程调整与设计

融合教育是当今特殊教育的发展趋势,随班就读是我国本土化的一种融合教育,也是现阶段我国特殊儿童的主要安置形式之一,所谓随班就读是特殊儿童与普通儿童一起受教育的做法,①其课程设计主要是根据学生需求和能力进行课程调整。这里课程调整是指在普通课程的基本框架下,因为学生的特殊需要而对内容、目标的调整改变。实施课程调整时可能要改变学习的目标、数量或难度,也可能要把一些课程内容替换为功能性的课程内容。如把一随读的非典型孤独症学生四则运算内容调整为使用计算器进行运算。②

一、随班就读课程的调整

课程调整在国外开展较早,2001 年美国就制定了《不让一个孩子掉队法》(*No Child Left Behind Act*,简称 NCLB),其中明确指出:所有学生都有潜力去参与和学习普通课程,并要求所有残疾学生(包括重度残疾学生)也必须参与普通课程的学习,年度目标的设计(调整)是为了残疾儿童的特殊需要,使残疾儿童能够学习普通教育课程并取得进步。不同特殊需要学生的四种基本课程变式:普通课程、变通课程、扩展课程与替代课程。③ 从课程形式、目标到评价手段都需要调整。

(一)随班就读孤独症学生接受当前课程的现状

1. 普通班课程大部分不适合随班就读学生

目前,在公立学校普通班中随班就读的特殊儿童无论他们受限于何种障碍都面对着普通班官方课程,即教育部颁发的《义务教育课程设置实验方案》。该方案提出了明确的培养目标:"全面贯彻党的教育方针,体现时代要求,使学生具有爱国主义、集体主义精神,热爱社会主义,继承和发扬中华民族的优秀传统和革命传统;具有社会主义民主法制意识,遵守国家法律和社会公德;逐步形成正确的世界观、人生观、价值观;具有社会责任感,努力为人民服务;具有初步的创新精神、实践能力、科学和人文素养以及环境意识;具有适应终身学习的基础知识、基本技能和方法;具有健壮的体魄和良好的心理素质,养成健康的审美情趣和生活方式,成为有理想、有道德、有文化、有纪律的一代新人。"为了实现这一目标,在小学阶段设置了品德与社会、科学、语文、数学、外语、体育、艺术(音乐、美术)、综合实践活动,还有地方和学校课程,并配置了教学大纲、课程标

---

① 陈云英,等.中国特殊教育学基础[M].北京:教育科学出版社,2004:426.
② 盛永进.随班就读课程的调整[J].现代特殊教育,2013(6):31.
③ 盛永进.参与普通课程学习:美国特殊教育课程融合改革述评[J].外国教育研究,2013(3):77.

准和教材。如人民教育出版社编写和出版的《全日制义务教育语文课程标准（实验稿）》"阶段目标"中指出：第一学段（1~2年级）"认识常用汉字1600~1800个，其中800~1000个会写""学习默读，做到不出声，不指读""根据表达的需要，学习使用逗号、句号、问号、感叹号""能较完整地讲述小故事，能简要讲述自己感兴趣的见闻""结合语文学习，观察大自然，用口头或图文等方式表达自己的观察所得"等目标。

这一目标是依据普通学生的发展规律提出的一系列预期结果，并编写了相应的教科书，规定了每学年和学期的学程，具有针对性和普适性，即针对学生发展的普遍规律，适合多数普通学生，随班就读学生难以适应这个培养目标。如一些随班就读的孤独症学生可能在"结合语文学习，观察大自然，用口头或图文等方式表达自己的观察所得"方面存在困难；一些在1~2年级随班就读的智力障碍学生可能在"认识常用汉字1600~1800个，其中800~1000个会写"方面存在困难；一些随班就读的低视力学生可能在"学习默读，做到不出声，不指读"方面存在困难；而一些听力障碍学生则可能在"根据表达的需要，学习使用逗号、句号、问号、感叹号"方面存在困难，还有些孤独症学生同时存在多个目标完成困难。加之教师教学水平、家庭环境和学生身心特点等因素影响，实际上随班就读孤独症学生遇到的学习困难有很多。

2. 缺乏配套的多种隐性课程支持

这里的隐性课程包含学校或者教师倡导的一系列规范和价值，如学校和教师对随班就读工作和随班就读学生所持的态度、教师对学生在学习活动中地位的认识、教师对学生的期望等。这些看似与课程和教学无关的东西对课程实施起着非常重要的作用，如对每个学生心怀期待的教师会提供更多平等的参与机会，他不会轻易忽略掉随班就读学生；强调感悟的教师会提供更多的参与机会，这样的活动可能更适合随班就读孤独症学生的特点；重视合作的教师会关注小组成员的搭配，随班就读学生更容易参与到活动中来……现有隐性课程不系统，质量参差不齐，难以满足学生的需求。

3. 普通班实际教学过程难以满足随班就读学生的学习需求

在实际教学中，教师对同一课程的理解和把握并不相同，如教师对"根据表达的需要，学习使用逗号、句号"的解读，有的教师解读为"在多次朗读后，学生能比较出逗号比句号停顿的时间短，能够在朗读中根据符号停顿"；有的教师解读为"在多次朗读后，学生能够在朗读中根据符号停顿，并比较出逗号表示一句话还没有说完,句号表示一句话说完了";有的教师解读为"学生能区分逗号和句号,能在朗读中根据符号停顿";还有的教师解读为"学生能区分逗号和句号,能在朗读中根据符号停顿,能在书面练习中标出正确的符号"等。教师根据自己对课程和教材的解读来处理和教授课程。即使随班就读学生与普通班课程匹配的情况下,依旧存在教师将生动有趣味的课堂活动变成呆板枯燥的学习任务的可能。这将造成实际教学与随班就读学生的不匹配。

小学随班就读学生,特别是低中年级随班就读学生课堂学习的参与和效率与个人感受联系紧密,如学生与教师的关系、学生对所学内容的兴趣、学生对课堂活动的熟悉程度等。即使随班就读学生与普通班课程目标匹配,教学过程和方法欠缺规划,可能还存在学生"丢了西瓜拣芝麻"的可能。而目前很多学校实施的个别教育计划缺乏适切性,很难保证随班就读学生的教育质量。[①]

没有合适的目标,缺少满足需求的人文教学环境,上课过程枯燥晦涩难懂,随班就读学生很难从不调整或调整不到位的课程中获益。

(二) 随班就读课程调整的思路

随班就读孤独症学生在当前课程中的现状凸显了两者间的不匹配,影响了随班就读的质量。随班就读班级课程设计的出发点是改善不匹配而进行课程调整。课程调整指基于单个学习者或一群学习者的合理需求而对学校正式课程的学习目标或学习活动的单元进行调整,课程调整涉及课程中一系列教学元素,[②]如课程目标、课程内容、教学方法和学习结果评价方式。课程调整和通用课程设计是美国解决融合教育课程适应问题的两个重要做法。

课程调整的总体思路是调整并非单方面地调整课程或者学生,而是致力于双方的调整,一方面是使课程适合随班就读班级和学生的班级课程设计,一方面是通过资源教室课程提高其参与集体教学的效果。调整应具有针对性,针对不同的随班就读学生、班级、教师、学校文化等因素进行调整。即随班就读班级的课程可能会随着授课教师的更换而变化;同一随班就读学生身处不同的学校、班级,课程设计也不尽相同。随班就读班级的课程调整与设计强调的是不同背景、不同个性、不同知识经验和不同智能水平的学生都能有效地参与。

[①] 姚向煜.随班就读学生 IEP 制定与实施现状的调查——以南京、常熟为例[J].南京特教学院学报,2012(6):46.

[②] 孙美丽,申仁洪.美国特殊教育课程融合取向的设计模式及启示[J].青海民族大学学报:教育科学版,2011(2):89.

随班就读班级的课程调整是在普通班课程设计基础上,参考随班就读学生的情况所做出的调整,主要有以下三个方面。

1. 调整普通学校统一实施的课程

某地普通学校一般都实施相同的国家课程和地方课程,国家课程是指自上而下由国家教育行政部门负责编制、实施和评价的课程。地方课程指地方教育主管部门根据国家课程政策,以国家课程标准为基础,根据地方经济、政治、文化的发展水平及其对人才的要求,充分利用地方课程资源设计的课程。

根据教育部颁发的《义务教育课程设置实验方案》中的培养目标,选择随班就读学生能够直接参与的课程,需要资源教师帮助的个别化课程,并对课程目标作出相应的调整。随班就读学生参与哪些课程,实现什么学习目标是首先应明确的问题。调整前需观察和测试学生,根据测评结果和培养目标,学生优势和爱好,制定阶段目标,再选择课程,调整所选课程的目标和内容。

2. 调整课程内容与实施过程

内容与过程的调整是在对教师授课情况和学生学习情况调查的基础上,对普通学生统一学习的课程和随班就读学生学习课程的结果进行比较,了解教师对随班就读学生需要实现的目标是否清楚,教师传递给学生的教学内容是否适当,学生领会和接受教学内容与教师的意图是否契合等。

3. 调整隐性课程

隐性课程的调整是在对学校、教师、孤独症儿童和普通儿童家长所持的教育理念和观点进行了解的基础上,对那些与所有学生有效参与相悖的部分进行干预或调控。学校和教师的导向性是否有利于随班就读学生的有效参与、他们的思想认识和接纳程度是否一致是至关重要的。如果用挑选面包来比喻,调整统一实施的课程像给随班就读学生挑选了口味适合的面包,对内容和过程的调整就像核对"递过去的是否是挑选出来的面包",而对隐性课程的调整则是提速剂,相当于传递者的眼神、手势、语气、所使用的包装袋等。这些条件具备,调整的效果才能有保证。但由于这些条件的隐蔽性、长期性、人为化,调整难度很大,需要引起充分的重视。

(三)课程调整效果评价

用课程调整有效性作为评价指标,有效是指在课堂上学生和教师参与了有用的教学活动,即达成了预定的目标。它可从"数量""质量""需求"三个维度分别衡量(详见表4-10解析)。表4-10的三个事例中,数量指向的是课堂教学活动的密集或者充实程度；质量指向的是教学活动与教学目标、学习目标的契合程度；需求指向的是教学活动与学生需求的匹配程度。如果课堂教学达不到要求，说明课程调整的效果有问题。

有效性评价是为了防止课程调整不当，调整不当可能会不恰当地降低学习的难度，降低对学生的要求，[①]保证不了教学质量。

课程调整依赖学校与教师的能力、对孤独症儿童的关注程度及普教与特教教师的合作程度，如果这些条件不能具备则难以保证调整的连贯性与有效性。随班就读课堂教学活动是在关注集体的同时关注随班就读学生个体参与教学活动的数量、质量和需求，与普通教学活动效果的评价在本质上没有区别。

表 4-10 课程调整有效性的评价指标解析表

	事件	解析	引申	评价指标举例
数量	一元钱在十年以前可以购买 1 支自动铅笔＋1 盒铅芯＋1 块橡皮＋1 把尺子 一元钱现在可以购买 1 盒铅芯或 1 块橡皮或 1 把尺子	一元钱在十年前后购买物品的数量反映出一元钱的性价比	课堂教学活动的密集程度（单位时间获得的数量）在一定程度上反映了有效性——是否密集参与	选取课上若干个主要活动时段，记录其持续参与时间，与该时段的总持续时间比较
质量	单价同为 5000 元的羊绒大衣和纯棉的品牌风衣就其本身看，羊绒大衣更合算	在相同价位下，考量的是品质	课堂教学活动的含金量、质量（重难点的完成情况，即品质）反映了有效性	选取某个重点目标进行知识或能力测试，与同伴儿童比较
需求	100 元面值的钞票和 10 元钱的面包对于饥饿的孩子来说，面包更有吸引力	事物本身的价值体现在价格上，也体现在需求上	课堂教学活动的针对性（符合学生需求）反映了有效性	一节课选取 4～5 个主要活动，记录随班就读学生和其他同学主动参与的活动个数、时间并比较

[①] 孙美丽，申仁洪.美国特殊教育课程融合取向的设计模式及启示[J].青海民族大学学报：教育科学版，2011(2)：89.

二、随班就读孤独症学生的课程设计

（一）随班就读学生课程目标的制定

1. 选择参与的课程

选择参与的课程要在培养目标的引领下，参考普通学校各个统一课程的要求进行。首先要与家长、资源教师、普通班任课教师、学校教学负责人进行沟通，根据参与课堂教学情况确定学生学年发展方向和目标，然后确定随班就读学生参与普通班和资源班课程的比例，挑选适合其参加的课程、拟定数量、参加形式等。

2. 确定参与课程的目标

确定参与课程的目标以学期为阶段，首先要对随班就读学生本学期学习内容的掌握程度及下阶段即将学习内容所需的先备技能进行测试，然后制定适合的学习目标。

（1）本学期学习内容的掌握程度测试

本学期学习内容的掌握程度测试，即学生对将要掌握的新内容的了解和掌握情况，教师根据学科课程纲要和教材内容设计评量题目进行测评，通过对结果的分析得出随班就读学生对本学期将要学习的内容了解多少、学习基础如何、困难点在哪里等问题。

（2）学习内容所需的先备技能测试

学习内容所需的先备技能测试，即学习这些内容需要哪些能力和知识作为基础，如学习拼音查字法需要认读汉字、给汉字注音、大小写字母对应、大写字母顺序、认识数字、翻页码、视觉检索等作为基础。教师根据学科课程纲要和教材内容设计评量题目进行测评，通过对结果的分析得出随班就读学生对本学期将要学习的内容了解多少。

（3）制定学期课程目标

在学习内容和先备技能测试的基础上，明确随班就读学生的起点和难点，对学期课程目标进行筛选、细化、改变和添加等。学校、教师和家长明确了随班就读学生的教育目标，参与普通班课程的科目和数量，目前需实现的目标，使各方面对随班就读学生形成合理的期待，为有效参与提供基础。

3. 制定随班就读学生课程目标的案例分享

（1）选择课程的案例

选择课程通常由资源教师、家长、任课教师和学校行政人员共同商议决定，各方面人员就学生随班就读的课堂表现、能力水平、参加课程的效果等方面情况进行沟通，在此基础上决定下一阶段的随班就读科目（详见表4-11）。

表4-11 某随班就读学生挑选参加课程的记录表

学生姓名	文文	所在班级	一(1)班	时间	2010.12	障碍类型	孤独症
参与讨论人员		资源教师、班级任课教师、行政人员、家长					
讨论主题		安置形式和具体安排					
各方意见	家长	希望尽可能地参与普通班课程，家长可以陪读					
	资源教师	通过观察学生的课堂表现得出，学生能够基本完成语文、写字、音乐、美术课上的学习任务；在语文课上，教师组织教学活动的过程中多数时间在做自己的事，比如画画、写字；在遵守课堂秩序方面存在随意说话的问题 建议继续参与语文、音乐、写字、美术课程，增加体育课程的参与					
	任课教师	对随班就读学生前期持满意态度的：写字 对随班就读学生前期持观望态度的：美术、音乐 对随班就读学生前期持不满意态度的：语文 综合意见：学生喜欢参与课堂，听指令方面弱，在语文课堂中跟随活动时间偏少，多数时间做自己的事情，有时出现随意说话的现象					
	行政人员	增加资源教师的跟踪，核实教师反映情况；继续每天的运动训练，在训练后进入普通班三四节课的学习；在任课教师需要时增加家长陪伴					
先期随班就读课程选择		语文、音乐、写字、美术、体育					
执行时间		2011.2-7					

在表4-11的记录里，任课教师和资源教师的评价和建议以日常对学生表现的观察、记录和评价为依据。资源教师意见中出现了"增加体育课程"，可见一些随班就读学生参加普通班课程需要一个过程，在这个过程中，随班就读孤

独症学生和班级环境、教师、课程内容不断磨合。每个随班就读学生的磨合过程都是不同的,不论是时间还是进展取决于学生、班级成员和所有教师、家长所做的努力。课程选择的科目随着学生的改变而改变,有些是先期选择,有的是后期选择,也有个别的课程很难选择。

(2) 学期课程目标的制定

每个学期初,资源教师与任课教师会为随班就读学生设计和编写围绕学段目标进行的先备技能的测试(详见表 4-12),在测试的基础上拟定本学期课程目标。

表 4-12　随班就读学生学期能力前测记录表

姓名	文某	课程	二年级数学
测试时间	2010.7	测试和分析人	资源教师、数学教师
测试形式	2人小组 笔试	测试所用时间	20分钟
分析项目	本学期数学课程目标、学生对新内容的掌握、对先备技能的掌握,拟定学习目标		

	二年级教材要求	学习内容测试分析	先备技能测试分析	目标调整
加减法	掌握100以内笔算加减法的计算方法,能够正确计算。初步掌握100以内笔算加减法的估算方法,体会估算方法的多样性	由二题里可看出二十以内口算掌握良好,未看到使用笔算	会口算二十以内	学习笔算,估算不做强求
乘法	知道乘法的含义和乘法算式中各部分的名称,熟记乘法口诀,熟练地口算两个一位数相乘	1. 由试卷二题可见乘法口诀掌握较好 2. 由一(3、4)、应用题部分可看出乘法的意义不明确	会背乘法口诀	通过实物、图片理解乘法含义

续表

	二年级教材要求	学习内容测试分析	先备技能测试分析	目标调整
长度和几何	初步认识长度单位厘米和米,初步建立1米、1厘米的长度观念,知道1米＝100厘米;初步学会用刻度尺量物体的长度(限整厘米);初步形成估计物体长度的意识	由一大题可看出该部分知识对于该生是未知项目	对长短有直观认识	学习长度单位,米和厘米换算,刻度尺量物体;估算方面不做强求
	初步认识线段,会量整厘米线段的长度;初步认识角和直角,知道角的各部分名称,会用三角板判断一个角是不是直角;初步学画线段、角和直角	该部分题目均未掌握	认识尺子的长度,知道1厘米代表多长	此部分只是重在认识,对于画角不强求
	能辨认从不同位置观察到的简单物体形状;初步认识轴对称现象,并能在方格纸上画出简单图形的轴对称图形;初步认识镜面对称现象	由四大题可看出该部分知识对于该生是未知项目	能仿画对称图	初步认识轴对称现象和镜面对称现象;初步学会从不同位置观察简单物体形状;画轴对称不强求
统计	初步了解统计的意义,体验数据的收集、整理、描述和分析过程,会用简单的方法收集和整理数据。初步认识条形统计图(1格表示2个单位)和统计表,能根据统计表中的数据提出并回答简单问题	由五大题可看出该部分知识对于该生是未知项目	能分出图上的横、竖轴关系	初步认识条形统计图(1格表示2个单位)和统计表,能根据统计表中的数据提出并回答简单问题;分析整理不要求

续表

	二年级教材要求	学习内容测试分析	先备技能测试分析	目标调整
习惯	通过观察、猜测、实验等活动,找出最简单的事物的排列数和组合数,培养学生初步观察、分析及推理能力,初步形成有顺序地、全面地思考问题的意识	由六(4)、动脑筋可看出该部分知识对于该生是未知项目,难度较高		不作硬性规定
	养成认真作业、书写整洁的良好习惯	书写清楚,但数字大小还需灵活处理	可较好仿写	各种格式的使用,观摩,变通
	通过实践活动体验数学与日常生活的紧密联系	由六题和动脑筋可知其看图和读题理解方面存在困难,不明题意,不能与生活实际相结合		加强看图理解的练习,可通过电脑演示促进理解,再强化加、减法概念和意义

从第四章第一节课程目标设计论述中可知,目标设计是有层次的。上层是国家提出的总培养目标,每门课的开设都是为实现总的培养目标而服务的。

每门课程的使命也就是学科课程目标,它的实现要通过每个学段课程目标的落实。课程目标和学段目标描述了学生在某一阶段和完成该课程后所呈现的结果,如人民教育出版社编写的小学数学课程标准中明确提出了"总目标"和"学段目标",其中"第一学段""知识与技能"的目标为"经历从日常生活中抽象出数的过程,认识万以内的数、小数、简单的分数和常见的量;了解四则运算的意义,掌握必要的运算(包括估算)技能。经历直观认识简单几何体和平面图形的过程,了解简单几何体和平面图形,感受平移、旋转、对称现象,能初步描述物体的相对位置,获得初步的测量(包括估测)、识图、作图等技能。对数据的收集、整理、描述和分析过程有所体验,掌握一些简单的数据处理技能;初步感受不确定现象。"学段课程目标拆分到每个学期,再拆分到每个单元,即学期教学目标和单元教学目标。单元目标达成的载体为每一组课文，每一章习题，每一个项目等。最后是学生要达到的学习目标，也是教师要达到的教学目标。

随班就读班级和普通班级课堂教学的不同之处是既要从普通学生的角度着眼于上述目标，又要兼顾随班就读学生的"社会培养目标"和"学生学习目标"，教师应很好地解读、兼容这些目标。

课程目标的设计和教师的目标意识及其对目标的解读都直接关系到随班就读质量。随班就读教师在设计课程目标和内容之前，需明确下列相关问题：①从课程目标看教学目标，与单独看教学目标有什么不同？②先设计随班就读学生的总培养目标，再一层层设计学段目标、学年目标、学期目标，与一课课设计学习目标有什么不同？③一个教二年级随班就读学生语文课的教师有必要了解六年的语文课程目标吗？以人教版小学语文三年级下册中的《燕子专列》一课为例，展现在课文目标、单元目标、学段目标和课程总目标背景下，教师对于课文阅读目标的解读及在解读后制定出的课堂学习目标（详见表4-13）。从分析中不难看出，课程目标与教学目标有很大不同，先要设计好课程目标，并始终以它为风向标，设计二年级随班就读学生的课程目标也应了解整个小学阶段的目标。

表4-13 以《燕子专列》为例的课程目标分析表

背景	学习目标	重点	分析
课文中关于目标的描述	1. 有感情地朗读课文，了解课文的主要内容 2. 体会恶劣气候、环境与人们奉献爱心的关系，感受这样写的表达效果 3. 感受贯穿全文的爱心，增强保护环境、爱护鸟类的意识	朗读了解内容，体会重点词句，培养爱心和环保意识	
单元目标中关于阅读的描述	注意引导学生通过朗读和默读，领会关键词句的含义和作用，理解文章所蕴涵的道理，体会保护环境、爱护动物的重要性，在情感上受到熏陶和感染	朗读和默读体会关键词句；理解文章中的道理	以单元目标为背景，使课文目标的第3项指向为理解课文蕴涵的这个道理，而不仅仅是知道这个道理

续表

背景	学习目标	重点	分析
学段目标中关于阅读的描述	1. 用普通话正确、流利、有感情地朗读课文。初步学会默读 2. 能初步把握文章的主要内容,体会文章表达的思想感情 3. 能复述叙事性作品的大意,初步感受作品中生动的形象和优美的语言	朗读和默读中把握主要内容,体会思想感情,感受生动的形象	学段目标使课文目标2导向对课文主要内容的把握,将文章看做一个整体来感受和体会,而不仅仅是一个部分
课程总目标中关于阅读的描述	1. 学会运用多种阅读方法 2. 具有独立阅读的能力,注重情感体验,形成良好的语感 3. 能初步理解、鉴赏文学作品,受到高尚情操与趣味的熏陶,发展个性,丰富自己的精神世界	朗读和默读中情感体验,语感 理解和鉴赏,为情操和个性发展进行铺垫	课程总目标使课文目标1的朗读目标导向为语感,目标2和3则提升到理解和鉴赏文章,突出自己的感受和表达
总体分析	从上到下阅读并思考本表和从下往上阅读并思考产生的效果不同,从课程目标看教学目标更能体会教学目标的目的、意义和长远导向,也更能明白为随班就读学生设计课程目标的着眼点应是长远的,不能就某课文而定		
基于总体分析的教学目标的解读	1. 朗读和默读:在理解课文的基础上,有感情地朗读课文 2. 理解课文讲述的故事内容,结合新旧词语理解"燕子陷入怎样的困境""人们如何拯救燕子" 3. 在人们和小贝蒂身上感受救助燕子的心情,学习课文后,能用自己的话说出自己的感受		
随班就读的孤独症学生的学习目标	结合课程总目标和本课教学目标的分析,为随班就读的孤独症学生制定本课的学习目标:读熟表达情感的三个语句,语气语感基本符合要求,认读并书写这些语句中的常见词语		

第四节 课程本位评估与评价设计

课程目标设计、课程内容设计和课程评价设计构成了课程设计的基本内容。课程评价不同于教学评价,包括对课程本身的评价,如课程编制的指导思想的评价,课程目标的评价,课程设置评价,其中包括课程设置与课程目标一致性的评价、课程结构合理性的评价以及课时总量及其分配合理性的评价,课程实施的评价,课程质量即人才培养效果的评价等方方面面。不同研究者认识不同。

一、课程评价的内涵

与课程一样,课程评价也是一个众说纷纭、颇具争议的概念,其本身的意义复杂而广泛,对课程评价内涵的认识角度也各有差异。从发展历程看,受到不同历史时期哲学思潮的影响,课程评价陆续发展出三种主要的理论取向。[①]

第一种取向认为课程评价是对课程活动进行价值判断的过程,强调评价的总结性功能。即"所谓课程评价,就是以一定的方法、途径对课程计划、活动以及结果等有关问题的价值或特点作出判断的过程"[②]。理论取向在课程评价研究中出现最早,并长期占据主导地位,得到很多研究者的认可,对教育实践的影响也最为深刻。

第二种取向认为课程评价是提供评价信息的过程。20世纪60年代以来,有学者开始对课程评价即价值判断的观点提出质疑,认为评价不仅是为了进行判断,更需要能为教学决策提供有用的信息。即"课程评价是一个客观的过程,它要应用科学的工具来确认和解释教与学的内容和过程的效果,衡量它的有效程度,以便为课程的改进作出有根据的决策"[③]。

第三种取向则认为课程评价是一种相互作用的过程。这主要体现在20世纪80年代以后逐渐形成的当代课程评价理论上。这种理论取向倡导将课程本身看做一个过程,而课程评价是这一过程的有机组成部分。如美国学者小威廉姆·多尔(Serena Willams Dole)指出:"从本质上说……评价应是共同进行、相

[①] 刘志军.发展性课程评价研究[D].华东师范大学博士学位论文,2002.
[②] 钟启泉.课程设计基础[M].济南:山东教育出版社,1998:410-411.
[③] 陈侠.课程论[M].北京:人民教育出版社,1989:330.

互作用的。应将其作为一种反馈,作为'做—批评—做—批评'这一循环过程的组成部分。"也就是说,课程评价应注重在教育活动进程中展开,其功能应由侧重甄别转向激励发展。评价不是为了给出学生在群体中所处的位置,而是多方参与,对方案、计划、目标及活动效果不断进行协调,通过这种形成性的反馈机制,把评价与教学指导结合起来,不断提高教育效果,使评价成为挖掘学生潜力、促进学生发展的有效途径。

简要地看,前两种理论取向都是把课程评价看做与既定或静态的教育目标(即评价准则)相关的活动,关注点在于教育"自身"的发展。而第三种理论取向的出发点意在对评价准则本身加以质疑,把课程评价看做课程开展过程中的有机组成,关注教育中"人的发展"。不过,上述三种理论取向只是课程评价不同发展阶段产生的理论假设。在具体的教育实践中,由于课程本身的高度复杂性,课程评价也往往受到不同理论取向的共同影响,呈现出相互作用、相互补充的特点。值得注意的是,近年来,课程评价出现了越来越鲜明的发展性功能转向,即重视以改进为主要特征的形成性功能,强调课程评价的关键在于促进学生乃至教师的专业发展。

二、我国特殊教育课程评价的现状

在我国的教育实践中,应试教育十分盛行,中小学最重视对学生学业成绩进行评价,社会舆论几乎以升学率作为唯一的指标来评价学校和课程。这种着眼于选拔而非发展的评价体系,造成了教育评价制度的严重失衡,也导致了学校教育功能的扭曲。[①] 作为国民教育体系的一个组成部分,特殊教育近年来在我国得到了较快发展,但因起步较晚,在教育的许多环节上都不可避免地深受普通中小学教育价值取向的影响。在课程领域表现为照搬普通学校课程,以学科课程为主,脱离特殊儿童生活实际,显现了课程的设计安排不够灵活等问题。相应地,在课程评价上也呈现出以下特点。[②]

(1) 受普通教育的影响,简单照搬和模仿普通学校的考试形式,表现出向应试教育靠拢,有些学校始终难以脱离这种思想。

(2) 较为关注特殊儿童达成预期学习目标的程度,但对儿童学习过程的评

---

① 钟启泉. 走向人性化的课程评价[J]. 全球教育展望,2010(1):8-14.
② 雷江华,方俊明. 特殊教育学[M]. 北京:北京大学出版社,2011.

价不够重视,难以为教师的有效教学提供直接反馈。

(3) 注重特殊儿童个体之间比较的相对性评价,较忽视对儿童个体发展与进步的评价与激励。

(4) 评价情境脱离特殊儿童生活实际,不能客观反映儿童的实际问题解决能力。过分注重量化评价,缺乏深度的描述性评价。

(5) 评价以自上而下的形式为主,成为少数权威人士的活动,评价过程弥漫着"监视、评等、考核与比较"的色彩。整个过程缺少儿童、家长和一线教师的参与。

实际上,随着特殊教育的发展,各类特殊教育对象日益增加,不仅包含了肢体或感官损伤儿童,也涵盖了孤独症儿童、有学习和(或)情绪行为问题的儿童,甚至天才儿童和特殊才能儿童。特殊儿童的身体特征和学习能力不仅与常态发展儿童有显著差异,而且他们个体内和个体间的差异也显著大于常态发展儿童,因此个别化教学是特殊教育的重要原则。毋庸置疑,有效的个别化教学更有赖于课程评价能对个别学生学习能力的长处和不足之处持续性地提供有用的信息,促进教师不断对课程进行反思,以有助于教师教学目标的制定和教学活动的设计,提升教师的专业能力,在"评价—教学—再评价—教学"的循环历程中促进每个学生的最大发展。近年来,在国外特殊教育实践中日益受到重视的课程本位评估(Curriculum-based Assessment,简称 CBA)正是这样一种测量评估模式,在一定程度上已经成为特殊教育领域实施最为广泛和有效的教学评估手段之一。

三、课程本位评估

(一) 课程本位评估的含义

从教育发展的历史来看,以学生所学习的内容来评价学生的学习状况并不是新生事物,其在教育实践中的存在由来已久。不过,20 世纪 80 年代以来,出于对贴标签式的传统心理教育评估在教学实践中局限的反思,课程本位评估被赋予了更加特定的内涵。1981 年美国明尼苏达大学杰克林(Gickling)等人首次对这一概念提出了明确的界定,[1]即:一种以学生在现有课程内容学习上的

---

[1] Gickling, E. E., Havertape, J. F. Curriculum-based assessment. In J. A. Tucker (Ed.) Non-test based assessment[J]. Minneapolis: University of Minnesota, National School Psychology Inservice Training Network, 1981.

持续表现来决定其教学需求的评估方式。也就是说,CBA强调用实际授课的内容与材料来评估学生的学习,并以此作为判断学生学习问题及做出教育决策的依据。此后,CBA作为一个专有名词在美国教育界日益受到关注。1985年塔克(Tucker)在《特殊儿童》期刊上发表了一篇介绍课程本位评估的文章,[1]这篇文章在特殊教育界引起了深刻而持久的反响,CBA逐渐被广泛应用于孤独症、轻、中度智力障碍及学习困难学生的鉴定安置和教学干预。

不过由于CBA本身的含义过于宽泛,在发展初期,许多和学校课程有关的测验或评估都标榜为CBA,造成了CBA理论与应用的混乱。针对这种情况,塔克于1987年提出了满足CBA的三个基本条件:①测验材料要出自学生使用的课程教材;②经常反复施测;③评估结果作为做出教学决策的依据。[2] 这样,CBA的核心特征表现为,通过在所学课程基础上对学生进行的密集和持续的评估,教师及时获得有关学生学习效果的反馈,用以设计并改变课程与教学,从而提升特殊学生的学习效果。

(二) 课程本位评估的类型

从CBA的含义上可以看出,CBA是一个通称性术语。在实践层面上,其又包括了符合其基本定义的一系列不同类型的评估。佩弗里和凯特恩(Peverly&Kitzen)曾对专业文献中提到的五种不同模式的CBA进行过总结。[3]分别为以下五种。

(1) 标准参照模式(Criterion-Referenced Model):着重于测量学生对课程目标的掌握。以布兰肯希普(Blankenship)和伊多尔(Idol)等人所提出的标准参照课程本位评估(Criterion-referenced CBA,简称CR-CBA)最为著名。该模式先将课程中所要教的技能,按照难易程度或教学的先后顺序予以排列,然后为每一项技能写出相对应的行为目标,再根据行为目标编选试题,教师通过测量结果判断学生对学习目标的熟练掌握程度,继而拟定相应的教学决策。

(2) 正确性本位模式(Accuracy-Based CBA Model):旨在根据教学材料对个别学生的难易程度选择教学内容和分组教学。以森克林和汤普森(Thomp-

---

[1] Tucker, J. Curriculum-based assessment: An introduction[J]. Exceptional Children, 1985, 52(3): 266-276.

[2] Tucker, J. Curriculum-based assessment is no fad[J]. The Collaborative Educator, 1987, 1(4):4-10.

[3] Peverly, S. T., Kitzen, K. R. Curriculum-based assessment of reading skills: considerations and caveats for school psychologists[J]. Psychology in the Schools, 1998, 35: 29-47.

son)所提出的为教学设计服务的课程本位评估(Curriculum-based assessment for instructional design，简称 CBA-ID)为代表。如通过计算答对题数与总题数及答错题数的比例确定适宜的教学难度。

(3) 流畅性本位模式(Fluency-Based CBA Model)：重点在于为教师提供基于学生进步情况来调整教学计划的依据。该模式与其他模式最大的不同在于，评估标准强调在单位时间内的正确反应次数，可发展出常模参照和标准参照双重用途。此模式的主要代表即是德诺(Deno)等人所倡导的课程本位测量(Curriculum-Based Measures，简称 CBM)。

(4) 课程和教学本位评估(Curriculum and instruction-based assessment，简称 CIBA)：侧重于评估儿童在课程上的表现，并致力于确认对学生的教育安置是否适当。

(5) 课程本位评价(Curriculum-based evaluation，简称 CBE)：重点在于分析学生的错误类型以及确定学生缺少的技能。

上述模式中前三种模式的影响较大，尤以流畅性本位模式中的课程本位测量(CBM)发展最完善、运用最广泛，并得到最多实证研究的支持。因此，以下将对 CBM 做专门的介绍。

(三) 课程本位评估的实施程序及示例

1. 课程本位评估的实施程序

上述各种模式的 CBA 在实施的程序上都形成了各自特定的步骤。不过，基于共同的 CBA 理念，除了细节的差异，这些模式也有共通的实施程序。[①]

(1) 分析课程

分析课程包括明确课程中知识体系和相关能力发展的设计安排、评估课程知识体系和能力之间的逻辑关系、分析课程安排的教学活动，以及评估学生在课程学习上所需的成就表现或能力。

① 决定个别学生目前的表现水平。通过收集已有的学生相关记录资料，咨询了解学生状况的相关人员和对学生进行适当的评测，确定学生已有的表现水平。

② 选择特定的目标行为和成就标准。该步骤的关键是确认目标行为的可观察性，其反映学业成就改变的敏感性以及该目标行为的效度不会受到经常性

---

① 张世慧，蓝玮琛. 特殊学生鉴定与评量[M]. 台北：心理出版社，2003.

测量的影响。这样教师才可能通过频繁施测,及时了解学生目标行为表现水平的动态变化。

③ 决定适当的熟练性标准。根据所评估的不同课程领域,确定需要学生达到熟练学习的不同标准。

(2) 设计评估工具

在上述步骤的基础上,设计一套将评估与教学相结合的探测系统。该探测系统需要针对特定的能力或次能力,易于施行,内容要系列化,以尽可能保证评估结果可靠。

在 CBA 中,特别注重评估结果的可视性展示,即提倡以图表的形式反映学生学业成就的变化,这种信息呈现方式既便于家长、教师和其他相关人员的沟通,也不易产生负面标记,有利于促进学生学习动机的提高。

(3) 作出调整

根据学生呈现出的目标行为变化,教师做出适宜的教学决策。如果数据资料显示学生的进步速度适当,可以维持原有的教学;若学生进步缓慢或表现出高水平的成功率,都应根据具体情况调整教学技巧或目标。

2. 特殊学生数学教学课程本位评估应用示例[①]

(1) 个案基本情况及学习能力分析

小小,男,11岁,某小学特殊班五年级学生,中度智力障碍合并肢体障碍。

数学先备能力:①能唱数、认读数字 1-30,正确率达 80%;②能在呈现实物的情况下,比较物品数量的多少;③因自身肢体原因,不能独立书写。

相关学习能力:①口语表达与理解方面存在若干构音不够清晰,但数字念读大致可辨,可以理解并回答有关基本生活和学习的对话;②注意力:持续性注意力约 5 分钟,易分心;③记忆力:短期记忆力佳,长期记忆力较差,可经反复、分散练习加强;④情绪行为表现:易亢奋大笑不已,声响或同伴易引发其情绪反应,可经活动转换或暂时原地隔离缓和情绪。

(2) 分析课程

特殊学生的课程是为实现 IEP 目标而制定的,因此分析课程的基本要素即分析 IEP 目标。

教学目标:"小小"数学领域的 IEP 学年目标是能具备数的基本概念;学期

---

① 张世慧,温雨涵.课程本位评量在"国小"数学领域之应用[J]. 国教新知(台湾),2012,59(4):2-14.

目标是能说出比较大或小的数字,该目标为运算领域及知识层次的初始阶段。将上述目标具体化为:两周内能在随机呈现的 10 以内的两个数字中,说出较大的数字,且正确率达 80%。该目标包含以下基础能力:唱数、认数、数字顺序及数量概念。

课程量化标准与顺序分解:"小小"现阶段已经可以在实物操作条件下,指出数量较多的物品,熟练程度达 90%。利用此先备能力,逐渐减少提示以顺序建立数字 1-10 大小比较的概念,课程具体实施顺序如下。

① 实物操作:将实物分成数量不等的两部分,让他指出含实物数量较多的部分,熟练程度达 90%。

② 将实物配合数字:在每个部分贴上表示物品数量的数字,他指出较多的部分后,说出物品的数量,引导学生学习实物与数量之间的转换,熟练程度达 90%。

③ 短暂呈现实物后,将实物遮挡起来,引导学生仅以数字提示回答较大的数字,熟练程度达 90%。

④ 上述目标均通过后,不再呈现实物,仅呈现数字,以唱数作为自我提示后回答哪个数字较大。

⑤ 将自我提示内化,直接回答哪个数字较大。

(3) 制定行为目标和成就标准

学年目标、学期目标同上。具体目标即两周内能在随机呈现的 10 以内的两个数字中,说出较大的数字,且最终应达到正确率 80%的稳定表现水平,其目标行为标准的制定依据是"小小"既往的学习数据及相关先备能力表现。

(4) 评估实施

每日利用早自习时间进行评测,教师在 10 以内的数字卡中每次随机抽取两张数字卡进行测试。每次测验前先做一道练习题热身,以协助学生理解评测要求。其后的正式评测每次共十题,以复本方式进行个别测试,教师自编表格记录学生反应。学生在正式题目测验中,第一次就正确回答,记为通过;若未能在 5 秒内回答,便告知正确答案,该题视为未通过;计算当日回答正确及错误题目的百分比。测验后告知学生答对的题目,以鼓舞学生动机,答错的部分可做初步分析,在教学时持续加强练习。

(5) 数据搜集与展示

将"小小"每日测试回答数据整理记录在表 4-14 中。

表 4-14 探测记录表

日期	5/12 四	5/13 五	5/16 一	5/17 二	5/18 三	5/19 四	5/20 五	5/23 一	5/24 二	5/31 二	6/1 三
数据	2/10	2/10	3/10	4/10	5/10	5/10	6/10	5/10	6/10	8/10	9/10
%	20	20	30	40	50	50	60	50	60	80	90

注：数据为答对题数/总测验题数；%为答对题数/总测验题数×100%

进一步将测试数据呈现为可视化资料（见图4-4），说明如下：

① 计算第一周内探测数据的答题平均正确百分比为23%，在图上标记为"●"。

② 参考学生既往表现、目前学习状况制定达成目标标准的合理日期，并于目标标准及估计可达标准日期的交点标记为"★"。

③ 连接"●"与"★"，此线即为目标线，与"小小"行为表现的折线图相比，用以判断其进步情况和教学效果。

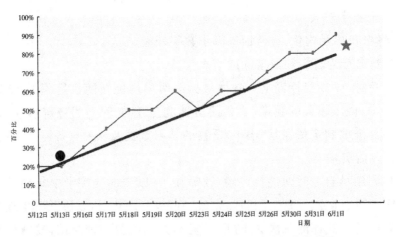

图 4-4 某随读生（小小）数学课程本位评估进步监测图

（6）作出教学调整

① 数据分析。由图4-4可见，"小小"最初表现不够稳定，但教学干预一段时间后，回答问题的正确百分比逐渐提升，并超越设定的目标线。说明持续进行目前的教学，可在设定的时间内达成目标。不过，从图4-4中也可以看出，他在周一的测试成绩有反复。

② 错误类型分析。在评估过程中发现,"小小"在测验中存在反应心向现象,即不假思索盲从回答。如一开始错误率较高,容易回答"后呈现的数字",如,比较 8 和 5 的大小,教师念完题目后,他直接回答"5"。此外,分析发现,当所呈现的两个数量若相差为 1 时,他的错误率也提高,如:7 和 8,4 和 5 等。

③ 课程调整。首先,因学生已达到预定教学目标,因此决定提高其目标标准至正确反应率 90%,使学生得以更加稳定、熟练地掌握此技能。第二,针对易回答后呈现数字的错误特点,在教学时提醒学生念完题目后,再以唱数做自我引导,看着题目两数都念到了才停,并且回答出最后念到的数字。第三,针对易混淆相邻数量值的错误特点,在教学时加强该部分,增加例子反复练习,以稳固其概念。第四,提醒家长在假日时适当提供练习机会,避免懈怠和反复。

四、课程本位测量

(一) 课程本位测量的定义及特点

课程本位测量(Curriculum-based Measurement,简称 CBM)是课程本位评估下的一个分支系统,源自 20 世纪 70 年代后期美国明尼苏达大学学习障碍研究机构的德诺(Deno)和米尔金(Mirkin)等人开展的一项名为数据本位教学调整研究项目(Data-Based Program Modification,简称 DBPM)。DBPM 的目的在于运用规范的数据评价系统帮助特殊教育教师做出有针对性的教育决策,以提高对特殊学生干预的有效性。CBM 就是在这一模式基础上发展起来的结合评估与教学为一体的实用性测验评估模式。具体而言,即一系列关于阅读、拼写、写作和数学计算的标准、简单和短时间的流畅性测量。[1] CBM 主要具有以下特点。[2][3]

1. 一种标准化的测量

CBM 虽然符合课程本位评估的基本原则,但与一般非正规、非标准化的课程本位评估不同,CBM 是标准化的,在所测量的行为、测量程序和数据处理上都有标准程序可循,研究显示具有良好的信效度。

---

[1] Deno S. L. Curriculum-based measurement: The emerging alternative[J]. Exceptional Children, 1985, 52(3): 219-232.

[2] Fuchs L. S., Deno S. L. Paradigmatic distinctions between instructionally relevant measurement models[J]. Exceptional Children, 1991, 57: 488-500.

[3] Fuchs L. S., Fuchs D., Hamlett C. L. Curriculum-based measurement: A standardized, long-term goal approach to monitoring student progress[J]. Academic Therapy, 1990, 25: 615-632.

2. 着重于长期目标(一学期或一学年)的持续监控

传统的形成性评估通常注重短期目标的评估,这对学生迁移能力的发展不利,易导致儿童学习上的困难。CBM每份测验的题目都代表整学期(年)的课程内容,以长期学习目标为评估导向,能鼓励教师在教学中注重学生学习行为的持续与类化,并能对学生的进步进行系统监控。

3. 测量兼顾流畅性与正确性

传统的标准化测验通常比较强调正确性,而较为忽略流畅性对精熟学习的评估功能,即某些处理速度较慢的学生,在传统标准化测验中可能表现不出其缺陷。但有研究指出,流畅性在有学习问题儿童的学习上非常重要,流畅性代表儿童在解题或测验过程中的解码能力,解码能力较慢的儿童,在学习上更易出现困难。① CBM能为教师提供学生在特定学科的学习速率,测量兼顾正确性与流畅性。

4. 可制定区域性常模(Local Norms)

区域性常模的观点与常模参照测验所常用的全国性常模不同,这里区域的定义可指全市、某学区、某学校、某年级或班级。发展区域性常模,强调学习者的学习表现与类似学习环境的常模相比较,能更准确地对疑似问题学生进行筛查。

5. 以成长曲线图的形式呈现测量数据

在使用CBM程序时,需要根据测量数据绘制出学生表现的趋势线(trend line)或进步曲线(progress line),并将其与为学生确立的学习目标相比较。这种呈现数据的方式使学生全学年(期)的进步情况一目了然,易于评价教学成效和在教师、家长、学生及其他专业人员之间进行信息沟通,评价结果不易产生负面标记。

6. 简便易行,适合经常评估

每次施测时间短(约1~5分钟),题目内容少,答题方式单一,适合经常性评估,可以灵敏反映学生的学习状况,增强教师改进教学的积极性和提高学生的学习动机。评量随班就读孤独症学生、学习障碍学生的识字、阅读能力都可以采用。

---

① Wright J. Curriculum-based measurement: A manual for teachers[J]. Syracuse city schools: NJ, 1999. 5-11.

(二) 资源班学障生识字教学课程本位测量应用示例

1. 个案基本情况

H,男,7岁,身体健康,无重大疾病史。父母均为初中文化程度,家庭经济条件一般。瑞文标准推理测验为中等智力水平。识字量显著落后于同班同学,无明显神经、行为和情绪障碍。

为了对 H 的进步情况和干预效果进行参照,还选定了一名在班级中语文成绩处于中等水平的男生 W 作为对照共同参与评估。对 W 不进行额外教学干预,只参加测试部分。

2. 测量材料的编制

以 H 所在学校使用的人民教育出版社出版发行的一年级《语文》教科书为依据编制 CBM 题库。题库结构主要为拼音、字、句朗读的流畅性和正确率测验。

首先,建立题库素材。程序如下:①把一年级《语文》上、下两册内容先分为 A、B 两部分,A 部分包括识字部分和语文园地中的小短文,B 部分包括课文和选读课文;②将 A、B 两部分的所有内容以文字和拼音两种形式录入电脑,逐段进行编号;③根据每册书附录的生字表分别找出教学大纲中要求的会读、会写、会认、会拼的四会字,用红色字体显示突出;找出大纲中要求会读、会认的双会字,用蓝色字体突出显示,待编制测量卷时使用。

其次,编制题库测量卷。程序如下:每份测量卷均含文字版和与文字内容相同的拼音版。编制时根据随机数字表分别从题库 A、B 部分中抽取相对应的段落,从该段落中选出"四会"字最多的语句列入测量卷。如果下次同样抽取到相同段落,选择"四会"字和"双会"字其次多的语句,依此类推。共随机选出五至七行内容及其拼音,分别随机排列成文字版和拼音版测试内容(见表 4-15 和 4-16)。每份测量卷的字数为 70+7 个,拼音为 40+4 个。每册书编制测量卷 20 份,共编制测量卷 40 份。

表 4-15　一年级语文 CBM 测试卷范例(文字版)

编号:　　姓名:　　班级:　　日期:　　施测人:
指导语:这里有几句话,请你一句一句念给老师听。当老师说开始的时候,你就从第一个字开始念。每一个字都念,尽量念好!如果有不会念的字,老师会告诉你的。准备好了吗?开始!

小朋友,正年少	6
千口舌,舌甘甜	12
土里埋,木帛棉	18
雪花还在飞舞	24
是个令人难忘的日子	33
小猴和小兔是好朋友	42
池塘里有一群小蝌蚪	51
鲤鱼妈妈在教小鲤鱼捕食	62
孩子们爱家乡	68

总结:施测时间:_____秒
总字数:_____ 正确字数:_____ 错误字数:_____
阅读正确率(念对字数/全部字数):_____
阅读流畅性(施测时间/念对字数):_____
对不会的字、词有有效策略:_____
自我纠正错误:_____
其他记录(如表情、朗读节奏调节等):_____

表 4-16　一年级语文 CBM 测试卷范例(拼音版)

编号:　姓名:　班级:　日期:　施测人:	
指导语:这里有一些拼音,请你一个个念给老师听。当老师说开始的时候,你就从第一个开始念。每一个都念,尽量念好!如果有不会念的,老师会告诉你的。准备好了吗？开始!	
hái zi men ài jiā xiāng	6
xiǎo péng yǒu zhèng nián shào	12
xiǎo hóu hé xiǎo tù shì hǎo péng yǒu	21
lǐ yú mā ma zài jiāo xiǎo lǐ yú bǔ shí	32
qiān kǒu shé shé gān tián	38
rén mén shǎn mǎ mén chuāng	44
shì gè lìng rén nán wàng de rì zi	53
总结:施测时间:_____秒	
总拼音数:_____ 正确拼音数:_____ 错误拼音数:_____	
阅读正确率(念对拼音数/全部拼音数):_____	

> 阅读流畅性(施测时间/念对拼音数):_____
> 自我纠正错误:_____
> 其他记录:_____

3. 评估实施

基线期(A):持续 2 周,对 H 与 W 均实施了五次 CBM 测量。依照 CBM 评估结果建立 H 的字句朗读流畅性和正确率基线水平,并根据 H 在基线期的错误类型分析确定教学干预计划。

干预期(B1、B2):共持续 8 周,每周进行 2～3 次干预教学,每次 30 分钟,共 22 次。同时每周随机抽取 CBM 测试卷测试 2 次,B1 阶段期间共实施 9 次 CBM 测试,对 B1 阶段测试所得数据进行分析后,根据 H 的进步情况调整教学策略,进入 B2 阶段,期间实施 6 次 CBM 测试。B1、B2 阶段共实施 CBM 测试 15 次。

CBM 实施步骤:每次测试时间约 5～10 分钟。给学生出示测量材料后要求学生逐字朗读,教师记录朗读时间,并对朗读错误进行标记。施测完毕后统计朗读正确率(答对字数/全部字数)和朗读流畅性(念对总字数/朗读时间)数据,并对学生的错误类型进行归纳整理,以备教学策略调整和数据分析使用。

4. 评估数据分析

图 4-5 为 H 与 W 的朗读流畅性折线图。从图 4-5 中可以直观看出,在 B1 阶段,H 字句朗读流畅性的表现趋向还不够明朗,整体成绩不稳定,水平范围在 4-17.57 秒之间;B2 阶段,阅读流畅性曲线整体明显下降,趋于稳定,水平范围在 2.38-5.51 秒之间。

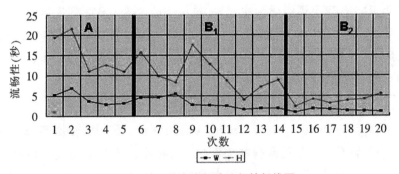

图 4-5　被评估个案朗读流畅性折线图

图4-6为H与W的朗读正确性折线图。从图中可以直观看出，在B1阶段，H字句朗读正确率的表现趋向处于上升趋势，但整体成绩不稳定，水平范围在26.92%～70.47%之间；B2阶段，字句朗读正确率曲线整体趋向有所提高，水平范围在60%～77.21%之间。

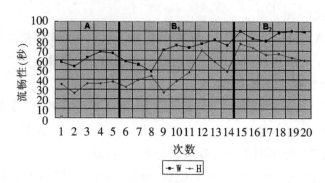

图4-6 被评估个案正确朗读流畅性折线图

另外，从图4-5和图4-6两图中也可以看出，H和W在字句朗读流畅性上的差距有明显缩小的趋势。表明H在识字表现上的进步速率大于W，其从干预教学中的获益是明显的。

5. 教学策略调整

CBM以长期学习目标为评估导向，根据标准化的编制程序，每份测验卷都能反映整学期的学习目标。经频繁施测，就能连续而详细地收集到有关学生某一技能掌握情况的数据，对这些数据进行分析，可了解到学生的错误类型和具体学习困难所在，在此基础上，教师可以及时有效地评价学生的进步情况和调整教学策略。在B1阶段，根据对H在基线期字句朗读错误类型的分析，所选择的干预字以独体字为主，基于独体字的特点及减轻记忆负担的考虑，本阶段以意义化识字策略干预教学为主。B1阶段实施9次CBM测量后，对相关数据进行分析，发现H的识字表现虽然有所进步，但进步速率尚不理想，通过对H在B1阶段识字错误类型的再分析，调整为以对形声字的干预为主，并据此采取形声字识字策略干预教学。

总之，课程本位测量是适合特教班和资源教室课程评量的重要模式。除了上述这种目标本位（goal-based evaluation）的评价，还有目标游离（goal-free evaluation）的评价，它重视课程的多种结果，包括非预期结果，注重搜集多种支撑材料，这种思想有其可取之处，但在有效防止评价随意性、盲目性方面还需要更多的完善。

本章思考题

1. 概括特教班课程目标设计的操作步骤。
2. 随班就读学生课程调整应包括哪些方面?
3. 结合本章表 4-13 分析随班就读孤独症学生教学目标的由来。
4. 为什么选择课程本位评估为特教班课程评量的主要模式?
5. 围绕小学生喜欢哪种学习成果测试手段展开调查,并请他们说明理由,撰写调查报告并分析此结果与课程评价的关系。
6. 如果学校要求用"照相"的方式反馈一学期的教学效果,分别从特教教师和资源教师角度思考应该搜集哪些照片?可找普通教育、特教教育中的不同班级进行尝试。
7. 自选主题和实施对象,进行核心课程的主题单元设计,并把主题单元设计改为情景单元设计,围绕一个具体情境设计一单元学习活动即可。

第五章　孤独症特教班和随班就读的教学设计

本章主要内容
了解教学设计的概念与组成要素分析。
理解并掌握教学模式及抛锚式教学。
理解孤独症班级的教学设计。
理解随班就读孤独症学生的教学设计。

如果我们要在一块空地上建学校，首先要依据有关批示进行规划和设计，绘制校园设计图就相当于课程设计，而对教学楼中每个房间的设计就相当于教学设计。只有教学设计和课程设计相吻合，才能取得好的效果。

第一节　教学设计概述

教学设计与课程、课程设计一样都存在定义繁多的现象，美国教育心理学家加涅(Robert Mills Gagne)在《教学设计原理》一书中认为教学设计是一个系统规划教学系统的过程。我国教育心理学专家皮连生等人则认为教学设计是运用现代学习与教育心理学、传播学、教学媒体论等相关理论来分析教学中的问题和需要、设计解决方法，试行解决方法、评价试行结果，并在评价基础上改进设计的一个系统过程。[1] 吴疆等人在《现代教育技术教程》一书中把教学设计定义为以教学过程为研究对象，运用系统方法来分析教学问题、设计教学问题的解决方案，检验方案的有效性并做出相应修改的过程，包括分析教学对象、制定目标、选用方法手段、开展教学评估等。[2] 特教专家许家成指出，教学设计指将特定的教学目标发展成具体的教学活动，它包括确定教学主题、分析主题

---

[1] 皮连生.教学设计——心理学的理论与支持[M].北京:高等教育出版社,2000:2.
[2] 吴疆.现代教育技术教程[M].北京:人民邮电出版社,2006:87.

的内涵、融入相关的教学目标、诊断学生的个性心理特点、运用恰当的教学策略来设计教学步骤和方法、制作教具(组织教学资源)、创造教学环境和教学效果评估等环节。通过教学活动设计,使目标转化为生动具体的教学活动,结合班级学生特点、发展水平和差异对现有教材和现有教学资源重新进行"量身定做",尽可能满足所有儿童的发展需求。[1] "量身定做"的表述道出了教学设计的实质。

虽然这些表述方式不同,有的包括了理论依据,有的指出了内容架构,但都明确了教学设计的包括的主要工作:分析教学对象,设计教学目标,设计过程、方法和评估方案。

一、教学设计的发展历程

美国教育家杜威在《我们怎样思维——经验与教育》中,提出了建立一种特殊的"连接或桥梁学科"的构想。这种学科能够把心理学研究与教育教学实践连接起来,主要任务是研究如何设计教学。他的这种构想对教学设计学科的萌发产生了积极的推进作用。但他当年没有进行实证研究。

教学设计的发展取决于学习心理学的发展和社会的需求,[2]在其发展过程中,斯金纳、加涅、奥苏伯尔起了很大作用,"二战"中的大量培训促进了教学设计的发展,如学习心理学家加涅在"二战"中参与士兵培训计划,其后出版了《学习的条件》一书,书中对学习结果、学习条件都有很多研究,并对教学设计的发展有启发作用。其真正兴起是在20世纪70年代以后,政治经济竞争加剧,提高教育质量的呼声越来越高,越来越多的部门和专家投入其中,多种教学理论涌现,计算机辅助教学、互联网技术的大量应用、课堂教学、网络远程学习、教师教育、终身学习、学习型组织、知识管理、企业培训、绩效技术等等,都将成为教学设计应用发展的前景领域。[3]

教学设计的发展不仅与技术手段的日新月异有关,也与理论创新有关,建构主义教育思想及其研究丰富了教学设计模式,比较成功的案例主要有香克(R. Sehank)的基于目标的剧情设计(Goal-based Scenarios)、布兰斯福德(John Bransford)的抛锚教学设计(Anchored Instructional Design)等。[4]

---

[1] 许家成.海峡两岸特教经验交流会论文集[C].北京,2002.
[2] 皮连生.教学设计——心理学的理论与支持[M].北京:高等教育出版社,2000:7.
[3] 钟志贤.论教学设计的发展历程[J].外国教育研究,2005(3):34.
[4] 任友群.教学设计发展的新趋势[J].全球教育展望,2005(5):27-28.

建构主义教育思想还十分重视自主学习,学习是需要意志的、有意图的、积极的、自觉的、建构的实践,该实践包括互动的意图—行动—反思活动。教师、管理者、学生、家长和其他有兴趣的学习者构成学习的共同体,学习过程中的交互作用更加受到重视。①

进入新世纪,教学设计思想上倡导学生学习自主化、目标上个性化、手段上信息化、形式上合作化的趋势愈加明确。人的整体发展是在师生、环境不断互动中实现的,忽视人的交往的教学是机械的、被动的,调动师生共同参与的积极性成为现今教学设计追求的目标。

教学设计是关系到学生每天发展(与每节课教学目标有关)的最直接的工作,并且是一项综合性的工作,它要求教师除了具有教学基本功外,更要有评量的经验,要非常熟悉学生(包括他们的兴趣、人格等各方面)及其环境,以此为基础确定目标和选择相应的教学内容、评估方法等。

总之,教学设计不等于教学过程设计,它是在目标指导下、以评量结果为依据、综合考虑各种教育资源和多种教学法而做出的一种具体活动设计,并始终以教学效果评估为设计的监控系统。在一个教学过程中可能包括多个教学活动,也可能一个教学活动在若干节课(经历若干教学过程)完成。

二、教学设计的基本要素

教学设计包括的基本要素有:分析教学对象、制定教学目标、选用教学方法(含媒体)并确定过程、进行教学评估这几方面。分析教学对象要在任务分析的背景下进行,任务分析主要是明确要教什么?要教的重点和难点是什么?要教的内容有多少人已经掌握?掌握了多少?是属于识记、理解、应用哪个层次的掌握?分析的目的是决定要不要教此内容?教哪部分,不教哪部分?然后分析学习者的已有经验和能力现状等,结合两者设计教的目标(即教这部分内容要达到的要求,参见后面教学目标设计)、教的具体内容,哪是要教的重点或难点内容,怎么教?这基本反映了教学设计的流程。

(一)分析教学对象

分析教学对象是教学设计的第一步,对教学对象——学生的分析越透彻越

---

① 潘永刚,刘俊强.我国教学设计的发展历程——浅析我国教学设计的历史、现状和发展趋势[J].现代教育技术,2007(11):13.

可能做到全面、深入地开展目标、过程与方法设计等。

分析教学对象从以下几方面入手。

1. 分析学习需要

分析学习需要工作的重点是研究学习者的学习状况,现状与目标之间的差距,学习者在心理、生理各方面的能力能否达到目标? 即要求学习者达到教学目标,是否存在时间、资源、基础知识和技能等方面的障碍和困难?[①] 通过调查和测试完成。

2. 分析学生的认知风格

认知风格指个人在认知活动中所偏爱的信息加工方式,[②]个体认知风格的差异表现为学习方式、习惯的差异,差异并不是差距。有些喜欢独自学习,有些喜欢讨论式学习;有些擅长看书和做实验,有些擅长背书和听人陈述;有人喜欢自定学习计划,有人喜欢按老师安排做;男女性别差异也可以导致认知风格有差异。认知风格与教师的讲课风格一致,或教师设计的多样化的教学活动适应不同认知风格的人,这样都有助于取得好的效果。

3. 分析学习者的动机水平、归因类型

学习者的动机和归因类型起到激发、维持学习行为和引导前进方向的双重作用,是一种隐性的内在力量,[③]对学习结果影响很大。动机水平适中,归因恰当对学习有促进作用。特别是对于学习困难、孤独症等特殊儿童,在教学设计之初,应充分考虑调动他们的内在学习动力,稳定注意力,保持快乐体验,提升自信。

(二) 设计教学目标

教学目标是预期的学习活动所要达到的结果,[④]预期的学习活动持续时间通常为一个单元(可以是一节课或几节课)。它是师生在教学中共同的愿望,其设计要以课程目标和学生现状为依据,具体设计参见本章第二节。

(三) 设计教学过程

教学过程设计前应明确教学组织形式,一般特教常见的教学组织形式有集体课、小组课和个训课。组织形式不同,教学过程和方法有一定区别。

教学过程设计包括方法、过程和媒体设计三方面。教学方法设计前要先明

---

① 张祖忻.教学设计中的学习需要分析[J].外语电化教学,1990,37(3):12-14.
② 裴海霞.学生认知风格的差异与因材施教[J].中学生数理化,2014(1).
③ [美]罗伯特·斯莱文.教育心理学理论与实践[M].第七版.姚海林译.北京:人民邮电出版社,2007:242.
④ 张昕,任奕奕.新课程教学设计[M].北京:北京理工大学出版社,2004:20.

确教学模式,不同的教学模式对应不同的学习理论,选用方法和各种方法所占比例也要与之对应。通用的教学方法有讲授、谈话、讨论、自学、实验、参观等,一般教学设计常是多种教学方法相结合,但比例不同,如非指导性教学模式中谈话、讨论占比很大,赫尔巴特的讲解接受模式中讲授、谈话占比较多,而掌握学习模式中自学占比较多。教学媒体选用与教学方法密切配合,可结合学习结果、学习内容、达到的目标水平(识记、理解、应用、综合等)进行媒体类型、媒体作用的分析。但媒体设计一定为目标服务,避免单纯性吸引学生注意力的设计。教学过程设计是这些因素的调配和安排。按照赫尔巴特的教学模式,基本环节有创设问题情境、提出假设、解决问题、得出结论、反馈与讨论,此外还有考虑作业、总体时间分配等。不同模式,环节不同。

(四)教学评价

教学评价是运用各种技术收集和解释相关信息并在此基础上做判断的过程,有形成性评价和终结性评价。[①] 形成性评价是进程中的评价,目的是使整个设计尽可能完善。终结性评价是显示阶段结果或比较性结果的评价,显示新设计和原设计孰优孰劣。教学设计评价有前、后两种。前评价是在没有应用前,教师本人或同行、少数学生先对设计方案进行评价,后评价则是在实施中、实施后所做的过程和效果评价。要考虑教学评价的方式、方法和时机。设计伊始就必须考虑评价的问题:按此设计进行教学后怎么评价教学效果?在什么阶段(课前、课中、课后作业)评?用什么方法(收集哪些资料)评?若测验,用个人、集体、小组哪种形式?多少算通过?有无个别差异?

做这项工作有助于教师做到心中有数,特别是前评价,评量本设计是否与目标相符?是否符合教学对象的起点行为?是否充分而有效地利用了教学资源?部分学生对本设计的反应如何?评价方法(问卷法、访谈法、观察法)是否恰当?回答完这些问题后要撰写教学设计的预评价报告(上课前完成)。

三、教学设计的种类

教学设计的种类很多,有的主张按知识技能目标进行分类,有的主张按单元主题进行分类和设计,有的主张按参加人数进行分类等。按年龄段可分为幼

---

① [美]Leigh Chiarelott.情境中的课程——课程与教学设计[M].杨明全,译.北京:中国轻工业出版社,2007:46,92

儿园、小学、中学等。按技能发展领域可分为运动技能和心智技能。按残障类型可分为智力障碍、孤独症、脑瘫及多重、感官障碍等。按参加者数量可分集体教学设计、个案教学设计、集体教学结合个案的设计（随班就读属于这种设计）等。它们有一致的思路，但又各有侧重。

看似简单的设计包罗万象，主要回答达成什么目标；如何组织内容以达成目标（分析内容和学习者）；选择何种认知策略（方法、手段、资源）指导学生达成目标；预评估目标完成情况等。

教学设计是一项复杂的系统工程，它与课程设计紧密相关。其影响因素众多。教学目标、内容的设计虽只是其中的一部分，但也需要进行认真、全面的研究，这直接关系到教学质量的提高。

第二节 教学目标及其过程设计

教学目标指引学生学习和教师的教学，为教学评价提供依据，与课程设计一样，教学设计首先要进行教学目标设计。

一、教学目标概述

传统的教学目标依据行为或认知学派的理论，如 1962 年马杰（Mager）提出了行为目标（behavioral objectives），明确指出教学目标要反映教学后学生能做什么？行为产生的条件是什么？达到的标准是什么？[1] 目标着眼点是教学提供什么刺激，引起学生什么反应。而布卢姆和加涅等人把目标的着眼点定位于怎么教和这么教可能产生的结果，他们预期的学习结果分为认知、情感、动作几个主要领域。随着心理学、教育学理论的不断丰富，教学目标的着眼点也发生了变化，出现了表现性目标（expressive objectives）和生成性目标（evolving purpose，又译展开性目的）。表现性目标要根据学生在活动中的表现或变化来设计，规定学生必须参加的活动，不精确规定要达到的具体结果，[2]更多见于情感态度类目标设计；生成性目标是在教育情境之中随着教育过程的展开而自然生成的教学目标，[3]它随教学活动而不断变化，灵活而不易把握，要在目标指向

---

[1] 皮连生.教学设计——心理学的理论与技术[M].北京：高等教育出版社，2000：59，61.
[2] 同上.
[3] 张华.课程与教学论[M].上海：上海教育出版社，2000：174.

明确的基础上做这种设计。① 它强调"有中生变"的设计理念,不是"无中生有"的理念。生成性目标与建构主义课程理论十分吻合,教学本身是富有创造性的师生互动,在既定课程目标框架下,应倡导在教学过程中实现弹性化目标。

教学目标和学习结果只是角度不同,实质都是师生双方预达到的学习结果。不论什么着眼点,从基本构成上看,一般都包括四个要素:行为主体、学生行为、所需条件和达到的标准。

(1) 行为主体:教学目标的行为主体是学生,不是教师。

(2) 学生行为:为了表述明确具体,需用具体的行为来表示学习结果,如熟悉计算机术语,会使用某个功能。熟悉术语、使用都是对行为的具体描述。

(3) 条件:完成规定行为所处的环境条件,如聋生在隔音实验室中3分钟内正确分辨出3组锣声和鼓声,其中隔音实验室是条件。

(4) 标准:完成的程度和质量。上例目标中,3分钟正确分辨出3组就是标准。

二、基本要求

按照加涅或布卢姆等人的学习结果分类思想,一节课的目标多从知识、能力、情感态度三方面提出,陈述的是学生学习的结果,这样针对性和可操作性都很强,每节课根据所学的具体知识技能来定目标(范例参见表5-1)。在制定目标的过程中,应避免出现目标不具体、分层过多、几方面脱节等问题。同时目标要求陈述的都是学生的行为,要具体明确、有层次、可评量,突出个别化。

表 5-1　各种知识类教学目标范例一览表

教学目标	学习水平			
	识记	理解	应用	其他
1.通过上机实验能独立根据已有资料制作一套PPT	根据范例说出PPT中包含的5个专有概念	能用图表表示制作PPT的基本步骤	独立根据已给资料制作一张PPT并成功放映	小学5年级信息课
2.说出不同植物的根的不同,正确识别5种常见植物	认识常见植物的根的基本形状,正确分辨	归纳出辨认常见植物根的形状的要点		小学3年级科学课

---

① 范蔚.三类教学目标的实践意义及实现策略[J].教育科学研究,2009(1):49-51.

续表

教学目标	学习水平			
	识记	理解	应用	其他
3.独立完成3种口味的凉菜制作	说出凉菜主要菜品和调料的名称,记住主要拌制步骤	说出3种不同口味的菜品的相同点	独立根据菜品选择调料拌制口味适中的菜	特教班7年级

教学目标之间不仅是连续的,而且自身有层次关系,不连续、层次乱就违背了教学的循序渐进的原则,给学生的发展带来障碍。

教学目标完成与否的评量也是有层次的,可从认知层面,按照概念掌握水平——识记、理解与表达、应用进行评量;亦可从行为层面,按照行为变化的过程从变化少到变化多进行评量;还可以从情感态度层面,情绪稳定、快乐、自信、自主性高一层层评定。可以借鉴布卢姆的目标分类系统中的层次并结合特殊教育需要加以改进。

除层次性外还要强调的具体要求如下。

第一,教学目标的行为主体必须是学生而不能是教师。在这个意义上,诸如"培养学生的配合能力"这样的目标是不合格的。因为它的行为主体是教师。作为主体的学生可以是学生个体也可以是学生群体。

第二,教学目标要用教学活动的结果而不能用教学活动的过程或手段来表述。在这一意义上,"学生应受到运动康复的基本训练"也是不合格的。缺乏标准,过于泛泛。

第三,教学目标的表述不能模棱两可,要具体、明确。行为化的动词必须具体、不能抽象。叙述时可使用说出、列出、描述、演示等词语。总之,结构完整、层次化、主体性、结果化、具体化是对教学目标的基本要求。

具体教学目标是指学生通过一定的教学和训练要达到的要求,可具体到一个单元或一节课、一个活动的目标。它是指导具体教学的依据,制定时不仅要考虑教育总体目标、原则,本阶段、本地区的教学目标,更要结合学生和班级现状、结合任课教师实际、结合现有的教学资源、结合学生和家长的心理需求等统筹考虑。它与教育总体目标的叙述和着眼点有所不同,着眼于儿童,陈述的是儿童的行为。例如某二年级以孤独症和智障学生为主的特教班的认知课学习"认识红色",陈述目标为:能认识红旗、红心、红纸上的红色;能分辨"红色"和"非红色";会用红色命名:甲、乙能书写出"红色",丙、丁能口头命名和分辨。运动课学"双手胸前接球",陈述目标为:学会胸前持球并按同样姿势接住从一米左右、正位抛来的小皮球。社会适应课学习"庆祝节日",陈述目标为:认识我国的主要节日,能说出节日名称(某生能指出即可);能说出国庆节的时间、来历和主要庆祝方式(某生能根据图画指认)。总之,目标陈述要具体,用语规范、精练。

根据教材、单元目标、学生已有水平来确定每节课的教学目标,还要考虑目标之间的平衡性(知识性目标的递进,知识性目标与情感态度、动作技能目标之间的平衡);目标数量要符合学习规律,外显行为目标要具体、可观察、可测量,情感态度类目标也尽可能具体化地描述学生的表现。

三、具体教学设计方案范例

通常教学设计经历一个从分析学生、定初步目标、综合考虑教学资源、教学形式、定教学流程和作业,判断目标是否合适,再次考查目标和最终定目标的过程。下面以人教版第2册语文《要下雨了》的课文讲解为例说明教学设计的全过程。即看到课文和教参后如何一步步思考?如何形成设计?

课文原文如下:

小白兔提着篮子到山坡上去割草。天气很闷,小白兔直起身子,伸了伸腰。

小燕子从他头上飞过。小白兔大声喊:"燕子,燕子,你为什么飞得这么低呀?"

燕子边飞边说:"要下雨了。空气很潮湿,虫子的翅膀沾上了小水珠,飞不高。我正忙着捉虫子呢!"

是要下雨了吗?小白兔往前边池子里一看,小鱼都游到水面上来了。小白兔跑过去,问:"小鱼,小鱼,今天怎么有空出来呀?"

小鱼说:"要下雨了。水里闷得很。我们到水面上来透透气。小白兔,你快回家吧,小心淋着雨。"

小白兔连忙挎起篮子往家跑。他看见路边有一大群蚂蚁,就把要下雨的消息告诉了他们。一只大蚂蚁说:"是要下雨了,我们正忙着往高处搬家呢!"

小白兔加快步子往家跑。他一边跑一边喊:"妈妈,妈妈,要下雨了!"
忽然一声雷响,哗,哗,哗,大雨真的下起来了!

设计过程如下。

(1) 分析学生:普小 1 年级 33 名学生,30 名学生有一定识字量(800～1000)、能自己阅读后知道该文的意思;学困生 3 人:识字量有限,听故事能明白主要意思,说完整句有困难,不能流利地独立朗读课文。

(2) 初定集体教学目标:能认读"潮湿"等生字 10 个,能独立写出"搬"等 6 个生字词,能联系课文和生活用"正忙着"说话;能初步理解课文叙事结构。学困生目标:能认读"潮湿""搬"2 个词,能理解"伸手""搬"的意思并回答相关问题,能联系生活用"正忙着"说 2～3 个句子。

(3) 教学资源:多媒体课件——下雨前的天气变化。

(4) 教学形式:集体教学(基本模式:讲解—接受模式)。

(5) 教学时数:共 2 课时。

其中第 2 课时教学流程:读一读生字词(8 分钟)→读课文说一说:小兔子都遇到谁?动物们都在干什么?(15 分钟)→议议为什么?(5 分钟)→想一想生活中要下雨了,人们都会忙着做什么(含用"正忙着"造句)(8 分钟)→小结和布置作业(略)。

(6) 定教学目标完成的评价指标:集体评价指标有以下两方面。90%的学生能根据板书提示独自讲述"要下雨了"的故事,结构完整。80%的学生能续编小兔子遇到的一个小动物的故事,用"正忙着"描述它的行为。3 名学困生评价指标是能认读词语"潮湿、搬、伸手",并按次序说出小动物在课文中的行为,根据提示用"正忙着"说出所给图片的意思。

写完评价指标后能看出本设计的难易程度和重点,若发现过难、时间偏紧、重点不突出则需要进行目标调整。若认为目标合适,则可找来两三个不同学习水平的学生进行初测,完成教学设计预评价。

注意上面的教学设计方案应与教案编写存在不同。

第三节 教学模式与抛锚式教学

教学模式直接影响着教学过程的结构,是教学设计中需要十分明确的问题。不同教学模式下的教学设计不同。

一、教学模式概述

教学模式的概念很多,学术界有一定争议。有人认为它是大方法,不仅是一种教学手段,还是教学内容、教学目标、教学过程直至教学组织形式的整体、系统的操作样式,这种操作样式是加以理论化的;有人认为它建立在一定的教学理论之上的,为实现特定的教学目标而设计的一种教学模型,有相对稳定的结构和程序,包含教学策略。[①] 有人认为教学模式指符合特定的教学理论逻辑、为特定教学目标服务的、相对稳定的教学活动结构,包括四方面内容:步骤安排、师生交往系统、反馈方式和支持系统等。[②] 这些提法的共同点是教学模式有稳定结构,并与一定的教学理论相对应。

国内外教学模式多种多样,这里介绍几种常见的、主要的教学模式。

(一)掌握教学模式

以布卢姆的掌握学习理论为指导,20世纪70年代以后兴起的教学模式,它强调教学目标按知识结果进行分类,分成情意、认知、操作技能三大类若干小类,并以单元教学的课程设计形式开展教学,[③]目的是使任何一个学生都有机会和充足的时间完成各个目标明确的学习任务。布卢姆认为,教学要使绝大多数人能够有效地学习为自己发展所必需的技能和知识,而不是塑造少数人的成功。[④]

该模式有教师精讲、布置任务、个人练习、教师轮流辅导等环节,讲少练多,学生都有自己的任务,有些任务是不同的。这种模式与特教班的分组协同教学模式有共通性,每个学生或每组学生都有自己的目标和相应的学习任务、作业,教师轮流给学生讲课和辅导。它虽照顾了学生的个体差异,但学生之间的交流减少,虽能接纳学生差异但不能避免学生差异加大的问题。

(二)非指导性教学模式

以人本主义心理学的有关理论为基础,来源于美国人本主义心理学家罗杰斯(C. R. Rogers)的非指导性的心理咨询理论。强调学生中心的教学设计和问题情境、和谐宽松的课堂气氛的创设等,教师主要是组织和帮助者。它

[①] 李晓文,王莹.教学策略[M].北京:高等教育出版社,2000:104.
[②] 李国榛,燕国材.教育心理学[M].第二版.上海:华东师范大学出版社,2001:82.
[③] 郑信军.现代教育理论与实践[M].北京:首都师范大学出版社,2002:257.
[④] 冯丽.布卢姆掌握学习理论学生观与差生转化[J].辽宁行政学院学报,2011(9):94-95.

有讨论确定情境、探索发现问题、分析问题和发展洞察力、规划和决策、总结归纳等环节。[①] 这种模式对于建立亲密的师生关系,发挥学生的主观能动性都有积极作用。

由于孤独症和智障学生的学习能力相对缺乏,有些学习的基本技能不具备,因此,在某些阶段或教学过程中需要教师手把手地指导,教学伊始采用这种在情境中生发问题的形式有一定困难,而且很难集中问题焦点。有些游戏课、艺术课、交往课中可采用,对激发学生主动性有一定帮助,若教师十分了解学生,则个别教学中采用这种模式的可行性更高。

(三) 讲解—接受教学模式(四阶段教学模式)

讲解—接受教学模式是在传统的课堂教学模式基础上逐渐深化而来的,主要用于系统知识技能的讲授和学习。它源于赫尔巴特的四段教学法,即教学方法必须符合感知、思维、运用的程序,从明了阶段的表象到联想阶段表象的联合,到系统阶段大量静止的思维活动,再到贯穿系统活动中的方法或动态审思。[②] 经苏联教育家凯洛夫等人改造后传入我国。这种模式是以教师为主导,有计划、有目的地组织整个教学过程。教师通过口头讲解、直观演示、文字阅读等手段合成现成的信息,包括激发动机、感知理解知识、巩固运用、检查反馈几个环节。

总体来看,此模式强调知识的理解和运用,在实际运用中易出现教师讲授时间较多、学生练得少,考虑个体差异不够,学生很难形成整合经验等问题。在特殊儿童教学,特别是有注意力和情绪问题的孤独症儿童的教学中应注意学生的主动参与,能学以致用和愿意学以致用都要兼顾,否则容易出现"当时看似学会了,过一天再看还是不会,学生没有用'心'学"的场景。教师一遍遍反复教却见不到持续的成效。

(四) 程序教学模式

美国心理学家斯金纳最先提出的行为主义倾向的教学模式,"程序"扮演着教师的角色,"程序"通过事先设计好的、有一定顺序的特定行为,使学生按期望的方式行动以达到最终目标。主要环节是在解释如何使用教学机器学习的背景下,呈现一个问题,请学生解答,然后学生确认提交答案,对则继续、错则重新

[①] 董素芳.对非指导性教学模式的教育心理学分析[J].科教文汇,2007(4):18.
[②] 贺国庆,刘向荣.赫尔巴特教育心理学化的理性分析[J].教育学报,2006(5):12-14.

显示问题,再解答。①

这种模式中任务梯度设计是关键,任务编制对教师的要求较高,对于计算机辅助教学的发展起促进作用,人们在计算机辅助教学中对其进行改进,如自定目标梯度,改善反馈界面。但它依然容易出现只教书、不教人,师生之间缺少情感交流,教师机械地按目标执行,以致学生很难长久维持学习动机的状况。②它有多种变式操作,在孤独症教学中使用的离散教学模式与之思路完全一致,只多增加了辅助或提示环节,任务由教学人员发出,并不是编入教学机器中。这种教学模式虽分解了小的目标,利于学生掌握短近目标或能力,但不利于培养学生的交往主动性、自主意识、规划意识、丰富情感体验等。

(五)合作教学模式

人本化的一类教学模式的总称,虽都强调合作,但侧重点不同,有些侧重于良好心理氛围的创设,即强调师生之间的合作,以建立师生之间相互信任、相互尊重的合作关系为前提,使学生认识到自己是学习的最大受益者,回答就受表扬,布置作业改成推荐作业,评分以鼓励为主,教师用人格魅力感染学生,对学生十分尊重和信任。有些强调小组成员的合作探究,团体成员具有共同的目标,团体目标的达成依赖于其成员对目标的达成,若团体中有人没有达到目标,则其他人都不可能达到目标。③ 他们分工协作,相互支持,相互帮助。有些更强调合作方法,划分小组、明确任务分工、完成任务与展示是这种教学模式的主要环节。

现今特教中的合作学习、小组学习是教学组织形式和方法,与此教学模式不同,他们主要是以分组形式开展学生活动,而师生合作、生生合作的意识还十分薄弱。为了提高学生参与的主动性,加强对这种模式的应用研究十分必要。

我国国内围绕普教教学,在不同地区尝试过很多有研究价值的教学模式,如湖北大学黎世法首创的六课型单元教学模式,通过开设自学课、启发课、复习课、作业课、改错课、小结课六种课型来发展学生的自学能力,上海育才中学首创的读读、议议、练练、讲讲的教学模式,江苏邱学华在小学数学教学中采用探究—自学—练习—讨论—讲解模式,环节固定,但排列顺序可变。总之,这些教学模式要结合教学实践不断应用、改进。

---

① 郑信军.现代教育理论与实践[M].北京:首都师范大学出版社,2002:266.
② 同上。
③ 王少柞.西方的合作学习模式与要素[J].上海师范大学学报:教育版,2000(9):87,91.

二、抛锚式教学

抛锚式教学(Anchored Instruction)是按照建构主义理论创设的一种新型教学模式。了解抛锚式教学，就要理解建构主义学习理论。

(一)建构主义学习理论

建构主义学者提出学习是学习者在一定环境作用下主动建构的过程，学生走进教室时已有一定的知识储备，学生以他能接受的方式汲取知识、形成整体认知。[1] 知识必须和主体结合起来才会产生实质性的意义。即新知识要与学生头脑中的旧经验形成联系，联系正确而紧密则知识掌握得好，反之掌握的是死知识。

学生学习的是知识与技能的整合体，两者不可割裂，这要求教学设计的内容应是与特定教学情境相联系的整体性的知识及其运用。

建构主义学习理论强调学习是学生主动建构的过程。多数建构主义者都同意学习有四个特征：学习者建构他们自己的理解；当前的理解决定所建构的新知识；社会交互作用促进学习；有意义学习出现在真实学习任务中。[2] "学生要主动地学"是建构主义主导精神，为了实现主动地学，就要不断联系学生的已有经验，创设能提取已有经验的情境。

在整个教学过程中，教师是组织者、指导者，利用情境、协作、会话等学习环境要素，充分发挥学生的主动性、积极性和首创精神，形成一种新的稳定结构，即建构主义的教学模式，包括支架式教学、抛锚式教学等等。

(二)支架式教学

支架式教学(Scaffolding Instruction)以建构主义理论为基础，在教学过程中以学习者为中心，并为学习者的知识建构提供一种概念框架。这种框架中的概念是为发展学习者对问题的进一步理解所需要的。[3] 它要求先要把复杂的学习任务加以分解，便于把学习者的理解逐步引向深入。这种教学思想来源于苏联著名心理学家维果茨基的"最近发展区"理论。

最近发展区是指儿童解决问题时的实际发展水平和解决问题后发展的潜在水平间的距离，可见儿童的两个发展水平之间的状态是由教学决定的，即教

---

[1] 艾兴.建构主义课程研究[D].西南大学博士学位论文,2007.
[2] 郑信军.现代教育理论与实践[M].北京：首都师范大学出版社,2002:308.
[3] 张震.基于支架式教学模式的元认知能力培养[J].宿州学院学报,2011(1):103.

学可以创造最近发展区,教学应当走在发展的前面,不停顿地把儿童从一个水平引导到另一个新的更高的水平。建构主义者正是从维果茨基的思想出发,借用建筑行业中使用的"脚手架"作为上述概念框架的形象化比喻,通过这种脚手架的支撑作用(或"支架作用")不停顿地把学生的智力从一个水平提升到另一个新的更高水平,真正做到使教学走到发展的前面。

支架式教学由以下环节组成。①创设情境、搭脚手架:围绕当前学习主题,按"最近发展区"的要求建立概念框架;②情境体验、接收支架:将学生引入一定的问题情境(概念框架中的某个节点);③分析问题、独立探索:发现已给概念的多种属性,在教师帮助下沿概念框架深入;④相互借鉴、协作学习:进行小组协商、讨论,与别人的观点进行"碰撞",进一步辨析,形成意义建构;⑤成果展示、效果评价:要进行学生个人的自我评价和学习小组对个人的学习评价,评价内容包括自主学习能力、对小组协作学习所作出的贡献、是否理解所学、是否建立了意义建构。

(三) 抛锚式教学模式的应用

支架教学要在最近发展区里铺垫、向上搭架子,抛锚式教学要在联系现实情境的已有经验基础上找准一点向下抛,在联系旧经验的同时形成新经验,教师讲得少、讲得透,学生反而联系多、整合多。并不是多多益善。两者在遵循建构主义理论背景的基础上,在实施中有一些区别。抛锚式教学更多吸收了情境认知理论的观点,认为知识与生活的情境密不可分,教学应提供基于真实情境的学习机会,既跟真实的实践环境相整合,又能十分贴切地模拟实践的需求,并在实践中不断反思,以形成学习者独特的处理方式。

抛锚式教学是美国温比尔特大学认知与技术课题组在约翰·布朗斯福特(John Bransford)的领导下开发的。在真实的情境下确定真实事件或问题,通过联系自己的已有经验解决问题,达到对知识的意义建构,这个过程就好像轮船被锚固定一样,形象地比喻成抛锚教学。① 教学活动要紧密围绕"锚"进行,主张教师要少讲、精讲、讲透,好似抛锚一样从局部入手,深扎一处,以少带多,并在建立真实的认知情境的基础上建构知识。教师"供给"任务时要充分考虑学生的已有经验,考虑学生的潜力和小组成员的合作能力,力求创设鼓励学习者积极建构的有趣的、真实的情境。

---

① 钟启泉,汪霞,王文静.课程与教学论[M].上海:华东师范大学出版社,2008:124.

抛锚式教学由以下环节组成:①创设情境。学习能在和现实情况基本一致或相类似的情境中发生。②确定问题。结合情境和给出的问题,提取与当前学习主题密切相关的真实性事件或问题作为学习的中心内容。选出的事件或问题就是"锚"。③自主学习。不等于自学,不是由教师直接告诉学生应当如何去解决面临的问题,而是由教师向学生提供解决该问题的有关线索,发展学生的"自主学习"能力。④协作学习。通过讨论、交流、补充、修正,加深每个学生对当前问题的理解。⑤效果评价。由于抛锚式教学要求学生解决面临的现实问题,学习过程就是解决问题的过程,可通过学生对问题的回答和小组作业、观察评价记录来进行。[①]

抛锚式教学在学生的原有经验基础上进行教学设计,有助于调动学生学习的积极性,真正达到主动学习。现以人教版第2册语文《月亮的心愿》讲读课为例说明抛锚式教学的设计方式及其与传统的四阶段式的关系(详见表5-2)。

从表5-2中可以看出,抛锚式教学紧密联系学生的旧经验,抛锚阶段也是在旧经验的基础上加入旧经验,没有教师"给经验",教师讲得少,学生想和说得多,学生参与度很高。而四阶段式则教师主导过多、不利于学生深入思考。

在孤独症班的教学中,调动学生学习积极性十分困难,而抛锚式教学的理念和模式为解决这一难题提供了帮助。抛锚式教学强调提取旧经验,教师不直接"给经验",学生在交流中增长经验,因此它是一个有效提高学生参与的教学模式,现以六年级特教班生活适应课"拌凉菜"为例进一步说明。

表5-2 抛锚式教学各环节展示及比较表

抛锚式教学各阶段名称	各阶段通俗名称	按抛锚式教学进行《月亮的心愿》主要环节	四阶段教学	按四阶段进行《月亮的心愿》主要教学环节
创设情境	立锚	情景引入:想一想我们生病时父母怎么做?(锚是理解关心他人的行为)	导入(激发动机)	复习字词,比一比谁会得多
确定问题			授新课(感受理解知识)	读课文,说一说月亮第一次、第二次的心愿是什么?
自主学习	抛锚	说一说平日父母怎么关心我们?		

① 何克抗.建构主义的教学模式、教学方法与教学设计[J].北京师范大学学报:社会科学版,1997(5):74-77.

续表

抛锚式教学各阶段名称	各阶段通俗名称	按抛锚式教学进行《月亮的心愿》主要环节	四阶段教学	按四阶段进行《月亮的心愿》主要教学环节
协作学习	固锚	交流一下被关心后的感受。议一议他们为什么这么做	巩固应用（复习）	总结月亮心愿变化的原因和应向小女孩学习的品质
效果评价	验锚或提锚	如果你身边的人需要帮助,你会怎么做?	检查反馈或布置作业	熟读课文、布置作业
备注	1. 文中形象的"立锚、抛锚、固锚、验锚或提锚"用法的首创者是原北京宣武培智学校的刘朝晖老师和北京联合大学特教学院的王梅老师。 2. 文中的锚可以根据学生情况调换为"理解为他人着想的表现"等。 3. 一节课中分析课文的环节用抛锚式教学,剩余时间可以用讲解、谈话等方法进行重点词句教学			

以往学"拌凉菜"通常是教师出示原料(几种蔬菜)、多种调料,然后带着学生选原料菜,提示放调料的先后顺序,然后学生一步步跟着做,最后品尝。而抛锚式教学的"锚"是自己学会拌一种喜欢吃的凉菜。上课伊始教师问:吃过什么凉菜? 爱吃其中的哪种?(立锚)抛锚时教师问:什么味道? 想想菜里有什么? 怎么拌? 然后按照自己的口味选蔬菜和调料自己拌?(也可几人合作,固锚)学生自己品尝(验锚)根据学生拌的结果想一想拌咸了、淡了可以怎么办(提锚)抛锚式教学设计的每一步都十分贴近学生已有经验,学生能参与且记得牢,能迁移相关知识。

不同理论指导的设计活动大不相同,如何判断好不好? 主要看学生的学习过程和结果。教学设计要注意体现启发性、创造性、探索性等现代教育理念,符合儿童的年龄特点和需要、兴趣,围绕教学目标,用多种方法突出重点、突破难点;合理分配各环节时间,活动过程完整,各环节联系紧密。

第四节 孤独症特教班教学设计的原则与案例分析

教学设计依据是学生观、匹配的学习理论以及一系列教学文件,设计前要分析它们,了解教学总目标,分析知识与技能的层次结构,明确教学顺序和重点;分析学习结果的类型与关系,了解教学内容之间的关系和与之对应的学习起点;分析知识技能学习中包含的真、善、美的成分和学习者的态度、情感,使之与知识学习相配合,形成统一的设计。

特殊教育教学设计的原则是孤独症特教班教学设计应遵循的基本要求,特教班的教学既与普通班教学有一定的共性,又有自己的特殊性,其遵循的原则也是如此。

一、原则

孤独症班级须遵循一般教学原则。普通班教学须遵循的教学原则一般有科学性与思想性统一原则、理论联系实际原则、直观化原则、启发性原则、循序渐进原则、因材施教原则和巩固性原则等,[①]这些原则历经很多年的教学实践总结出来,需要教师结合本班学生特点和教学目标、学科特点灵活应用。孤独症特教班教学也不例外,同样须遵循上述各个原则,但在实际教学中,可根据孤独症学生的身心特点有所侧重。

孤独症特教班在教学中需要特别遵守的要求属于特殊原则,主要为突出其重要性而提出。在教学起点选择、教学过程设计、教学评价等各个环节都要遵守。

（一）个别化原则

孤独症学生个体间和个体内差异都很大,教学设计需要充分考虑个体差异。从目标到实施方法都要体现个别化;从设计工作看,活动目标、内容选取、呈现顺序、操作方法、评量指标和手段也要注意体现,[②]

并与集体教学形式结合。

（二）充分参与原则

每个学生只有参与到教学活动中才可能得到改变,充分参与原则与个别化原则紧密联系,人人参与、次次参与、尽可能多参与,照顾到每个学生的学习特点并促使学生参与,可以在教学中把参与作为重要的评量指标。

（三）实用性原则

教学的最终目标是学生成人后尽可能独立地进行社区生活,因此从早期开始的活动设计就应该体现实用性,每一阶段的侧重点可不同,但实质都不能离

---

① 徐继存,徐文彬.课程与教学论[M].北京:高等教育出版社,2009:180.
② 李翠铃.特殊教育教学设计[M].台北:台湾心理出版社,2001:31-33.

开最终目标,也就是不能偏离实用性的要求。

(四) 弹性原则

教学活动设计应随环境变化和教学主体自身变化而调整,在设计时就要考虑留有余地,预先准备好不出现特殊情况和出现特殊情况的调整方案;教学活动设计的内容也要可以微调,时间安排上要留有一定的余量。

(五) 增强原则

增强原则要求教学过程要使用增强策略,可以是鼓励的话,也可以用实物作为奖励;初期时不要"吝啬"预先充分满足学生"物"的需求,关键是如何及时去除强化物、去除后如何能保持,这就要求教师善于运用真正有助于自我潜能增强的策略;设计给予强化物的种类和时机都有技巧。

强化物是教学的助推剂,但对于个别学生而言,它更是一种直接刺激或教学环节的一部分,比如教学生认识"橘子"的形状、颜色、味道、性状等,当儿童正确说出橘子是圆的或黄色的时,可以马上剥开给他吃一瓣儿,感受味道,稍后可再教儿童认识橘子瓣的形状、颜色等,可以为了解它的内外有别及整体与部分关系打基础,这类教学内容用其他的强化物就不适宜,不仅不能满足儿童吃的需求,还易使教学刻板、乏味。[1] 但一定要注意使用时机,时机不当往往会使强化物成为"注意力分散物"。

使用强化物不是目的,因此要注意及时强化、间歇强化和延时强化有机结合,使学生不依赖于强化;要少用外部强化,调动内在强化,如在运动训练中通过动作教学设计,让学生感到自己是"能完成很多自认为完不成的动作的"(必要时加语言鼓励或器械辅助),这样能增强自信,动作完成后自己感到十分愉快,愉快的情绪本身就是最自然的自我强化,下次学生还愿意主动做练习。

在使用强化物时还要注意避免"儿童哭闹却能满足要求"等类似现象的发生,强化策略若应用不当则可能造成不良后果,反而严重影响教学活动的顺利进行。

此外还应注意安全性和完整性,活动项目、材料、场地等都要体现,没有安全性作保障,再好的设计都是不及格的。学习应能帮助学生获得完整、系统的经验。他们的统整能力有限,[2]因此,教学设计时要特别注意孤独症学生自身知识、技能的内在联系,新经验一定要与旧经验统整,单纯输入新经验可能造成学生"信息超载"而无法对其有效加工。

---

[1] 王梅.智力障碍和孤独症儿童的学与教[M].北京:华艺出版社,2003:49.
[2] 汤盛钦.特殊教育概论[M].上海:上海教育出版社,1998:212,216.

孤独症特教班教学设计前要做好各种准备工作,包括分析班级中学生障碍的主要类型,熟悉和分析课程目标和课程内容,编写设计方案等。教学设计基本步骤包括:评量学生总体发展水平和学习态度;评量学生某个具体技能;确定具体教学目标;综合分析环境要求和资源(现有教材、教具等);设计具体教学活动(包括教学内容、持续时间和数量、通过标准);评量教学活动。

二、孤独症特教班教学设计案例

孤独症特教班是以孤独症学生、中重度智力障碍学生为主要教学对象的班级。现以某三年级孤独症班社会适应课的教学设计为例说明教学设计的各个环节与主要内容。

案例①

> **课型、课题**:社会适应课,课题为《可爱的面团》。
> **学生的已有水平**:本班级有 7 名特殊儿童,其中有 2 名孤独症儿童,有语言且生活能自理,孤独症 CARS 量表②评分为 38 和 40 分;有 4 名智力障碍,两男两女,智商范围在 38-50 之间;另有 1 名轻度脑瘫,右侧不利但能生活自理,注意力严重不集中。7 名学生都有简单口语交流能力,情绪比较稳定,有 3 名学生伴有触觉敏感。
> 通过课程本位评量,除 1 名孤独症学生因触觉敏感不愿意碰触面团外,其他学生都能按揉面团至球状,且喜欢参与该活动。7 名学生都有一定的动作、语言关注能力,基本能听懂教师的简单指令,5 名学生能跟随教师指令作相应的动作。
> **设计意图**:在学习按揉、捏压面团的动作过程中进行自然触觉脱敏,发展动作参照和手眼协调能力,增加同学间的互动。
> **教学目标**:学会一起按揉、捏压面团成型,与同学合作进行简单塑型并正确说出馒头、包子、面条、大饼等面食名称。
> **教学材料**:用 2 斤以上面粉和好面团,有软有硬,软粘的适合触觉脱敏,硬的适合发展臂力、腕力和指力。
> **教学时数**:30 分钟一节课,共 4 节课。
> **教学重点**:不同学生教学重点不同,触觉敏感的孤独症学生以触觉脱敏和有序动作模仿为重点,另 5 名学生以动作参照和形状命名为重点,脑瘫儿童以手眼协调动作为重点。

---

① 量表总分小于 30 分为非孤独症,30~36 分为轻至中度孤独症,大于 36 分为重度孤独症。
② 量表总分小于 30 分为非孤独症,30~36 分为轻至中度孤独症,大于 36 分为重度孤独症。

> **教学过程：**
> 第一课时：
> 说一说爱吃什么食物？哪些是用面制作的？（同时出示面食照片），5分钟→认识面粉和水，看老师和个别同学和面，10分钟→自己随意按揉、抻拉面团至不同形状，10分钟→相互观赏并清理干净手和桌面等，5分钟。
> 第二课时：
> 分发软硬不同的面团，自己按喜好塑形，10分钟→按要求变化塑形（重点发展动作参照），15分钟→说一说塑形时的各种动作名称（按揉、抻拉、捏挤），5分钟。
> 第三课时：
> 独立做至少两个不同的简单塑形，10分钟→与同学的塑形结合，创造新的塑形，10分钟→边说边做，每一步作品都摆在桌面上，根据提示说出新塑形的制作过程，10分钟。
> 第四课时：
> 用不同动作持续塑形面团，连续完成3个，10分钟→说出喜欢吃的面食并制作出不同的面食2~3个，10分钟→说一说自己的面食是怎么制作的（动作名称），10分钟。
> **教学评价：** 全部课程结束后能达到跟随参与20分钟，掌握抻、揉、按等基本动作，能完成简单形状（如大饼、面条）塑型。
> 需要说明的问题：
> 按照建构主义的理论，从学生已有经验出发，在关注的基础上发展动作参照。

三、教学设计的评价

教学设计评价有对教学设计方案的诊断性评价（预评价）、对教学过程的形成性评价及对教学效果的总结性评价，[1]通过评价检验修正设计方案并使之不断完善。教学设计评价与一般教学评价不同是它多了一个预评价。

（一）设计方案的预评价

评价最重要的是收集和分析资料，预评价的目的是修改设计以取得更好的效果，课后评价的目的是了解目标达到与否，并为后续教学提供依据。在上例《可爱的面团》预评价时，要先选定试用对象，这个设计的班级中，触觉非常敏感的孤独症儿童因能力最低，不易被选用，脑瘫学生因动作问题多，也不易被选用，可考虑至少在两名孤独症学生中选取一名。选取后即实施教学片断，观察和测试学生的反应。如让该生进行面团塑形、变形，以判断原设计的难易程度。观察记录其

---

[1] 黄梅.教学设计的评价范畴及其有效性探析[J].教育探索,2008(7):54.

在个别教学中的表现、各个阶段所需时间,该生对动作词语的理解程度,是否有行为问题。从收集的各种数据和行为表现中推测集体教学情境中目标完成程度、时间分配是否合理、可能出现的问题、弹性教学设计的内容和时间等。

(二) 课后评价

课后评价主要通过收集各种数据并分析这些数据而完成。

通过测试、观察和调查,可得到一系列数据,为便于分析,一般应将各种数据制成图表,如表 5-3。

表 5-3 《可爱的面团》课后数据性评价表[①]

学习成绩信息	教学内容:可爱的面团(第四课时)						
	测验数据	分数等级	0-2	3	4	5	
		或百分比	90%	70%	50%	30%	30%以下
		动词名称		√			
		面食名称		√			
教学过程信息	调查	调查题目	无				
		结果数据统计					
		评论					
	观察	观察项目	频数	观察者的意见			
		触觉脱敏	6	好转,可按揉软面团			
		动作参照	4	5名学生动作参照能力基本形成			
结论	总体评价	原设计目标完成					
	问题及建议	从第四课时看,三步以上的动作参照意识有待加强,孤独症触觉脱敏和个训仍需继续进行					

教学设计课后评价基本包括以下主要工作内容:在明确评价目标基础上确定收集资料的内容和来源,数据信息来源于测查和作业,教学过程参与信息来源于现场观察。选择评价工具或自编评价表,制定评价标准,可使用百分比、等级制等。如通过录像分析,第三者观察记录,制定60%的学生能说出三个动词或独立按揉出大饼、抻拉出面条记 3 分等评价标准。撰写评价报告。完整的评价报告应包括:教学设计方案的名称、评价时间、评价人信息、使用评价工具、评价项目、评价意见、改进建议等。此外,在后面附上评价数据概述表、观察记录、

---

① 徐英俊.教学设计[M].北京:教育科学出版社,2001:192.

分析说明等其他书面材料。[①]

若班级中安置的学生都有两种以上严重残疾,通常以孤独症且伴有智力障碍、脑瘫且伴有智力障碍的学生为主要教学对象,其班级被认为是多重障碍班。其教学设计也会发生一些变化。教学目标主要是发展实用的、适合其年龄特点的技能,尽可能遵守重要社会规则,参与社会生活。这类班的能力评量可采用生态评量。生态评量(ecological inventory)是通过观察评量学生在家庭、学校和社区环境中的表现来分析其能力发展现状,并将此结果应用于教学活动设计。其与发展评量的不同在于观测点包括了周围的生态环境,目的是如何发掘环境因素来使学生表现出更积极、主动的参与行为;选择的生态地点主要是其现在和将来经常使用的,大致分为家庭、学校、社区三部分。

生态环境模式的教学设计思路是先分析环境,再分析在该环境中应可以完成的活动,最后设计完成该活动的技能和训练方法。环境领域通常包括家庭、学校、本社区。主要环境有个人家庭生活环境、集体家庭生活环境(寄宿制大家庭)、日间学校、全日制养护学校、社区公共场所、主要的周边活动场所等。次要环境:如家庭中的客厅、厨房、卫生间;学校中的教室、图书室、操场;社区中的医院、活动站、公园等。下面以六年级多重障碍班社会适应课为例说明教学设计的内容和步骤。

案例

> **课型、课题**:社会适应课,课题为《拌土豆沙拉》。
>
> **学生的已有水平**:本班级有5名特殊儿童,其中有2名孤独症儿童,生活能基本自理,但几乎没有口语,孤独症CARS量表评量为重度,且1名学生情绪不稳定,有打头、咬手行为;有3名脑瘫伴智力障碍,2男1女,智商范围在40以下。
>
> 通过课程本位评量,学生爱吃甜软的土豆沙拉,5名学生上肢活动能力尚可,能独立用勺吃饭,基本都会使用剪刀剪纸,4名学生都喜欢画画,2名孤独症学生手部动作多。已有2名学生会使用微波炉热食物。
>
> **设计意图**:通过合作制作喜欢吃的土豆沙拉发展手眼协调能力,能听指令按顺序完成,学会一种简单菜的制作。
>
> **教学目标**:学会合作制作土豆沙拉。
>
> **教学材料**:蒸好的土豆、切好的洋葱若干,沙拉酱等相应材料。

---

① 徐英俊.教学设计[M].北京:教育科学出版社,2001:192.

> **教学时数**：30分钟一节课，共2节课。
> **教学重点**：不同学生教学重点不同，孤独症学生以按顺序做动作为重点，脑瘫学生以手眼协调动作为重点。
> **教学过程**：
> 第一课时：
> 品尝拌好的土豆沙拉，分辨出其组成，总结出菜单内容，15分钟→确定所需食材数量，分组尝试用现成材料合作拌制，15分钟。
> 第二课时：
> 跟老师一起阅读食谱，5分钟→准备食材：碾碎蒸熟的土豆、按要求选取适量的洋葱和香肠丁，15分钟→量出沙拉酱并合作拌制、品尝，10分钟。
> 需要说明的问题：本设计采用生态环境设计模式，即所学能力与学生现实生活紧密相关，学用结合。

第五节 随班就读教学设计的案例与分析

1994年联合国教科文组织通过了《萨拉曼卡宣言》，其明确了对残疾儿童进行全纳教育，即所有残疾儿童有权进入普通学校学习，包括物理全纳、社会性全纳、课程全纳三个不同的全纳水平，其中最重要也是最困难的是课程全纳。物理全纳指特殊儿童能进入普通学校环境学习，学校这个环境接纳他待在学校，这是全纳的最基础层次。社会性全纳是指学生能参与学校的一些活动，可以和普通学生有互动，建立良好人际关系，有影响别人和被别人影响的机会，这是全纳的第二个层次。而课程全纳是指特殊儿童与正常儿童在同一教室使用同样的（并不排除必要的调整）课程，并取得学业上的成功。课程全纳成为全纳教育最高也是最难的目标。[①]随班就读、融合教育与全纳教育提法不同，但价值观念与实施模式上基本相同。[②]

我国国务院办公厅转发了教育部等部门的"特殊教育提升计划（2014—2016年）"，该计划明确提出要大力发展融合教育，此前上海于2010年发布的《上海市中长期教育改革和发展规划纲要》、北京于2013年颁布的《北京市中小

---

① 赵婕. 小学初段随班就读学生语数课程调整[D]. 重庆师范大学硕士学位论文, 2011.
② 李拉. 当前随班就读研究需要澄清的几个问题[J]. 中国特殊教育, 2009(11):5.

学融合教育行动计划》中都明确要大力发展残疾儿童融合教育("随班就读"的官方提法的变称)。但此前随班就读的质量在有些学校很难保证,随班混读大量存在。① 而要保证随班就读质量,就需要进行课程、教材、教法等多方面的配套改革,如对教材进行简化、分解、替代、补充等。② 与之对应的教学设计也必须进行调整。与第四章随班就读学生课程调整一样,需在一个明确的、正确的指导思想的引领下,在对学生进行全方位评估和重点学科评估的基础上,对教学目标、内容和手段进行调整。

一、随班就读学生的教学目标调整

设计伊始应明确的问题是随班就读学生的教学目标调整的依据。涉及的价值观问题是为什么要实行随班就读的安置。从国家角度看,要落实《中华人民共和国义务教育法》的要求,就要保障残疾儿童的入学权利,随班就读无疑是一种主要形式,也符合一些残疾儿童家长及其本人的需求。从社会发展角度看,残疾人是客观存在的,社会化即成为心智逐渐成熟的社会人是必经之路,③如果早期教育安置是隔离的,长大成人后的社会化进程势必会受到影响,他们社会化发展不好会直接影响他的家人和社区里的周边邻里,甚至对社会造成危害。从个体角度看,一些残疾儿童喜欢融合的环境,而一些普通儿童也能从这种安置形式中受益,他们的同理心、同伴交往能力、积极的自我概念都得到发展。④ 价值观明确了,从思想上真正接纳残疾儿童是做好所有教学设计的基础。在接纳和明确以促进社会化为总培养目标的基础上再确立教学目标调整的理论依据。行为主义、认知学派、人本学派哪个更有助于社会化的培养目标的实现?适不适合所有班级中的学生?兼备认知学派和人本学派意识的建构主义学派的理论基础和学习观符合全体学生的学习需求,但可以促进社会化发展吗?随班就读教学设计应率先解决理论依据问题,在此引导下进行教学目标调整才会有的放矢。

比较而言,第二章第二节曾论述的建构主义理论能较好地解决理论依据问

---

① 钱丽霞,江小英.对我国随班就读发展现状评价的问卷调查报告[J].中国特殊教育,2004(5):1.
② 徐素琼,谭雪莲,向有余.浅析随班就读中课程与教学的调整[J].南京特教学院学报,2008(2):29.
③ 许邦兴,丁茂华."成人"抑或"成才"——基础教育培养目标的价值取向[J].西北师范大学学报:社会科学版,2000:108-109.
④ 纽文英.拥抱个别差异的新典范——融合教育[M].台北:台湾心理出版社股份有限公司,2008:69.

题。建构主义主张学生要主动学习,要在已有经验基础上学习新经验,在社会交互中学习,这些观点不仅适合全体学生,也十分注重知识与社会化的关系。以此理论指导的教学目标调整要充分分析学习相关内容上的已有经验,重视社会化目标的设计。

遵循建构主义理论指导,以人教版小学语文第三册《浅水洼里的小鱼》(见附录2)为例。

人教版第三册《浅水洼里的小鱼》课文原文如下:

清晨,我来到海边散步。走着走着,我发现在沙滩上的浅水洼里,有许多小鱼。它们被困在水洼里,回不了大海了。被困的小鱼,也许有几百条,甚至有几千条。用不了多久,浅水洼里的水就会被沙粒吸干,被太阳蒸干。这些小鱼都会干死。

我继续朝前走着,忽然看见前面有一个小男孩。他走得很慢,不停地在每个水洼前弯下腰去,捡起里面的小鱼,用力地把它们扔回大海。

看了一会儿,我忍不住走过去对小男孩说:"水洼里有成百上千条小鱼,你是捡不完的。"

"我知道。"小男孩头也不抬地回答。

"那你为什么还在捡?谁在乎呢?"

"这条小鱼在乎!"男孩一边回答,一边捡起一条鱼扔进大海。他不停地捡鱼扔鱼,不停地叨念着:"这条在乎,这条也在乎!还有这一条、这一条、这一条……"

呈现教师设计的学生自学现状测试题、学生自学课文完成情况统计表、与课文相关的生活经验调查表、课堂学习目标调整表四个部分(详见表5-4、表5-5、表5-6和表5-7)。其中表5-4是为了初步了解学生的学习基础,表5-5是对学生可能掌握目标程度的分析,表5-6是了解已有生活经验。

表5-4 《浅水洼里的小鱼》教师设计的学生自学现状测试题

一、联系课文内容理解下列词语的意思,在相关选项的字母下面画"√"。
1. 甚至:a. 超过,过分　　　　b. 至于　　　　　　c. 差不多达到
2. 继续:a. 连续,接着　　　　b. 继承　　　　　　c. 添加
3. 在乎:a. 在吗　　　　　　　b. 在意,重视　　　　c. 在于

4. 被困：a. 鱼在水洼里困了　　　b. 鱼在水洼里出不来
　　　c. 鱼被人围在水洼里
5. 蒸干：a. 太阳一晒,水被蒸发没了　　b. 鱼被蒸干了
　　　c. 水把鱼煮熟了
6. 忽然：a. 忽视,不在意　　b. 突然地　　　c. 然后
7. 叨念：a. 没完没了地说　　b. 想,想念　　c. 念书
8. 成百上千：a. 够一百一千那么多　b. 一百多　　c. 一千多

二、根据课文的意思选择正确答案,在相关选择的字母下面画"√"。
1. 有许多小鱼被困在浅水洼里的原因：
　　a. 有人放在水洼里的　　b. 潮退时被留在水洼里　　c. 自己游来的
2. "我知道。"小男孩头也不抬地回答。他知道什么：
　　a. 鱼多　　　　　b. 捡不完　　　　　c. 鱼多,捡不完
3. 我为什么忍不住对小男孩说小鱼是捡不完的：
　　a. 小鱼那么多,你帮不了那么多鱼,那么多鱼你捡不完
　　b. 小鱼太多了,你太累了,你不用捡它
　　c. 小男孩傻,不知道那么多鱼捡不完
4. "那你为什么还在捡？谁在乎呢?"小男孩认为谁在乎：
　　a. 这条鱼　　　b. 所有小鱼　　c. 小男孩和小鱼
5. 小鱼在乎的是什么？
　　a. 我能回大海去　b. 有人送我回大海我还能活着　c. 小鱼还能活着

三、按你对课文的理解,把下面的话补充完整：
1. 被困在浅水洼里的小鱼在不是人为的情况下为什么会死_____
2. 小男孩说小鱼在乎,你要是小鱼你会怎么想_____
3. 你要是那个小男孩你想怎么办_____

四、学习《浅水洼里的小鱼》这篇课文,你明白了什么？
_____

教师完成表5-4的编写后,给学生预留出阅读和感悟课文的时间,然后回答测试问题。测试后把学生完成情况进行归纳和数据统计,随班就读学生的学习情况要单独统计即可,详见表5-5。

表 5-5　学生自学课文后完成"表 5-4"测试题的统计与分析表

		人教版教材二年级上册《浅水洼里的小鱼》			
测试时间		2010 年 12 月			
测试人数		32 人			
测试情况统计	题号	错误人数	错误率	所属内容	难度定位
	一 1	28	87.5%	生字词	重点学习
	一 2	4	12.5%	生字词	一带而过
	一 3	14	43.8%	生字词	讨论交流和订正
	一 4	10	31.3%	生字词	讨论交流和订正
	一 5	10	31.3%	生字词	讨论交流和订正
	一 6	14	43.8%	生字词	讨论交流和订正
	一 7	4	12.5%	生字词	一带而过
	一 8	4	12.5%	生字词	一带而过
	二 1	2	6.3%	课文理解	一带而过
	二 2	12	37.5%	课文理解	讨论交流和订正
	二 3	6	18.8%	课文理解	一带而过
	二 4	8	25.0%	课文理解	讨论交流和订正
	二 5	16	50.0%	课文理解	重点学习
	三 1	12	37.5%	课文理解	讨论交流和订正
	三 2	12	50.0%	课文理解	重点学习
	三 3	0	0	课文理解	一带而过
	四	0	0	课文理解	归纳总结提炼拓展
总计			29.4%		
难度统计		重点学习	讨论交流和订正	一带而过	归纳总结提炼拓展
	生字词	1	4	3	0
	理解	2	4	3	1
随读生		李某,轻度孤独症,生字词错误严重,不理解"在乎""被困"等重点词语,不理解小男孩的行为原因,不能流畅地朗读课文			

学生通过 20 分钟的预习平均掌握了自学测试题中 70%左右的内容,表 5-5

中呈现了各部分的错误率,这有助于教师梳理重点并划分等级,使课堂教学目标更加清晰。根据建构主义理论要求,还应测试与课程有关的生活经验。(参表5-6中的一、二。)

表5-6 《浅水洼里的小鱼》有关的学生相关生活经验调查表

课文	人教版教材二年级上册《浅水洼里的小鱼》				
时间	2010年12月				
人数	32人				
	一、你能写出下面的词语吗,请你试一试。 duō jiǔ zài hu sǐ le wān yāo shā lì jiǎn qǐ bèi zi ( ) ( ) ( ) ( ) ( ) ( ) ( ) 二、根据自己的实际情况填写,在括号里填上"是"或者"否"。 1. 你喜欢小动物吗?( ) 2. 你家里养过小动物吗?( ) 3. 你看到过小动物受伤吗?( ) 三、说说自己的想法: 1. 你喜欢小动物的什么?_____ 2. 通过电视或生活中你看到过小动物受伤,你当时心里什么感受?_____ _____					
测试分析	项目	错误人数	错误率	内容分类	难度定位
	多(久)	4	12.5%	生字词 拼读 书写	一带而过
	在(乎)	10	31.3%	生字词 拼读 书写	自学订正
	(死)了	8	25.0%	生字词 拼读 书写	自学订正
	弯(腰)	4	12.5%	生字词 拼读 书写	一带而过
	沙(粒)	4	12.5%	生字词 拼读 书写	一带而过
	(捡)起	8	25.0%	生字词 拼读 书写	自学订正
	(被)子	26	81.3%	生字词 拼读 书写	重点讲解
	项目	错误人数	比例	内容分类	难度定位
	二 1	0	0%	理解课文的情感基础	已有基础
	二 2	8	25.0%	理解课文的情感基础	经验分享
	二 3	24	75.0%	理解课文所需的相同经验	创设情境

续表

项目	回答类型	所占比例	内容分类	难度定位
三 1	外形	44.4%	情感基础 对小动物喜爱的出发点	创设情境
	与人互动	55.6%		
三 2	伤心难过	62.5%	情感基础 与小动物的共情和帮助小动物的动机	创设情境
	帮助	43.8%		
	对方疼痛	6.3%		

从表 5-6 中可以看到,生字部分的指向更加明确,理解课文的情感基础以及相同经历的欠缺与自学测试的课文理解部分出现的困难存在一定联系。换言之,情感基础和相同经验的分享和补充为学生理解课文奠定了基础,在讲读课文前应先做好铺垫。如准备有关动物受伤、救助动物的故事或者影视资料等。在以上工作基础上,设计为每个学生解决问题的课堂教学目标(详见表 5-7)。

表 5-7 二年级语文教师在测试和调查前后制定的教学目标

前测前制定的学习目标	前测后制定的学习目标
1. 认识 7 个生字。会写 8 个字。	1. 通过自学掌握 3 个字,通过讨论和小组交流掌握 4 个字,详细讲解 1 个字(被)。
2. 正确、流利、有感情地朗读课文,表达出对小鱼的怜惜和对小男孩的敬佩之情。	2. 通过分享养育小动物、救助小动物的经验和相关事件,在朗读课文后,描述小男孩和小鱼的感受和心情。
3. 进一步树立保护小动物、珍惜生命的意识。	3. 在朗读练习中找到能表达自己的语气、语速、停顿等方式。
	4. 随读孤独症学生的个别化目标: 认识"在乎、捡起、被子"三个词语,能与小组同学分享自己与动物的故事(叙述故事基本连贯,句长达 5 句以上,并有一次语气变化) 具体教学设计见附录 2。

表 5-7 显示了自学测试和相关经验调查前后教师对学习目标把握和挖掘的不同之处,后者不仅仅是目标,还涉及实现目标的方式和方法。从整个目标设计案例中不难看出,目标设计和调整要有理论基础,要先立足于全体学生(包括随班就读学生)而设计适合的目标,再考虑如何调整随班就读学生的目标,这

个程序十分重要。

此外,一个良好的目标设计过程从学习内容的数量、完成的质量和学生需求三个维度增进课堂教学活动的有效性。要充分考虑学生的已有经验差异,对学习基础好和差的学生都要顾及,避免"齐步步"式的教学。

以上表格的设计与完成可能会使教师感觉烦琐或困难,而实践证明只是习惯问题,上课前费些时间,但上课和课后省时间。

二、随班就读学生教学内容、手段的设计

随班就读学生教学内容和手段设计的主要依据是教学目标,调整前应对随班就读学生的知识技能进行比较系统的评量,因随读的一年级为起始年级,十分重要,因此现以一年级语文课为例进行评量表的设计与分析,其中评量项目设计主要来自于本学期的课程目标及其对目标的进一步分解(详见表5-8)。

其他课程的评量与语文课程评量思路一样,根据评量结论和本年级课程目标、本单元教学目标设计内容,调整教学手段、教学策略和评价方式。教学内容、手段的调整都要因人而异。如有些学生口语表达尚可,但书写困难,就需要进行粗大运动和手眼协调、动作控制等方面的训练,训练要采取循序渐进、及时反馈、变化方式等策略;有些学生口语表达困难、存在一定的构音障碍,就需要进行口语交流方面的训练,采用同伴示范、教师鼓励、创设表达机会和提升兴趣等策略。

提升学习能力的训练和教学策略的调整,与家长和其他任课教师的有效沟通都十分必要。一般学习能力有观察力、记忆力、想象力、分析能力、综合概括、比较能力、变化、规划能力等,需要教师围绕这些能力认真搜集有关资料,合理安排训练。若这些能力不强,那么学习效果很难保证。教学既要用到这些能力,又可以发展这些能力。如从数学学科看,计算又快又好需要注意力、记忆力好,掌握集合思想需要综合能力做基础,数形转换需要想象力做基础,方程思想暗含着各种关系的联结。

表 5-8 小学语文一年级语文课程目标评估表

学生基本情况	学生姓名：　　　　出生年月： 性别：　　　　　　所在班级：
评量时间、人员	第一次评量时间：　　　　　评量人： 第二次评量时间：　　　　　评量人：
评量内容（举例）	序号 课程目标　　　　　评价分数　　备注 1 汉语拼音（略） 2 识字与写字（略） 3 阅读（略） 4 口语交际 4.1 能注意倾听别人讲话 　（1）能在别人讲话时保持安静 　（2）能在提示下倾听别人讲话 　（3）能倾听别人讲话 　（4）能注意倾听别人讲话 4.2 了解别人讲话的主要内容 　（1）能在别人讲话时保持安静 　（2）能倾听别人讲话 　（3）能了解别人讲话的少部分内容 　（4）能了解别人讲话的主要内容 4.3 能积极大方与人交流 　（1）能倾听别人讲话 　（2）能回答别人的问题 　（3）能与人简单对话 　（4）能积极大方与人交流 4.4 能有表达的自信心 　（1）能在协助下表达自己的基本需求 　（2）能表达自己的基本需求 　（3）能表达自己的基本想法 　（4）积极表达自己的想法或意见 5 综合性学习（略）
评量结果	略　　　　　　　　　　　（注：用"√"表示能够达成的目标等级）
资料来源	赵婕："小学初段随班就读学生语数课程调整"，有删改

通常随读生在一般学习能力方面都有特殊问题,需要教师一一帮助解决。如第四章第二节提出的PASS模型中的计划性、同时和继时加工就是学习的基本能力之一,可利用PREP方案作为发展这些相关能力的教学内容设计。在PREP训练中,选择、检查、监控和预测都是计划的组成成分,四个计划成分中预测的作用最为突出,它在不同年级、不同类型的数学问题解决中表现出了较为稳定的显著作用。"选择"也在中、低年级的数学问题解决中都表现出一定的显著作用,而"检查"主要对中、高年级的计算和应用题解决具有一定的显著作用。执行每一个PREP任务也就涉及计划过程。研究表明,有阅读困难问题的儿童只要他有很好的动机、家庭支持、情绪健康,绝大多数都会受益于PREP。① 训练还能解决再现图形错误、左右颠倒、难以概括空间图形特征等问题,②可以帮助随班就读学生的数学学习。针对复杂应用题需要同时表征多个条件和问题,而随读孤独症学生往往出现困难的情况,也可以通过PREP中的相关训练来解决。但要注意,在形成表象与计划时,教师的指导性用语具有十分重要的作用。③ 例如,对于有的随读孤独症学生而言,如果老师放学时只提醒"明天别忘了带校服",他们往往还会忘记,如果教师说,回家后马上把校服放进书包或挂在门上,他们可能就不会忘记。教师指导用语要有助于学生发展相应的计划策略。

三、随班就读教学设计中应注意的问题

随班就读教学设计首先要有明确的理论依据,在理论指导下正确解读课程目标,在正确引领下进行有针对性的教学设计。目标的正确设计远远重于教学策略的使用。

1. 事先了解学生现状与学习目标的差异

了解学生现状与学习目标之间的差异,是教师制定完学习目标后,准备教授这些内容之前关键的一步。教师为学生制定的学习目标来自于课程设计的本意,或者说是课程设计者根据儿童普遍发展规律和社会需要的人才培养目标而来,这与每位教师所面对的学生实际并不是完全契合的。这里学生现状是指

---

① 徐建平. 基于认知加工的阅读增强方案:PREP评述[J]. 中国特殊教育,2006(1):86.
② 李清. 基于PASS理论的小学数学学习困难儿童应用题问题表征研究[D]. 上海:华东师范大学,2009.
③ 左志宏,席居哲. PASS理论在数学学习困难研究领域中的应用[J]. 中国特殊教育,2006(3):74.

学生通过自己的学习所达成的学习目标,即学生通过自学完成的学习目标。

如果用公式表示,学习目标—学生自学实现的学习目标=需要教师指导完成的目标。了解学生现状与学习目标差异是为了进一步确定学生学习的重难点。

2. 重视学生相关经验的作用

相关经验是指学生具备哪些与将要进行的学习活动的相关生活经验,与学习活动直接或者间接相关,这些经验也许使学习活动变得顺利或者带来困难。比如人教版小学语文三年级下册第11课《画杨桃》一课,对于没有见过杨桃的学生来说,"把杨桃画成五角星"就不太好理解了,对杨桃比较熟悉的学生则比较容易理解。

对学生相关经验的了解,可以帮助教师预测学生可能遇到的问题,并判断如何解决这些问题,以及有哪些经验可以加以利用。

3. 调动和保护学生的学习积极性,发展社会性

教学设计的初衷之一就是要调动全体学生的学习积极性,发展他们良好的社会性。教学目标、手段设计中要突出小组交流、同伴交流、共同成长。要认识"教师是学生的学伴"的真正用意。

4. 与普通学生、特殊学生的家长们密切合作

随班就读学生的教育涉及社会各个方面,其成长离不开家校的良好合作。教学设计不是班主任教师一个人的任务,也不是几个主要任课教师的任务,家长的合作与参与、学校各科教师的帮助起到了很大的作用。要充分开发这些"隐性课程",共同出色地完成随班就读学生的教学任务。

本章思考题

1. 建构主义学习观的主要思想有哪些?
2. 比较支架式教学和抛锚式教学的异同。
3. 结合本章第二节《要下雨了》的课文和第2课时的教学目标,按照抛锚式教学的思想进行一课时的教学设计。
4. 以培智学校中重度班(8名学生,其中孤独症4人)为教学对象,在"安全和自我保护"教学单元主题下,以理解"安全用火"的方式方法为目标,用抛锚式教学进行两课时的教学设计。
5. 结合实例说明教学设计方案与教案编写上的不同有哪些。

6. 举例说明抛锚式教学设计和传统四阶段式教学设计的不同。

7. 孤独症随班就读教学设计中如何使个别教学目标与集体教学目标有机融合?

8. 试论特殊教育教学设计中的个别化趋势及可能出现的利弊。

第六章 自主交往训练法及其课程设计

本章主要内容
理解自主交往训练法的理论与现实依据。
理解并掌握自主交往训练法的课程设计。
了解自主交往训练法各阶段的教学设计案例。

我们期望教给学生不会的、有用的知识,希望他们能运用所学解决实际问题,但事与愿违,他们根本不听,一会儿下座位、一会儿晃手吃手,不愿回答问题……其实不是他们不学,而是学不了,他们因核心稳定不好、本体感缺乏而坐不住、心神不宁,手脚木得没有知觉,总希望帮捏捏或自己蹦蹦,学生在这种状态下不适合坐在椅子上靠听学习,而是要转变学的方式,经过感知运动、关注参照等基本心理能力学习,基于想象和概括的概念学习才得以开展,学以致用才可能实现。

针对孤独症儿童的学习特征、核心缺陷,依据人本主义心理学和建构主义学习理论,笔者提出了自主交往训练法。笔者经过8年的实践发现它对于培养学生社会交往能力有重要意义。先调整孤独症儿童的情绪,再利用调整情绪后孤独症儿童主动关注增多的特点顺其自然培养共同关注力,关注力提升后再提升多种参照能力、意图理解能力,使孤独症儿童能理解交流对象的内在想法,发展孤独症儿童联系情境理解和解决问题的能力,其后发展他们脱离现实情境而凭借表象、想象理解和解决问题的能力,增加多向交流和合作分享。这是自主交往一直贯彻的、可行的技术路线。有理论支持,有相应的方法体系(目标、策略)和实际技术路线,有具体的实施方法,才能真正对孤独症儿童的学习有帮助。

第一节 自主交往训练法

第三章论述了孤独症儿童的学习特点,情绪不稳定,共同注意力缺失,感知运动障碍和思维计划性、变通性缺乏等一系列问题需要我们面对,而已有训练方法不能帮我们解决这些问题,于是从 2005 年开始我们进行了本土化的孤独症康复训练方法体系及课程研究。2007 年发表的相关论文明确提出了"自主交往训练法"。2009 年出版了《孤独症儿童情绪调整与人际交往训练指南》一书,详细论述了自主交往训练法的操作。本章重点突出明确相关课程的理论依据,呈现清晰的目标体系和可操作、可衡量的方法、教学设计案例等。

一、自主交往训练法的由来

自 20 世纪 90 年代以来,孤独症康复没有目标指向和课程体系研究,但从国外输入了很多方法及理论,如行为主义理论指导下的应用行为分析法(Applied Behavior Analysis,简称 ABA)和结构化教学,它们都强调"刺激和反应"的联结,在 ABA 中刺激是各种指令集合,在结构化教学中,刺激是个人任务单上的任务,此类方法有助于实现比较短近的目标,一组目标实现后再换一组。近年来还传入了自然环境教学法、关键反应技术等,方法手段有创新但实质没有改变。我们在 1993 年到 2001 年也主要使用这类方法,特别是当时还进行了目标导向的结构化教学实验,取得了短期的良好效果。[①] 但实践中发现,这类方法以教为主,追求短期目标,评量后找班级共同点困难,在高控制情境下发展儿童的积极自我意识困难,不利于取得长期的集体教学效果、发展主动交往行为。在集体教学的大背景下必须探索新的更有效的方法。

在我们探索和改变的同时,人际关系发展技术(Relationship Development Intervention,简称 RDI)和基于发展、个别差异和人际关系的技术(Developmental, Individualdifferences, Relationship basedmodel,简称 DIR,因包括地板时光故民间也称地板时光疗法)传入中国,提供了宝贵的、值得借鉴的一些思想。这些思想主要包括人际关系发展技术的动态交往技能和静态交往技能不能等同、要发展动态交往技能的思想,儿童交往阶段发展理论等,DIR 中的地板时光技术中优先建立交往关系、重视运动游戏和运动康复等思想,但两者均不适合照搬进孤独症教学班。

有孤独症儿童的混合式特教班,学生个体间和个体内差异大,情绪问题和

---

① 王梅.深化培智学校教学改革、实施目标导向的结构化教学[J].中国特殊教育,2002(3).

情绪调节问题长期存在,感知运动障碍、注意缺陷、三大神经心理特点[①]导致他们不能"一步一个脚印"地发展,不是靠习得某种交往技能和采用互动游戏能解决的问题。如果身体难受的感觉长期得不到改善,情绪长期不稳,学习的知识长期得不到整理,新旧经验长期脱节,死记硬背习得的知识会学点忘点,班级整体发展、个体不断进步都是空谈。要通过运动、游戏、交往、营养干预等手段使学生们的神经系统功能改善,成为情绪稳定、有一定关注能力、感知动作反应基本正常的能从事较长时间知识学习的群体。当这些儿童有了学习和发展交往能力的生理、心理基础后再通过意图理解、概念形成、拓展想象、新旧知识整合、合作交往等教学一步步向前发展。采用什么样的方法才能发展他们的交往能力,"做到情绪稳定、部分自我接纳并愿意且能够与某些人交往"成为我们2001年以后的集体教学课程研究重点。

在重视人际交往的核心缺陷的大背景下和地板时光、人际交往发展阶段等思想的启发下,结合我们多年的自身实践,在2006年提出了自主交往训练法并使之不断完善。

二、自主交往训练法的依据

关于孤独症身心特点的论述指出了自主交往训练法的现实依据——孤独症儿童的需要,理论依据与现实依据基本统一,理论依据是人本主义心理学中的需要层次论和建构主义学习理论。这两个理论角度不同、互补而没有冲突之处。而行为主义理论和传统认知学派理论不能满足"促进学生主动学或做"这一基本点。现实教学中,孤独症学生会穿衣而自己就不动手做、会说话就不开口的情况比比皆是,即不懂行为规范可以教,懂而不遵守就不是"教"能解决的。

人本主义心理学的基本观点是尊重人的发展需求。按照人本主义心理学家马斯洛提出的需要层次理论,人的发展动力是需要的自我满足。从低到高依次是生理需要、安全需要、爱与归属的需要、尊重需要和自我实现的需要,后来又有所扩充,增加了认知需要和美的需要。[②] 生理需要主要包括人对食物、水、性和休息等的需要,吃喝拉撒睡玩的需要都很满足了,孩子就会产生愉快的情绪,产生对外界的主动关注和注意。在生理需要满足的基础上产生对生命、财

[①] 三大神经心理特点指心理理论或心理推理能力缺乏、中枢性统合不足、执行功能弱。参见:王梅,张俊芝.孤独症儿童教育与康复训练:26-29.

[②] 张世富.人本主义心理学与马斯洛的需要层次论[J].学术探索,2003(9):66.

产安全、秩序和稳定、免除恐惧和焦虑的安全需要,安全感满足的儿童自我发展的需要得到提升,3岁以后就有了明显的亲近行为,希望被他人关爱、认同,与他人产生友情(实现归属与爱的需要)。进而在社会交往中希望得到尊重和公正的认可,希望别人积极评价自己的才能与劳动成果,希望在社会团体中确立自己的位置,自信心逐渐增强。一层层满足需要可以更好地发展学生的交往能力。

选此为理论依据是因其基本主张与我们的价值观和培养目标相符,而且第三层"爱与归属的需要"也被人称为交往需要,要发展孤独症人士的交往能力,就需要满足或激发交往需求。

建构主义学习观的基本要求是在学习的最近发展区中促使学生主动建构经验,为此要积极创设条件:实现新旧经验的整合,创设合作学习情境等。建构主义倡导者认为学生走进教室时已有一定的知识储备,学生以他能接受的方式汲取知识、形成整体认知,学习要与儿童的真实经验结合。主动地学、在学的过程中旧经验与新经验的整合,教师引导要符合学生兴趣,这些都十分符合孤独症人士的发展目标。在孤独症教学过程中应先解决想不想、愿不愿学的问题,而不是先解决学会学不会的问题。不想学就很难真正学会,想学并具备了学习基本能力后学得就快了,有些学生在情绪稳定后在很短的时间内就能学会以前反复教的知识。

三、自主交往训练法的基本内容

在尊重儿童的基础上情绪调整是首要目标,在情绪调整之后,儿童会主动出现"关注外界"的行为,借助这个契机,顺水推舟地培养他们的参照能力[①],别人怎么做我就怎么做。之后要让儿童知道别人为什么这么做,这就是"意图理解[②]训练"。在理解当前意图的基础上,通过拓展想象力的训练培养儿童对今后事情的预知力、对以前事情的联想力,这样孤独症的孩子就能理解我们,也愿意与我们合作分享了,最终促成孩子的自我接纳。这是自主交往训练的主要内容,也是连贯的阶段培养目标和总目标,各个阶段有机衔接。而一般的培养目标中,总目标和分目标缺少有机衔接的路径,往往有对不同认知能力的层层拆解,评量后留下许多可操作的小目标,而目标之间的关系、能力与目标的关系不

---

① 参照能力:在关注基础上依据交往对象的行为、语言或表情变化进行相应的持续变化的能力。关注概念参见第三章第二节。

② 意图理解:通过别人行为之前的尝试态度理解别人,也就是对于他人信念、意图的推测和理解。

清或并列，层次性和主干指向不明。如以运动课教学目标为例，某班评量后开始从爬行教起，包括腹爬、膝着地爬、四肢爬等，一项项通过后可以学什么？为什么教这些？它们与认知学习的关系是什么？这些问题教师往往不清楚，而是跟着评估结果做。

在自主交往课程设计中，爬行是为了总目标服务的，具体就是为了情绪调整。触觉敏感、本体感不足的儿童都需要通过爬行训练，爬行解决了这些问题后，学生情绪稳定，外关注增强，注意力和上肢肱二头肌、肱三头肌力量增强，加之后面训练"跪走"，核心稳定控制能力增强，学生能更好地"参照"学习。切忌不能为爬行而爬行、不能为评估分数提高而做。课程之间要连贯、指向明确。

自主交往课程包括六个密切相关、环环相扣的内容，各个内容的内涵和要达到的标准如下。

（一）情绪调整

情绪调整旨在通过身体运动、心理抚慰等手段使孤独症学生的不良情绪得到控制，使情绪体验能在生理活动（如呼吸、心跳等）、主观体验和表情变化等方面发生一定的积极改变。

本套课程把情绪调整作为独立内容是因为调整好情绪才能"开始教学"，实质上调整情绪需贯穿于整个干预过程，特别是自主意识增强后，有些想法不被允许，就还会产生情绪问题，在运动自控、意图理解、想象能力提高后，情绪调控又会有一定进步，此时在不愿意的情境中能有自控，情绪稳定的时间越来越长，情绪调整的能力增强后，孤独症学生的"神经调控"能力也相应增强。初始情绪调整是孤独症教学的关键一步。调整情绪可让孤独症儿童心情愉快了、身体舒服了，以前失去的触觉体验回来了……情绪调整的目的是让孤独症儿童觉得环境安全、有想跟人交往的欲望、共同关注时间逐渐延长。

情绪调整的方法主要有密集式感知运动训练、营养干预、需要的预先满足、旧概念的联合与拓展应用等。通过调整，使学生感到自己是被接纳的，自己也挺"能干"的，享受到"吃喝玩乐"，生理需要得到满足。对有些不喜欢吃喝的学生要注意满足方式的选取。满足需要后，学生自然对外界的呼应增多，共同关注力在情绪调整过程中自然出现。

是否需要情绪调整和什么状态就可以进行下一步教学都要在教学设计前进行测试，测试目的统一，但测试内容应根据学生而定，北京朝阳新源西里小学特教班所作的测试仅供参考（详见表 6-1、表 6-2、表 6-3 同为该校教师设计）。

表 6-1 情绪调整部分内容教学设计前测表

测试人		测试时间	
对象			
内容	方法	标准	说明
情绪意识稳定	1.将学生带入陌生教室内,告诉学生现在可以看喜欢的动画片,或吃2块喜欢的零食,出示手表,但是手表走到这里了(1分钟)就要停止,观察学生表现如何	A.微笑并看动画或吃东西:3分 B.用眼神或言语与教师分享:3分 C.玩玩具或看片同时无明显表情:2分 D.玩玩具或看片同时手舞足蹈、大笑不止:1分 E.不理睬教师,若有所思地站着,教师诱导下,跟随玩:1分 F.不理睬教师,呆呆地站着,诱导下仍然不理睬:1分 G.不理睬教师,在教室内随意走动:1分 H.表示不愿意,要求离开,劝阻后可以留下:1分 I.表示不愿意,要求离开,劝阻后哭闹离开:0分	A、B:情绪稳定,能意识到自己情绪 C:情绪稳定,但不能表达情绪 D:情绪不稳定,能有一定情绪表现 E:情绪比较稳定,不能表达情绪,也没有调节 F:情绪不稳定,不能表达情绪且不会调节 G:情绪不稳定,不能表达情绪,能部分调节 H:情绪不稳定,能部分表达自己情绪,能部分调节 I:情绪不稳定,能部分表达情绪,不能调节
	2.1分多钟后,告诉学生现在要去操场玩一会儿,观察学生表现如何	A.立即放下手中物品,跟随教师去操场:3分 B.与教师沟通想要留下玩,被拒后跟随教师:3分 C.不愿意离开,沟通被拒后站着不动:2分 D.不愿意离开,沟通被拒后坚持看动画或吃零食:2分 E.发泄不满:打别人、打自己、哭闹、喊叫等:0分 F.哭闹、打人且仍然大声要求想要的东西:0分	A:情绪比较稳定 B:情绪比较稳定,能意识到自己情绪可调节情绪 C、D:能意识到自己情绪,通过沟通调节情绪,情绪不稳定 E、F:情绪不稳定,能意识到自己情绪,不能调节情绪

续表

通过标准	两种标准都达到即可以进行下一阶段；一是学生个体自身比较、分值提高了50%以上；二是全班平均分基本达到2分水平
特别说明	测试材料可根据学生配合程度更换，类别基本一致；测试时至少三名教师共同参与，各自评分并进行一致性考察

（二）相互关注

学生身心舒服了或对环境熟悉没有紧张感以后就会对外界感兴趣，对自身的反应进行重新加工。如果此时依然感觉舒服，感到安全，会进一步产生亲近感，有了进一步互动的主张。但此阶段开始关注外界了，要求和疑惑同时增多，要东西、提条件、缠人或粘人感剧增。具体教学设计前测参见表6-2。

表6-2　相互关注部分内容教学设计前测表

测试人		测试时间	
对象			
内容	方法	标准	说明
听数字	A.复述一句常用语（包含3个字到7个字） B.听数字拿糖（或拿其他物品）	A.说对两次得3分，对一次得1分。一次不对记零分。下同 B.做对两次得3分，对一次得1分	学生情绪比较平稳、对题意了解后再正式测试
动作变化	A.放物品 B.关注动作变换，找到物品	A.放对两次得3分。其他同上 B.能找到两次得3分	
对视	A.能看对方的眼睛，不躲藏 B.看懂对方眼神给予的提示	A.能持续3秒钟得3分。其他同上 B.能看懂眼神提示并找到物品得3分	
通过标准	80%学生能达到3分即为通过		

相互关注训练的目的是建立信任关系，即孤独症学生感受到安全、被接纳后能主动与外界互动。当他们初始觉得安全后，会出现对接纳的人格外依恋、提各种要求的行为，这类行为依然是一种不安全心理的反映。经过多次、反复

确认自己都是被接纳的,这种引人关注类的行为才可能减少。如一个经过情绪调整的学生能不乱跑、坐着上课 3～5 分钟,教师与学生一起做找盒子里的糖果的游戏,游戏刚开始,该生就坐到桌子上或抱着糖果盒不给别人,这都是他希望得到教师"关照"的表现,也叫"要关注"的行为,有经验的教师在关注阶段要"欲擒故纵"、说对需求。如上例中教师可以说"我知道你能猜到糖在哪个盒子里,所以你抱着盒子,想抱就抱着吧……你可以先打开拿一块给自己,再拿一块给某某"。面对学生此举,切忌批评和直接拿走,这样不能满足学生寻求关注的需求。

互动包括动作、语言和表情三个层面。达到对交流者表情进行关注并能根据表情提示完成任务,说明在对方的"感召"下,他们之间基本已经相互接纳了。

在相互关注增多后,儿童主动跟随教师或家长的动作变化而变化,此时已有了参照意识。

（三）相互参照

相互参照是沟通双方依据交往对象的行为、语言或表情等变化进行相应的持续变化的能力,在关注和模仿的基础上发展起来。沟通双方"能互动起来说明都感到了被接纳",沟通双方互为参照者和被参照者,双方角色可互换,语言、动作和空间位置变化、表情等都是参照事件。有了参照意识和部分能力后,孤独症学生基本不用提示可以独立应对熟悉场合中的多种事件,在陌生环境中在有熟悉的人陪伴的前提下,也能参照熟悉的人应对。

培养相互参照的目的是参照者与被参照者之间形成默契的互动关系,从互动中体会彼此交往的乐趣（即部分满足交往需要）,为进一步解读对方心理（意图理解）打基础。

参照能力与模仿能力有本质区别。模仿者是被动的,参照者是主动的,参照过程是适应多种变化回合（互动回合）,多回合变化要求双方都要顾及对方。有参照能力的学生基本能跟随同学学习,且语言能力快速发展,但有些情绪不稳、初始语言发展较晚的学生参照能力形成需要较长时间。具体教学设计前测参见表 6-3。

有动作参照的学生能跟随教师或家长的动作,以"慢半拍"的方式组织自己的行为,有语言参照的学生可以与教师、家长进行多回合的对话,已不再只是回答问题,但对于有变化的新问题还回答困难,有"预设"答案的现象,即孤独症学生在沟通中必须听到自己想要的答案才主动中止提问或某个举动,与"预设"答案不符则会反复重复某句话或某个举动。

表 6-3 相互参照部分内容教学设计前测表

测试人		测试时间	
对象			
内容	方法	标准	说明
动作调整	A. 排队行进中调整自己的动作 B. 行进中能根据障碍物调整动作	A. 能跟上三次得3分,跟上两次得1分,跟不上得零分。下同 B. 能通过两个障碍物得3分	学生了解题意后再测试,其他测试要求与前面相同
调整答案	A. 根据提示,变化答案 B. 敲敲打打	A. 回答正确三个得3分 B. 敲对三回合得3分	
表情判断	A. 根据表情提示,调整位置 B. 根据表情提示做出判断	A. 三次调整位置正确得3分 B. 做出正确判断三次得3分	
通过标准	60%的同学达到3分为通过		

（四）意图理解

意图理解是通过观察分析交流对象行为之前的尝试态度理解别人,也就是对于他人意图进行推测和理解。它是交往双方进一步深入持久沟通的基础,但不是"心心相印",只是一般性了解对方的表面意图即可。在被接纳的基础上完成更复杂的加工,最终明白十分熟悉的人的心理感受并作出相应的行为。

培养意图理解的目的是补偿心理理论缺失,发展较长期稳定的交往关系（满足交往需要）。因能达到此阶段的学生较少,故省略教学设计前测设计,后面两个阶段更是如此。

有意图理解能力的学生可以较为概括地理解常用概念,不用教师或家长提示而按照通常要求组织自己的行为,"预设"答案的现象明显减少,不良情绪也会大为减少。

（五）拓展想象

拓展想象的目的是使孤独症学生在增加意图理解的基础上能设身处地,超越空间、时间的预想,理解对方的很多想法和一些情绪体验。有一定联想和想象能力的学生可以联系对方过去的言行理解他现在的行为、或预知此人以后的行为,对某种发生过的行为原因进行解释,通过与交往者沟通使解释日趋合理。

拓展想象能帮助孤独症学生摆脱单一固着的思维模式,发展思维联结能力,是发展逻辑性和独立解决问题能力的基础。与语言和认知发展相关,智力正常的孤独症学生可以有此发展目标。

有想象力的学生可以部分理解日常抽象概念和行为要求,能联系已有经验回答多种问题,仿说、固着某种答案的现象都大大减少。情绪比较稳定,且有一定的调控意识,但陌生场合、新异环境仍可能出现情绪问题。

(六)合作分享

合作分享的目的是使孤独症学生与某个同龄人、亲密家人等形成稳定的交往关系,越来越能相互理解,分享情绪体验和内心感受(笔者注:此阶段分享不包括单纯食物分享,单纯食物分享处于参照阶段)。有了朋友的支持和依靠,内心的力量会成倍地增加,适应社会的能力在这种力量的推动下才能不断提高。有此能力的学生能接纳自我甚至有较大自我认可,情绪通常比较稳定,可以与同伴一起完成较困难的学习任务、劳动项目等,并愿意与家人或同伴一起外出游玩购物等,在此过程中能主动分担一定的角色任务。

特别应注意的是六个阶段不可截然分开,有过渡期,即有些活动既有关注力培养,又可有参照能力,而有的活动可能是从参照向意图理解的过渡。

总之,在需要满足的前提下主动参与社区生活、有一定主动交往能力是自主交往训练法的总目标,而情绪调整、相互关注、相互参照、意图理解、拓展想象和合作分享构成该方法的目标框架,每个阶段又有每个阶段的目标,它们之间循序渐进,都是为实现总目标而服务的。

第二节 自主交往训练课程设计

自主交往训练法是集理论、课程与教学于一身的训练方法体系,不是单一操作方法。自主交往课程设计是在人本主义和建构主义理论指导下,遵循自主交往训练总目标和分阶段要求而进行的设计。

一、与课程设计及实施有关的问题

孤独症学生与普通学生、智力障碍学生的课程设计有不同之处,需要在课程设计之前进行明确。

(一) 在不同安置环境中的培养目标不同

通常,学前和学龄期的孤独症儿童安置环境有普通班、智障班和以孤独症为主的教学班。很多家长愿意让自己的孩子上普通学校,因为他们认为多接触普通孩子有好处,能学习好的榜样。这种想法有一定合理性,但普通学校的教学环境和教学方法、课程内容并不完全适合孤独症孩子,有的孩子有肌张力低、本体感不足等问题,因而不适合长时间坐在椅子上,这样长此以往会令他的身体更加不舒服;有的听语学习的能力弱,根本理解不了教师快速多变的教学用语;孤独症学生缺乏概念联结能力、抽象思维发展远远落后于同龄人,因此学习成绩往往欠佳。尽管如此,孤独症儿童通常喜欢在普通环境中被教师、同学关注,也会在不经意间学到很多本领,因此有支持措施的普通学校安置适合他们,但上课的目的并不应以学习知识为主,而是实现"重在参与、重在交流、重在相互理解和接纳"的社会化目标。可见,有支持性特教服务的普通班级可以安置,但课程目标不同。[1]

安置在智障班,与同龄智力障碍儿童一起上课是一些孤独症孩子不情愿的,他们虽然"耳聪目明"、记忆力好,但没有智障学生敢于表现和乐群,一起上课时间久了,一些认知能力强的孤独症儿童会更加不适应,不主动参与课堂集体教学、不遵守课堂纪律的行为都逐渐增多。教师如果了解他们的心理需求予以特别关注,重在参与、重在交流的目标可以实现,否则与智障学生在一起上课的效果会随年龄增长而下降。与同龄的其他孤独症儿童一起上课,因孤独症个体差异很大,能力相近的学生有一定交流,一般同学间交流不多,实现社会化目标有一定困难。但这种安置对于实现个别化教育没有影响,还有助于强化有些康复训练的开展。

总之,安置环境与目标的实现有一定关系,培养目标确立后再选择适宜的安置环境和课程,而这两者又反过来决定培养目标的实现。

(二) 不同教学组织形式[2]的作用不同

上一问题在从在普通学校就学还是在特殊学校就学角度谈,这一问题与之

---

[1] 支持性特教服务是以提高残疾人生活质量为目的、支持残疾人融入现代社会生活的多种教育服务,从手段到理念都要围绕这一目标,体现在资源教室、个案管理模式、技术手段支持等各方面。参见安俊英,付白文等《基于支持性教育理论的视障考试系统的设计研究》一文(2010).

[2] 罗琼. 浅谈音乐教学组织形式的优选[J]. 山东社会科学, 2012(1).

有一定关系,侧重点更加微观,不管在哪类学校,孤独症教学有班级集体教学、小组教学和个别教学三种组织形式。集体教学有随普通班就读和随特殊班就读、小组教学通常有三四名孤独症独立编组和与智力障碍、学习障碍或轻度脑瘫混合编组。个别教学指针对孤独症学生个体的个别训练。集体教学的作用重在提高社会化的意识,小组教学和个别训练则重在发掘和照顾个体差异,扬长补短,有效解决集体教学中难以解决的兼顾个体差异的问题,如运动康复解决肌张力低的问题等,同时利用"扬长"提升孤独症学生的自我认同等。即使在普通学校也需要小组课和个训课的教学形式作补充,不同年龄阶段或心理发展水平的学生的教学组织形式分配比例亦不同。

(三)课程门类和初始重点科目应因人而异

每个孤独症学生的身心特点、兴趣爱好都不尽相同,每个家庭的早期干预目标和内容不同,每个学校教师的特教理念和知识技能也不相同,因此孤独症学生必修、选修的课程门类和初始训练的重点也应因人而异。如入学测试时孤独症甲生智力正常,认识很多汉字,口语比较清晰,图形机械记忆力强,能认读100多个英文单词,喜欢外语但汉语拼音掌握得不好,不会点数、更不会比较10以内数字大小,也不清楚日常生活概念中的大小概念,不喜欢运动和音乐,喜欢画画但注意力不集中。该生可安排语文、英语、画画的集体课,数学小组课,运动个训课且初始重点是运动和体育。孤独症乙生入学时智力基本正常,对数字格外感兴趣,唱数200以内,口算20以内加减法和10以内乘法,只是会计算,不掌握数概念,不喜欢认字和汉语拼音,不喜欢英文,除了会写数字和几个简单汉字外不会写字,不喜欢画画,喜欢音乐,喜欢运动但坐不住,注意力不集中,该生可安排数学、音乐、体育、语文等集体课,加语文、运动调整情绪的个训课且后者优先。

(四)在集体教学中依据教学目标选择和组织教材

根据孤独症儿童的学习特点和培养目标可知,他们在普通学校就学的目的不是学死知识,适用的学习理论是建构主义导向的理论,教材和教学方法都要与此相符。经过能力评量后应得出儿童总体发展的现状:情绪是否稳定,运动和情绪调节能力是否正常,感知运动发展得如何,发展社会性所必需的关注力、参照意识、意图理解能力如何,目前已掌握了哪些旧经验,以此作为学习目标的现实依据,然后在学习目标引领下再进行课程本位评量,确定教材的重点、难点并进行相应的调整。直接照搬不可行。

此外，在普通学校就读的孤独症学生的课程效果应围绕学生成长目标进行评量，重视过程评量和课程本位评量结果。

总之，孤独症课程既要避免导向不清、方向缺失、结构和内容过于杂乱、重视康复方法而忽略目标、对学生特点把握不清等特殊教育课程普遍存在的问题。要理清理论、在明确培养方向基础上制定系统的目标，结合安置条件、教师业务水平、学生现状等确定课程目标、门类、时间安排等。

二、自主交往课程目标设计

孤独症学生个体差异大，入门课程门类不同，个体目标有差异，但集体目标指向应相同。

（一）确立成长目标和学段目标

课程设计要围绕成长目标进行。成长目标是在一定价值取向和理论引领下，依据学生实际情况、家长需求和教师的认识水平对特殊教育总培养目标具体化后得到的，它指出了九年义务教育终止后应达到的要求。具体到自主交往课程体系中成长目标是在满足需要的前提下主动参与社区生活，有一定主动交往能力。

学段目标是学生成长目标的阶段性目标，包括学龄前段、学龄初段、学龄中段、学龄高段。

学龄前段：与普小学前班对应，通常特教学生7岁入学，但需要很长的环境适应期，因此6岁可以上一年学前班。入学第1年是磨合期。学龄初段：入学1～3年。学龄中段：入学4～6年。学龄高段：入学7～9年。学段目标从低至高，阶梯上升。学段目标是学年教学目标制定的依据，具有弹性。

在实际操作中，教师和家长根据学生实际情况，在学段目标基础上拟定学年目标，如学龄初段目标为入学2～3年，即用2年或3年的时间实现这一学段的目标，教师和家长根据学生实际状况拟定第一年和第二年的目标（参见第四章）。

（二）制定目标体系

在成长目标、学段目标指引下，通过评估拟定班级和个人长期目标（学年目标）、细化短期目标、划分单元目标、拆分主题目标。

1. 评估

评估分为自主交往阶段评估和自主交往阶段发展评估两部分。

自主交往阶段评估的目的是了解学生目前处于哪个阶段。如哪个学生处于相互关注阶段，哪个学生处于相互参照阶段等。需要特别注意，评估既要关注评估的结果又要参考日常观察，尽量排除各种影响因素，如有的评估人认为某个学生"今天不配合"或者"今天比较乖"，以此所下结论是不合适的。发生这样的情况需要评估人分析影响因素，并在间隔一定时间后再次进行评估，且要2人以上共同独立完成评估。

自主交往阶段发展评估的目的是了解学生目前在该阶段的状态，如某个学生或某个班级处于相互关注阶段，在关注动作、关注语言、关注表情等方面的状态是怎样的，几个学生能关注语言，关注到什么程度。这个评估是拟定学年目标的基础，即在这个基础上能够实现怎样的学年目标，或者说是在这个基础上能够实现学段目标中的哪些部分。

不管学生处于哪个阶段，在进行阶段发展评估的时候，都要进行情绪调整阶段的评估，因为情绪调整阶段与其他各段是不同的，具有反复性，如某个学生从关注阶段上升到参照阶段，意味着关注阶段的目标已经得到实现，不会从参照阶段退回到关注阶段，但是在关注阶段、参照阶段中会出现或者引发情绪问题，因此不管处于哪个阶段的学生，对情绪调整阶段的状态进行评估都是必不可少的，达到拓展想象阶段以后可以不进行情绪调整的评估，相应问题基本是个体化的、情境化的，较容易得到解决。

2. 拟定班级和个人长期目标（学年目标）

根据第四章第一节的特教班课程目标流程图（即图 4-1）可知，拟定学年目标处于非常关键的位置，需要在评估的基础上，依据学段目标进行设计，即将学生实际与学生阶段成长目标结合在一起，学年的目标拟定决定了学段目标的达成程度。

学年目标不同于学段目标的是，学段目标描述了学生实现成长目标的四个阶段，即每一个阶段学生将成为怎样的人，是 1~3 年的方向性目标。学年目标需要将描述性目标转化为操作性目标，回答学生如何成为学段目标中描述的人的问题，这个过程实现了从目标到目标实现计划的转化。

按照布卡姆目标分类思想把学年目标拟定着眼于情感态度、认知沟通和生活技能三个维度。情感态度指向学生的情绪状态和情感体验；认知沟通指向学生的认知水平，交往态度、意愿和水平；生活技能指向学生各项运动技能、自理技能、服务他人技能等。在评估的基础上综合分析全班发展的现状，根据班级价值取向、学段目标和自主交往训练法的操作要求,以学年为单位拟定班级目标,再拟定个人目标。

班级目标呈现出在整个学年中所有将要实现的目标,为划分单元打下基础。将每个个体要实现的目标罗列出,也为划分单元目标提供了参考。

3. 细化短期目标

短期目标既是对学年目标的拆分,又是对学年目标的详细描述,因此称为细化短期目标。

拆分学年目标是将学年目标划分为若干个更小的阶段,罗列每个阶段要实现的目标,关注什么时间实现什么目标。

细化学年目标是对学年目标进行更为细致的解读,即每个目标的具体达标表现,解决"达到什么样的状态即为目标实现"的问题。

4. 划分单元目标

划分单元目标是将汇总后的班级目标划分为若干个小组,并根据每个小组目标的特性设计出适合的单元名称。划分小组是单元目标和单元名称设计的基础,两个步骤不能颠倒。

划分小组是将三个维度中的班级目标进行横向联系,将有关联的目标放在一起形成新的小组。每个小组都涉及三个维度的目标,并且每个小组的目标间存在某种联系,比如相近、相反等。这个环节对教师提出的挑战是,能否找到这种联系,虽然没有标准答案,但是联系点越合理,这些目标结合得越紧密。如果将班级目标比作三类散落的珠子,那么划分小组便是用三类珠子设计不同的饰品,相同的原料,不同的作品,每个班的差异是哪些珠子和哪些珠子放在了一起。

此外还有新增和延续性目标,在划分小组时或许发现有一些目标是在某个阶段出现并得到实现,也有一些目标在某个阶段出现,得到突破,但是无法在下个阶段开始前得到实现,需要在多个阶段递进和得到强化,这样的目标在第一次出现的时候视为新增目标,在其他阶段再次出现时视为延续性目标。因此,同一个目标可能出现在不同的小组里。

设计单元名称是为每个目标小组找到适合的载体或教学媒介。单元名称设计不是针对一组目标,而是针对这组目标实现的平台。如果将目标小组比作一个个苹果,单元名称不是"苹果",而是着眼于"什么能够承载这些苹果",也许是"筐""篮子""盘子"或者"盆子""书包""纸袋"等等。采用哪个单元名称取决于学生的生活经验、兴趣爱好以及投入的性价比等。根据同一"培养关注"的目标,不同班级选定的单元名称可因人而异,如"小车快跑""神奇的盒子"等。

5. 拆分主题目标

拆分主题目标是将每个单元名称中涵盖的小组目标再一次进行拆分,包括排列顺序、确定频率、划分主题目标、拟定主题名称四个步骤。

排列顺序强调这次拆分是对目标梯度的关注,即将该组目标在三个维度中按照发展顺序排队,明确先完成哪些后完成哪些。

确定频率是在明确单元目标为新增和延续的基础上,考虑新增目标在该单元内属于新增目标或者延续目标,对于延续目标要确定该目标在不同单元中的梯度,如某个目标分配到单元中,属于新增目标,在1个单元中完成,而在这个单元中需要在3个主题中完成,则其在第1个主题中是新增目标;在第2个主题中是延续目标,要求在第1个主题的基础上进一步提升;在第3个主题中是延续目标,要求在第1和第2个主题的基础上拓展应用。确定频率为哪些目标何时出现提供依据,避免出现在某个主题中新增目标过于集中的问题。

划分主题目标是在排列目标顺序和确定频率的基础上,再次将单元中的目标分成若干个小组,形成每个主题的目标;拟定主题名称与设计单元主题名称大体相同,不同的是单元主题突出了承载目标的载体,主题名称则突出用这个载体,为了实现主题中的目标开展怎样的主题活动。需要注意的是主题活动名称拟定的出发点不是单元名称,如单元名称是"书包",主题名称是"我的书包""书包装什么""书包很干净"等,如果从单元名称出发看似联系很紧密,但是不一定是适合的,因为主题名称不仅要保持与单元名称一致,更关键的是是否能够实现主题目标。所以拟定主题名称的路径是主题目标有什么,这些目标怎样实现,在单元名称背景下如何实现。

最后根据主题目标制定更为具体的教学目标。不同孤独症个体及其家庭的就学需求不同,各个特教班安置的对象也不同。下面以包括有比较清晰的口语、有一定生活自理能力的轻、中度的孤独症儿童(按照CARS量表划分)的孤独症特殊班为例说明自主交往课程目标设计的流程、内容选编等。

案例

班级基本情况:新入学孤独症特教班(下称特教一班),年龄分布6~8岁,共5人(男生3人、女生2人),入学3个月,孤独症2人、中度智障2人、轻度智障伴肢体残疾1人。

该班初定的价值导向是"快乐成长,做一个快乐的社会人"。这个导向来自于家长和教师的共识,并与成长目标吻合。

1. 课程的目标体系

(1) 成长目标

在对家长、教师进行调查,家长、教师、学校进行研讨后得出成长目标。其中家长调查结果:家长在对学生状况和社会发展状况综合分析的基础上,提出的九年成长目标的要点为"安全、自理、被接受、与人沟通、做想做的事、健康快乐、养活自己"。教师调查表明,各学科教师在3个月内与学生和家长接触的基础上,结合社会发展状况,提出的九年成长目标的要点为"情绪稳定、关注身边人和事、能沟通、自理、工作、生活"。家长、教师、学校共同研讨后将该班的成长目标确定为"在需要满足的前提下主动参与社区生活、有一定主动交往能力,尽可能快乐地生活"。

(2) 学段目标

将成长目标拆分为学龄前段、学龄初段、学龄中段、学龄高段四个学段目标。

学龄前段:入学1年,保持情绪稳定,扩充生活经验,加强自理能力训练,关注他人并参与三人以上的活动。

学龄初段:入学2~3年,充实已有生活经验,提高学习参与能力,较熟练地使用校园环境,完成简单的家务劳动,独立参与学习活动10分钟以上。

学龄中段:入学4~6年,有一定的安全意识,利用已有生活经验,完成主要的社区活动,如简单购物、公园娱乐等。与陌生人进行简单沟通,具有初步的情绪调控能力。

学龄高段:入学7~9年,在家庭和社区环境中管理好自己的生活,跟熟悉的人有一定的交往活动,快乐地生活。

2. 具体流程

(1) 评估

自主交往阶段评估:鉴于该班学生为学龄初段的新生,结合教师日常观测情况,该班进行自主交往前三阶段的评估,即情绪调整阶段、相互关注阶段、相互参照段的评估,使用教师设计的操作性评估工具,评估结果见表6-4。

表 6-4 特教一班自主交往阶段评估结果一览表

	晨晨	龙龙	小胡	小金	小夏
类型	智障伴轻微肢体残疾（轻度）	唐氏综合征（中度）	孤独症	唐氏综合征（中度）	孤独症
测试结果	相互参照	相互参照	相互关注	相互关注	情绪调整
与日常吻合	情绪较日常稳定	不够符合	情绪较日常稳定	情绪较日常稳定	基本符合

自主交往阶段发展评估：教师根据该阶段的目标设计相应的题目。入学 1 年的目标为"保持情绪稳定，扩充生活经验，加强自理能力训练，关注他人并参与三人以上的活动"。其中情绪调整阶段的目标为"稳定地参与三人以上的活动"；相互关注阶段的目标为"加强自理能力训练，关注他人的动作"；相互参照阶段的目标为"扩充生活经验，参与三人以上的活动"。教师根据该班学生的现状设计相应的评估项目，该班学生评估参见表 6-5、表 6-6 和图 6-1。从评估结果可以看出每个学生目前的状况、与学段目标的差异。评估项目（参见表 6-1 五至 6-3）。该评估表不是目标体系，只是教师用来了解学生现状的工具。

表 6-5 特教一班自主交往发展（能力）评估

		晨晨	龙龙	小胡	小金	小夏
情绪调整	接受抚摸	3	2	2	3	3
	对喜欢和不喜欢的人、物、事有相应的态度，反应不过激	2	2	1	1	1
	在集体活动中需要等待时能较为平静地等待几分钟	2	2	1	1	1
	在集体活动中接受简单规则，反应不过激	1	2	1	1	0
	遇到变化能接受安抚，并逐渐缓解	1	2	1	1	0
	对校园生活中的安全常识有了解	1	1	1	1	0
	分值合计	10	11	7	8	5

续表

相互关注	关注他人的动作,模仿他人,完成相应的动作	3	3	2	2	1
	能用动作表达自己的简单需求和想法	3	3	2	2	1
	关注他人表达的较为简洁的语言,有一定的反应	3	3	2	2	1
	关注和认识较为鲜明的表情	3	3	2	2	0
	关注周围的物体,在活动中关注活动材料和参与者的活动	2	2	1	2	0
	用简单的语言表达自己的需求和想法	2	2	1	1	1
	分值合计	16	16	10	11	4
相互参照	在集体活动中根据他人的动作做出相应的反应	3	3	2	2	1
	在集体活动中根据他人的语言做出相应的反应	3	3	1	2	1
	在集体活动中,用简单的表情表达自己的情绪和需求	3	3	1	2	0
	在集体活动中,用语言与熟悉的人简单沟通	2	2	1	1	0
	以指定物为准,辨别大小、长短、高矮、上下、远近	3	2	2	1	0
	在活动中,根据环境需要作出相应的举动	2	2	1	1	0
	在集体活动中,根据他人的表情做相应的反应	1	1	1	1	0
	分值合计	17	16	9	10	2
说明	评分分值:3—2—1—0,3-多数符合、2-有时符合、1-少数符合、0-不符合					

表6-6 特教一班自主交往发展评估结果汇总表

	满分	晨晨	龙龙	小胡	小金	小夏
情绪调整	18	10	11	7	8	5
相互关注	18	11	11	7	8	2
相互参照	21	17	16	9	10	2

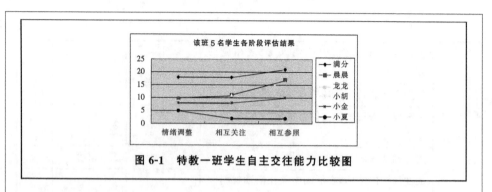

图 6-1　特教一班学生自主交往能力比较图

(2) 拟定学年目标

在评估基础上,依据学段目标为班级拟定学年目标,并在此基础上为每个学生选取适合的个别化学年目标。在选取中关注"有时符合""少数符合"的项目,这些目标是有一定基础,尚未实现,并且需要努力才能实现的目标。该班集体学年目标概括定位在多角度关注,因为大部分学生尚需要情绪调整和关注训练,只有一名学生可以发展参照能力,因此班级学年目标定位于此。班级学年目标陈述为"保持情绪稳定,扩充生活经验,加强自理能力训练,关注他人并参与三人以上的活动"。在每个阶段具体按照布卢姆目标分类思想,目标陈述中都包括知识、技能和情感三个维度。

从三个维度解读学年目标如下:

情绪稳定(情感维度):体验和感受,找到舒服的状态和喜欢的东西,对喜欢和不喜欢的事情、人和物体采用动作、语言、表情的方式表达自己的感受。

认知沟通(知识维度):在活动中认识各种活动材料,关注其他参与者对活动材料的使用状况,借鉴不同的方式参与活动,并在活动中借助语言、动作、表情与其他参与者简单互动。

生活自理(技能维度):在活动中了解和认识常见物品,参看其他参与者的方法简单使用,并在相应的环境中独立使用。

在评估中挑选出的自主交往发展阶段目标是学生的发展目标,如何实现这些目标,也就是学年课程计划,需要将学生发展目标转换成学年课程目标,即从情绪情感、认知沟通、生活自理(技能)三个维度分析。学生发展目标选择、转换出的学年目标参见表 6-7 和表 6-8。

表 6-7　特教一班学生学年目标与自主交往目标对应表

学年目标	对应的自主交往发展阶段评估项目		晨晨	龙龙	小胡	小金	小夏
情绪稳定:找到舒服的状态和喜欢的东西,	接受抚摸	情绪调整			√	√	
	对喜欢和不喜欢的人、物、事有相应的态度,反应不过激	情绪调整	√	√	√	√	√

续表

学年目标	对应的自主交往发展阶段评估项目		晨晨	龙龙	小胡	小金	小夏
对喜欢和不喜欢的事情或人和物体采用动作、语言、表情的方式表达自己的感受	遇到变化能接受安抚,并逐渐缓解	情绪调整	√	√	√	√	√
	能用动作表达自己的简单需求和想法	相互关注			√	√	√
	用简单的语言表达自己的需求和想法	相互关注	√	√	√	√	
	在集体活动中需要等待时较为平静地等待几分钟	情绪调整	√	√	√	√	√
	在集体活动中,用简单的表情表达自己的情绪和需求	相互参照	√	√			
认知沟通:在活动中认识各种活动材料,关注其他参与者对活动材料的使用状况,借鉴不同的方式参与活动,并在活动中借助语言、动作、表情与其他参与者简单互动	在集体活动中接受简单规则,反应不过激	情绪调整	√	√			
	关注他人表达的较为简洁的语言,有一定的反应	相互关注			√	√	
	关注和认识较为鲜明的表情	相互关注			√	√	
	在集体活动中根据他人的动作做出相应的反应	相互参照					
	在集体活动中根据他人的语言做出相应的反应	相互参照					
	在集体活动中,根据他人的表情做相应的反应	相互参照	√	√			
	在集体活动中,用语言与熟悉的人简单沟通	相互参照	√	√			

续表

生活自理：在活动中了解和认识常见物品，参看其他参与者的方法并简单使用，并逐渐在相应的环境中独立使用	以指定物为准，辨别大小、长短、高矮、上下、远近	相互参照	√	√			
	关注他人的动作，模仿他人，完成相应的动作	相互关注			√	√	√
	对校园生活中的安全常识有了解，不刻意挑战	情绪调整	√	√	√	√	√
	关注周围的物体，在活动中关注活动材料和参与者的活动	相互关注	√	√	√	√	
	在活动中，根据环境需要作出相应的举动	相互参照	√	√			

表 6-8　特教一班某生具体学年课程目标一览表

晨晨的学年目标			
学年目标	对应的自主交往发展阶段评估项目		分值
情绪稳定：找到舒服的状态和喜欢的东西，对喜欢和不喜欢的事情或人和物体采用动作、语言、表情的方式表达	对喜欢和不喜欢的人、物、事有相应的态度，反应不过激	情绪调整	2
	遇到变化能接受安抚，并逐渐缓解	情绪调整	1
	用简单的语言表达自己的需求和想法	相互关注	2
认知沟通：在活动中认识各种活动材料，关注其他参与者对活动材料的使用状况借鉴不同的方式参与活动，并在活动中借助语言、动作、表情与其他参与者简单互动	在集体活动中需要等待时能较为平静地等待几分钟	情绪调整	2
	在集体活动中接受简单规则，反应不过激	情绪调整	1
	在集体活动中，根据他人的表情做相应的反应	相互参照	1
	在集体活动中，用语言与熟悉的人简单沟通	相互参照	2

续表

生活自理：在活动中了解和认识常见物品，参看其他参与者的方法简单使用，并在相应的环境中独立使用	对校园生活中安全常识有了解，不刻意挑战	情绪调整	1
	关注周围的物体，在活动中关注活动材料和参与者的活动	相互关注	2
	在活动中，根据环境需要作出相应的举动	相互参照	2

（3）细化短期目标

在班级学年目标汇总后，根据三维学年目标进行分解和细化，生成短期目标，这一步主要为单元目标制定打基础，详见表6-9。

表6-9 特教一班学期目标一览表

	找到舒服的状态和喜欢的东西，对喜欢和不喜欢的事情或人和物采用动作、语言、表情的方式表达自己的感受	• 体验来自于他人的动作感受，如挤压、抚摸等，在感受和动作间建立起联系，如，被捏胳膊很舒服 • 遇到喜欢和不喜欢的人、物和事时感到高兴和不高兴，用自己适合的方式表示出期待或者回避，如用"再见"的语言和动作表示不希望某人再和自己说话，用"微笑"表示喜欢，用"拉着别人的手放在自己脸上"的动作表示希望得到抚摸等方式，使自己继续得到良好的情绪情感体验，回避不良情绪情感体验，稳定情绪 • 在需要等待时，能在抚触、食物、游戏、玩具、音乐等选项中选择安抚自己的项目，缓解情绪问题，保持短时间的等待
情绪稳定		
认知沟通	在活动中认识各种活动材料，关注其他参与者对活动材料的使用状况，并在活动中借助语言、动作、表情与其他参与者简单互动	• 认识活动材料，并通过共同关注物转向关注活动中的其他参与者 • 认识常见动作，从关注动作转向做动作的人 • 认识常见声音，从关注声音转向发出声音的人 • 辨别简单表情，从关注表情转向做出表情的人 • 在活动中了解简单规则，如排队领午餐、集体活动等，能够跟随 • 在集体活动中完成互动游戏，如听指令做动作、传接球、看表情发玩具等 • 在集体活动中与其他参与者完成回合式问答

续表

生活自理	在活动中了解和认识常见物品，参看其他参与者的方法简单使用，并在相应的环境中独立使用	• 认识常用日用品、家具、电器、餐具等，体会和感受各种物品的作用，如看电视、用水杯喝水等。辨别物品的大小、长短、高矮等特征，辨别上下和远近 • 对于不会使用的物品，在活动中参看其他参与者的方法，初步使用，如开关灯、用抹布擦黑板、折叠和码放体操垫等，并将这些方法拓展到相应的环境中，如用抹布擦桌子、把自己的衣服收到袋子里等 • 在活动中了解校园生活中简单的安全知识，如洗手液是洗手的，不能喝；端饭盒时要慢慢走路；电脑用完要盖上盖子等

（4）划分单元目标

教师对表 6-9 中的 13 个目标进行整合与分析，划分为 8 个单元（参见表 6-10），以便设计单元教学目标。每个单元各有主题，仅以第一单元为例加以说明（详见表 6-11，第一列数字对应表 6-10 中的第一单元）。

表 6-10　目标按单元整合表

组别	目标号码
第 1 单元	1、2、5、8、12（从表 6-9 中选出，内容对应相应的数字）
第 2 单元	1、2、5、9、12
第 3 单元	2、3、4、8、11
第 4 单元	2、3、4、9、11
第 5 单元	1、2、6、8、12
第 6 单元	3、2、6、10、12
第 7 单元	1、2、7、8、13
第 8 单元	2、3、7、10、13

表 6-11　第一单元目标和名称对照表

第一单元目标和单元名称				
1	体验来自于他人的动作感受，如挤压、抚摸等，在感受和动作间建立起联系，如，被捏胳膊很舒服	新增	情绪稳定	靠垫
	遇到喜欢和不喜欢的人、物和事时感到高兴和不高兴，用自己适合的方式表示出期待或者回避，如用"再见"的语言和动作表示不希望某人再和自己说			

续表

2	话,用"微笑"表示喜欢,用"拉着别人的手放在自己脸上"的动作表示希望得到抚摸等方式,使自己继续得到良好的情绪情感体验,回避不良情绪情感体验,稳定情绪	延续	情绪稳定
5	认识常见动作,从关注动作转向做动作的人	新增	认知沟通
8	在活动中了解简单规则,如排队领午餐、集体活动等,能够跟随	延续	认知沟通
12	对于不会使用的物品,在活动中参看其他参与者的方法,初步使用,如开关灯、用抹布擦黑板、折叠和码放体操垫等,并将这些方法拓展到相应的环境中,如用抹布擦桌子、把自己的衣服收到袋子里等	延续	生活自理
注	第一列1、2、5、8、12数字对应表6-10		

（5）拆分主题目标

该班学年目标共计13项,分布在8个单元中,每个单元有5个目标,教师通过对5个目标的梳理和定位,拆分为若干个主题目标再进行内容设计。表6-12反映了第一单元的名称、目标和内容。

表6-12 特教一班第一单元目标和内容设计

目标序号	目标在主题中的详细描述	在主题中定位	维度	主题名称
1	体验来自于他人的动作感受,如挤压、抚摸等,在感受和动作间建立起联系,如,被捏胳膊很舒服	新增	情绪稳定	主题1.有用的靠垫
2	遇到喜欢和不喜欢的人、物和事时感到高兴和不高兴,用自己适合的方式表示出期待或者回避,如用"再见"的语言和动作表示不希望某人再和自己说话,用"微笑"表示喜欢,用"拉着别人的手放在自己脸上"的动作表示希望得到抚摸等方式,使自己继续得到良好的情绪情感体验,回避不良情绪情感体验,稳定情绪	新增	情绪稳定	
8	在活动中了解简单规则,如轮流挤压或抚摸,能够跟随	新增	认知沟通	

续表

1	体验来自于他人的动作感受,如挤压、抚摸等,在感受和动作间建立起联系,如,被捏胳膊很舒服	延续	情绪稳定	主题2.软软的靠垫
5	认识常见动作举、拿、放、挤、推、按等,从关注动作转向做动作的人	新增	认知沟通	
12	对于不会使用的物品,在活动中参看其他参与者的方法,初步使用,如码放靠垫等,并将这些方法拓展到相应的环境中,如用抹布擦桌子、把自己的衣服收到袋子里等	新增	生活自理	
2	遇到喜欢和不喜欢的人、物和事时感到高兴和不高兴,用自己适合的方式表示出期待或者回避,如用"再见"的语言和动作表示不希望某人再和自己说话,用"微笑"表示喜欢,用"拉着别人的手放在自己脸上"的动作表示希望得到抚摸等方式,使自己继续得到良好的情绪情感体验,回避不良情绪情感体验,稳定情绪	延续	情绪稳定	主题3.靠垫在哪里
8	在活动中了解简单规则,如排队参加活动等,能够跟随	延续	认知沟通	
12	对于不会使用的物品,在活动中参看其他参与者的方法,初步使用,如码放靠垫,把靠垫装在箱子里,并将这些方法拓展到相应的环境中,码放和装收小件物品	延续	生活自理	
备注	该单元5个目标拆分为3个主题,各主题承载了不同方面的3个单元目标,主题排列顺序依据每个主题目标中要重点突破的目标的顺序,从稳定情绪开始			

每个主题中包括不同的教学内容,围绕我知道的"靠垫"进行单元核心课程设计,根据目标设计课程内容如图6-2所示。

总之,自主交往的课程设计是先调整情绪——预先满足需要、感知动作训练(生理层面、安全感层面),在建立关系后训练关注力——不同层次的共同关注,进一步增加安全感,当有一些关注语言能力后重点培养参照力(逐步能得到认同和自我认同),能力强的在关注之后围绕意图理解进行沟通、认知、生活技能等方面的学习。其总指向和目标层次清晰且递进,理论基础明确。在合作分享的第一阶段目标完成后,有些进入青春期和学龄后期的孤独症学生可以进一步掌握生活技能和简单职业技能,情绪稳定地参与社会生产和生活。此阶段中有关概念运用的问题解决、规划和策略意识、情绪调控将成为重点。相应的运动训练、语言训练内容也会改变。

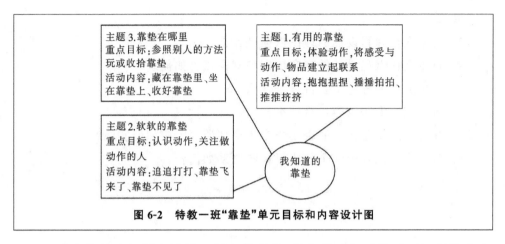

图6-2 特教一班"靠垫"单元目标和内容设计图

孤独症特教班的课程设计不同于普通班,复杂的目标系统需要根据学生实际确定和调整,很难有直接可以照搬的、结构层次有序且适合的课程。课程设计前要先明确课程导向(价值观)、成长目标和学段目标,再进行学年目标设计、单元目标设计,然后围绕目标选择课程内容,学生才能得到不断成长。

课程导向和目标的理论基础一定要一致,否则会造成知识技能学了一些却看不出逐级提高的"原地踏步"现象。课程采用核心单元设计时要注意各科目标协调一致,各科教师导向一致,否则孤独症学生容易出现情绪时好时坏,长期要"关注"(对接纳的教师依恋、关注和不听话,对"反感"的教师惧怕和服从),很难发展高一层的参照能力。单科目标要有层次(有轴心),指向总目标。

集体教学课程目标的起点要着重考虑情绪问题严重的孤独症儿童,感知运动康复训练与满足需求的情绪调整先行,关注培养是关键,听、动能力提升后语言才能发展较好。语言和认知的发展都有核心目标作引领——社会性交往发展需要的综合能力:意图理解、拓展想象、合作分享、解决问题、自我接纳……

最后引用教育家帕克·帕尔默(Rarker J. Palmer)的一句话作为结语:真正的教学不能降低到技术层面,真正好的教学来源于教师的自身认同和自身完整:在我所教的每一堂课里,我与学生建立联系、进而引导学生与学科知识建立联系的能力,我更多依赖于我了解和相信我自己,较少依赖于我所采用的方法。[①]

---

① [美]帕克·J.帕尔默.教学勇气—漫步教师心灵[M].吴国珍,余薇,等译.上海:华东师范大学出版社,2011:12.

本章思考题

1. 自主交往课程设计的理论依据是什么？
2. 自主交往课程设计的现实依据和理论依据如何统一？
3. 自主交往课程的主要目标是什么？
4. 自主交往课程内容包括什么？
5. 在分科教学背景下能否实施自主交往课程？应如何实施？
6. 自主交往课程中各个阶段目标的关系如何？

附 录

附录1 第四章第一节

附录1-1 某校孤独症特教班课程目标设计一览表

基本思想:遵从国家有关教育文件,依据建构主义课程理论,在尊重儿童发展的基础上,制定总目标并分阶段制定课程目标,使总目标与课程目标之间和谐统一,有自己的特色			
总目标的核心内容:在需要满足的前提下主动参与社区生活,有一定的主动交往能力(关键词:自立、适应社会) 适用对象:孤独症儿童、中度智力障碍儿童、部分多重障碍儿童			
分段目标			
学龄前段	学龄初段	学龄中段	学龄高段
基本保持情绪稳定,掌握基本自理能力,关注他人并参与三人以上的活动	充实已有生活经验,提高学习参与能力,较熟练地使用校园环境中多种设施,独立参与学习活动10分钟以上	有一定的安全意识,能利用已有生活经验完成主要的社区活动,如简单购物、公园娱乐等。与陌生人进行简单沟通,有初步的叙事能力	能进行一定的自我约束,独立参与熟悉的社区活动,遇到问题可以变通,主动与家人或教师、同学交流想法,在帮助下修完一种职业课程
学年目标			
学前	1-3年级	4-6年级	7-9年级

续表

学段只有一学年,同上	1年级:情绪基本稳定,遵守课堂常规,独立使用主要环境设施; 2年级:培养学生关注能力,发展动作沟通,能跟随进行2步活动; 3年级:参与多种学习活动都达到10分钟以上,能清楚表述需求	4年级:有一定的规则意识,能独立参与外出集体活动; 5年级:能独立进行简单购物并与售货员有礼貌地简单交流; 6年级:能和同学一起安全使用学校和社区的体育休闲设施,能基本清楚地说清外出的主要经历	7年级:能和同学一起完成合作性任务,有一定配合意识; 8年级:能想出一两个切实可行的问题解决办法,并能变通解决方式; 9年级:与人合作并守时按量完成一项职业劳动,在职业劳动中有约束性行为表现
学期核心目标关键词			
学前	1-3年级	4-6年级	7-9年级
情绪调整 初步关注	关注语言 参照学习 独立参与	意图理解 发展想象力 合作意识	情绪控制 实际问题解决 适度交往
学期目标(略)			
建议课程领域			
学龄前段	学龄初段	学龄中段	学龄高段
沟通	沟通	沟通	沟通
感知训练	认知	认知	认知
游戏与交往	人际交往	人际交往	人际交往
生活自理	生活自理	社区生活	社区生活
运动	运动	运动	运动与保健
	艺术与休闲	艺术与休闲	艺术与休闲

各领域课程目标				
	学龄前段	学龄初段	学龄中段	学龄高段
沟通	听懂基本指令，回答简单生活问题，可掌握常用生活用语（称谓、常见物品、少量动词）	有主动表达自己需要的口头语言，能回答简单的生活情景问题，能进行简单提问，能做简单自我介绍	能独立陈述事件的简单经过，能与熟悉的人对话，能写几句连贯的话，如常用陈述句、疑问句	能独立阅读理解社区告示等通知性信息；能同时与多个熟人聊天
认知	在保持情绪稳定的基础上，发展视听关注力，强化手眼协调和环境搜索能力，能参与三人以上关注游戏	能完成参照活动，强化空间概念，能明白抽象的数前概念，能利用想象学生活数学	能用已有经验解决生活中的简单数学问题；涉及顺序、时间、钱币、度量	了解天气、气候、自然现象，解决生活中的问题时能联系学过的数学概念和常识
人际交往	认识和摆弄多种玩具模型，能参与喜欢的集体游戏活动，在活动中有持续的对视和其他互动行为	能与同学进行简单的参照游戏，能利用手势和肢体语言、表情与他人交流，了解和掌握简单社交礼仪	在真实和模拟情境中，能根据对方的意图进行互动交流，有适当约束自己的行为表现，能分辨简单玩笑话，初步掌握基本社交礼仪	初步掌握基本社交礼仪，有礼貌、合时宜地与人打招呼，在需要时有效求助
生活自理	利用感兴趣的事物调整情绪，扩充与水、沙、米、面等一些生活常见介质的相关生活经验，掌握穿衣、吃饭、如厕的基本生活技能	能基本按照校园一日生活常规进行校园生活，具有保持好个人卫生的意识	懂得基本安全常识（水、电、交通、人身），能掌握社区设施的功能（医疗、购物、美发、公园等），能独立在社区购物	能安全地在社区里独自活动一小时，能参与简单社区劳动，能完成基本家务活（打扫、简单烹饪）

运动	在保持情绪稳定的基础上,发展身体协调性,调整触觉和本体感觉等基本能力。独自使用小型康体设施	能提搬一定分量的物品,增强上下肢力量,提高行动速度,能跟从多项集体性体育活动	利用兴趣点发展体育技能,参与竞赛体育,懂得简单体育游戏规则	能独自安全地参与锻炼身体活动,熟练掌握一项室内成人体育活动并与三四个人一起开展此活动
艺术与休闲		能利用多种艺术手段进行自娱自乐的活动,能较熟练地使用玩教具和小型娱乐设施进行休闲娱乐	能与他人合作,利用某种手段(歌唱、绘画、烹饪、欣赏等)进行休闲活动,能计划并利用好一小时以内的闲暇时间	能与他人一起安全、文明地外出娱乐(如唱歌、郊游),能独自参与学校或社区组织的一日游等

附录 1-2 学前到学龄中段各领域课程纲要举例

各领域课程纲要			
课程		学段目标	学段目标解读
沟通	学龄前段	听懂基本指令,回答简单生活问题,可掌握常用生活用语(称谓、常见物品、少量动词)	1. 能听懂基本的指令并作出相应的反应 2. 能正确清楚回答选择性的提问 3. 认识生活中常用的事物,知道名称、数量等特征。如:一瓶水、两块糖 4. 学会用语言表达简单需求。如:帮我打开
	学龄初段	有主动表达自己需要的口头语言,能回答简单的生活情景问题,能进行简单提问,能做简单自我介绍	1. 能主动用语言表达自己的想法。如:上厕所、洗手、玩积木等 2. 能正确回答提问,而不是机械重复 3. 能够理解同伴表情和手势意图,进行简单双向交流 4. 知道自己家的地址、家中主要成员 5. 会写自己的名字、年龄、班级等

续表

	学龄中段	能独立陈述事件的简单经过,能与熟悉的人对话,能写几句连贯的话,如常用陈述句、疑问句	1. 组织生活中简单指令的专项关注训练,按步骤完成任务,如开盒取物 2. 围绕生活中常见、常用的事和物,可以用两句以上的话进行简单的叙述。如:衣服、鞋子、物品整理等 3. 观察图片或照片,可以用两句以上的话进行描述。围绕生活搜集各种活动图片或照片 4. 根据顺序进行正确排序。如:给图片、词语、句子、事情排序 5. 用语言描述事物的特征,如:红色的苹果、大大的西瓜 6. 看图写简单的句子,如:我吃面包,妈妈看电视 7. 依图示按步骤操作、描述、仿写 8. 能进行简单提问,如:我现在吃饼干行吗?她在干什么?
认知	学龄前段	在保持情绪稳定的基础上,发展视听关注力,强化手眼协调和环境搜索能力,能参与三人以上关注游戏	1. 根据学生兴趣点,如食物、声音玩具和生活器皿等调整情绪,参与关注游戏,如抢糖、飘雪花(纸片)等 2. 利用身体追跑等参与关注动作、表情的游戏 3. 参与桌上视觉追踪类游戏3个 4. 模仿语言,如数字、声音、节奏,完成三人以上多角游戏,如抓牌、投球、跳舞、哼歌
	学龄初段	能完成参照活动,强化空间概念,能明白抽象的数前概念,能利用想象学生活数学	1. 认识生活中的常用家具器皿,知道其名称、用途、简单质地,能参照同伴说出其在商店的归属种类,能了解物品与常规价格的关系 2. 认识并会比较常用物品的大小、厚薄、长短等基本属性 3. 认识常见物品的放置地点,能参照同伴基本正确地摆放 4. 认识常见物品基本形状

续表

	学龄中段	能用已有经验解决生活中的数学问题:顺序、时间、钱币、度量	5. 能运用数前概念进行选择、添加、取舍,如:我要大的、长的,不要短的(盒子)
			1. 能在熟人陪伴下逛商店,能按照购物流程自行购买自己喜欢的小饰品或食品;能外出参照菜单为家人和自己点 2、3 个菜
			2. 能认识现行流通的主要面值人民币,知道货币的价值、价格,知道等价交换
			3. 知道时间的意义,能认识整点时间,能说出常规时间里的主要生活事件,如知道早饭几点吃,何时睡午觉
			4. 初步建立上车、打饭、购物要有序、等待等意识
			5. 能分辨身高,了解常用物品的长度、重量及其差异
			6. 能综合运用所学完成蔬菜采买
人际交往	学龄前段	认识和摆弄多种玩具模型,能参与喜欢的集体游戏活动,在活动中有持续的对视和其他互动行为	1. 对某些物件表现有不寻常的兴趣,并以重复的方式把弄
			2. 认识并理解 30 种以上物件的用途,如吸管、水碗、靠垫等
			3. 可以以不同形式耍弄玩具,如:抛、捏、滚等
			4. 游戏中可以关注其他参与者,接受游戏方式的改变
			5. 可以在熟悉的环境能够寻找指定物、指定位置
	学龄初段	能与同学进行简单的参照游戏,能利用手势和肢体语言、表情与他人交流。了解和掌握简单社交礼仪	1. 游戏中能进行各种模仿动作、语言练习
			2. 利用各种符号初步引导学生进行分辨,如:手势、图标、简单文字(如:大小、男女等)
			3. 遵守基本的、简单的游戏规则
			4. 在生活和游戏中体会空间方位的相对性
			5. 能建立语言与画面之间的联系,如看懂识字卡片、课堂挂图
			6. 根据场合表现出基本礼貌行为

续表

	学龄中段	在真实和模拟情境中，能根据对方的意图进行互动交流，有适当约束自己的行为表现，能分辨简单玩笑话，初步掌握基本社交礼仪	1. 创设多种日常情境，在真实情境中完成两人简单情境游戏，如给客人倒杯水等 2. 利用简单道具完成情境和角色扮演游戏 3. 把角色游戏演变成社会实践活动，学生能独立完成某角色的任务 4. 能根据预知真实事件的后果，进行自我判断或作决定 5. 在角色游戏中，分辨好赖话，看图和影视片断分辨警察与小偷，分辨真心(假意)帮助人的话等 6. 把角色游戏演变成社会实践活动，向熟人或其他多种社会角色，如警察、售票员求助和询问 7. 根据上下句分辨玩笑话
生活自理	学龄前段	利用感兴趣的事物调整情绪，扩充与水、沙、米、面等一些生活常见介质的相关生活经验，掌握穿衣、吃饭、如厕的基本生活技能	1. 根据学生兴趣点，如水、沙、米、面和生活器皿等调整情绪，组织关注物体、动作等游戏 2. 在游戏中，认识和使用生活中常见物品，如勺、碗等，利用小食物组织关注游戏，会吃简单小食物，如剥开好剥的糖纸，在袋子、盒子里取薯片等 3. 穿脱小件、简单衣服 4. 独立如厕
	学龄初段	能基本按照校园一日生活常规进行校园生活，具有保持好个人卫生的意识	1. 熟知学校环境，如专用教室的位置和功能、饮用水的取用方法等，按照安排跟随集体在校园内活动 2. 学会进餐、收拾餐具、收拾经常使用的物品、玩具等 3. 利用各种设施组织游戏，独立完成开关门、上下扶梯等活动(多重残疾可弹性要求) 4. 在游戏前后做好准备和收尾工作 5. 认识和使用常见的生活物品，如抹布、香皂、锁、暖瓶、遥控器等，有安全使用的意识 6. 在创设的情境中认识常见公共设施，如超市、美发店、公园等

续表

	懂得基本安全常识（水、电、交通、人身），能掌握社区设施的功能（医疗、购物、美发、公园等），能独立在社区购物	1. 利用劳动工具组织活动，如没有通电的插销板、剪刀等，学习使用常见的劳动工具 2. 在真实情景中使用常见物品，会安全使用插座、暖壶、雨伞等常用生活物品 3. 在真实情景中组织活动，如泡面，会安全使用饮水机、电视机、电冰箱、电风扇等 4. 利用常用物品组织活动，会洗背心、袜子、碗筷，会收拾玩具柜等 5. 参与实践活动，真实了解和帮助下使用社区设施，如医疗、购物、银行、美发、公园等 6. 组织社区实践活动，会独自在马路边行走、会过小马路、跟随他人走过人行道；会看简单路标 7. 组织购物实践活动，做好购物前的准备工作，罗列清单、准备购物袋、挑选物品、付费 8. 完成按计划独立购买生活必需品、外出点餐、叫外卖等活动 9. 能看懂常见图表
运动	学龄前段	在保持情绪稳定的基础上，发展身体协调性，调整触觉和本体感觉等基本能力。独自使用小型康体设施	1. 根据学生兴趣点，如球、靠垫，调整情绪，独立参与关注游戏5个以上 2. 利用身体追跑等游戏增强身体协调性，正确走、跑斜坡路 3. 利用小型康体器材组织游戏，较熟练操作小蹦床、秋千、平衡木等
	学龄初段	能提搬一定分量的物品，增强上下肢力量，提高行动速度，能跟从多项集体性体育活动	1. 完成定向走、跑活动，会直线走、直线跑 2. 完成跳的游戏，会单双脚离地跳、从较低的台阶跳到地面、往前跳 3. 完成实心球、小软球等组织投掷活动，能单、双手将物体投向指定方向 4. 能单、双手搬、提、抬、推、举较轻的物体 5. 跟随集体性体育活动，完成大部分动作 6. 会使用大蹦床、40厘米高的平衡木、扭腰器、踏步机、原地自行车等

续表

	学龄中段	利用兴趣点发展体育技能,参与竞赛体育,懂得简单体育游戏规则	1. 根据兴趣点参与体育活动,掌握2~3项体育技能 2. 知道简单比赛规则和输赢的概念 3. 会做准备和收尾工作,如使用轮滑装备、存放器材 4. 在适宜的活动场地选择适当的体育活动,如在平整的操场上玩轮滑 5. 能按规则玩集体游戏,如利用彩虹伞、接力棒、球等器材组织团体活动 6. 安全使用中型康体器材,如较高的平衡木、跑步机等 7. 参与回合式体育项目,如羽毛球、踢毽子,愿意和熟悉的搭档完成活动
艺术与休闲	学龄初段	能利用多种艺术手段进行自娱自乐的活动,能较熟练地使用玩教具和小型娱乐设施进行休闲娱乐	1. 能在众多节目中选择喜欢看的电视节目并独立观看半小时以上 2. 喜欢玩几种小型娱乐(体育)器材(如游戏机),能安全地独立玩十分钟以上 3. 能按照玩具的常规玩法与熟人一起玩 4. 常用唱歌、跳舞等手段进行符合场合的自娱自乐,每学期都能完整地展示一个娱乐方面的节目
	学龄中段	能与他人合作,利用某种手段(歌唱、绘画、烹饪、欣赏等)进行休闲活动,能计划并利用好一小时以内的闲暇时间	1. 会一种符合自己兴趣的、生活化的娱乐方式(如玩牌、打电脑、唱歌、弹琴) 2. 利用社区文体设施独立休闲一小时以上 3. 能根据提示说出休闲时间表和多种休闲方式 4. 能围绕购物或喜欢的户外活动与同伴或家人讨论出行计划 5. 能在看电影或其他视频时有恰当表现 6. 在熟人陪伴下参加一日郊游活动

备注:学龄高段略

附录 2　第五章第五节

附录 2-1　随班就读孤独症学生集体课教学设计案例

附录表 2-1　随班就读孤独症学生集体课教学设计案例

学习内容	人教版第三册《浅水洼里的小鱼》	
集体教学目标	1. 通过自学掌握 3 个字（略），通过讨论和小组交流掌握 4 个字（乎、死、捡、被）的读写。 2. 通过分享养育小动物、救助小动物的经验和相关事件，在朗读课文后，描述小男孩和小鱼的感受和心情。 3. 在朗读练习中找到能表达自己的语气、语速、停顿等的方式。	
随读生现状	被诊断为高功能孤独症，语文测验成绩在班里居中等水平，能认识学过的常用汉字，在大格中书写，缺乏想象力，理解抽象的词语困难。	
随读生教学目标	认识"在乎、捡起、被子"三个词语，能与小组同学分享自己与动物的故事（叙述故事基本连贯，句长达 5 句以上，并有一次语气变化）	
教具准备	略	
教学过程设计	集体	随读生
	1. 复习巩固生字词　10 分钟 2. 理解课文主要思想和重点词句　20 分钟 （1）相互说一说你喜欢什么小动物？喜欢的理由是什么？ （2）你喜欢的小动物生病了或受伤，你会怎么办？（小组讨论） （3）想一想小动物得到照顾后会怎么想或怎么做？ （4）以后遇到小动物，我们应怎么做？ 3. 朗读课文，分角色有语气地朗读，复述这个故事并完成练习　8 分钟	1. 同前，正常参与，重点词语多读 2.（1）同前，在小组中重点发言 （2）听其他同学说，说说（复述）你认为好的办法 （3）学一句小动物的"话"或动作 （4）想一想与小动物相处的故事 3. 与老师或同伴说一说与小动物相处的故事
评价设计	由造句练习统计重点词语"在乎"等的掌握情况，抽测有语气地熟练朗读的比例，观察第二步教学活动的参与情况	能否完整连贯叙述"我和小动物"的 5 句以上的小故事
设计说明	以"抛锚式教学"完成课文理解，其他时间用于字词复习	

附录 2-2　随班就读学生个训课的教学设计案例

二年级随读生张某,男生,8 岁,中度智力障碍(唐氏综合征),基本认识汉语拼音的声母和韵母,会发常见音,但发音不清,不会拼读。感知运动不灵活,肌张力低。短时记忆差。

同班随读生杨某,高功能孤独症,同样有发音问题、感知运动和肌张力问题,虽然短时记忆强于张某,但上课时注意力极不稳定,批评后会出现尖叫等不良行为。

根据两生现状可以一起个训,初步制定个训课目标指向:解决部分发音不清的问题,掌握 5 个以上多音节拼读,并通过运动训练使杨某集体课上注意稳定时间从 1 分钟提高到 5 分钟以上。

首先,进行发音问题测试:围绕常见的不认识字母、字母混淆、不会拼、拼不对、四声混淆等问题出一些测试题,进行一一测试,做好记录。

其次,分析发音问题,概括分析如下:

(1) 形近拼音混淆,例如:ie-ei、b-d、q-p 等。

(2) 不带声调的音节出现分读会读,拼不出来的问题。如 jia、ban 等。

(3) 带声调的音节出现分读发一声,出来是其他声调。如 d-ā-大;且出现四声混淆,如 bó-bò(二声、三声都发成四声)。

第三,制订个训方案。

1. 运动配合

经过专业老师运动测评发现两生上、下肢肌肉的肌张力普遍低下,口唇部张力也明显偏低,要解决发音问题,就要提高口唇运动控制能力、改善低张力。根据运动发展规律,解决口唇张力问题就需要先进行全身运动训练——上、下肢大肌肉群运动,专业老师协助做出了高跪走推拉 TB 架、俯卧支撑、仰卧屈腿、上下坡跑等运动方案,个训教师先持续、密集做三个月,此后再解决他们的发音问题会比较顺利。

2. 发音器官运动和知觉调整

两生均有明显的构音障碍,在拼读时替代现象严重,在连读时出现发音器官协调变化不良导致连读困难的问题,声调问题也与此有关。

同时存在空间方位知觉障碍,视听符号连接和转换困难。先解决发音器官连续运动变化控制和空间分辨问题,再解决视听符号连接和快速转换问题,最后解决拼读本身的问题。下列活动是在持续、密集做三个月以后的活动安排。

针对问题设计下列个训活动(见附录2-2)。

附录表 2-2

基本能力	活动
一、发音器官连续动作变化	1.上肢和口部肌肉连续运动变化活动,如连续绕肩、推手,口形快速变化;2.提升肌张力的训练,与家长合作进行营养干预(促进吸收钙镁);3.通过动作的前后、上下、左右变化实现空间分辨
二、视听符号连接和快速转换	1.听声分辨:指出鼓声、铃声等各种声音的图片;听拼音辨字母。2.舒尔特20字母方阵——快速视觉转换。3.音感训练
三、由易到难的拼读	1.有意义的两音节、不变调的词语拼读;2.有意义的两音节、变调的词语拼读;3.扮演老师听同学拼读

3.与教学内容挂钩设计预习和复习项目

如:学习《蓝色的树叶》之前,听老师读故事,然后拼读句子

可以通过几个圆形增强视觉刺激,一下记住5个圆,强化记忆,辅助学生理清课文脉络,为集体课的参与做准备。也可以根据学生的实际能力,用文字、插图表示几个环节。

附录 2-3 随读生资源教室小组课教学设计案例

三年级随读生杨某,被诊断为有高功能孤独症,口语表达清晰但常语无伦次地自言自语,认识较多汉字,注意力很不集中,机械背诵课文但句子理解比较困难(单独理解尚可,句子和段落理解困难),其班里还有两名语文学习困难学

生,每次语文考试成绩都倒数第一、第二,掌握字词、词义有困难,听写错误率极高。老师运用CAS(参见第四章第二节)测验对他们的学习能力进行评估后发现,三个学生的注意、计划性、同时加工和继时加工的成绩均低于班级同学平均水平两个标准差以上。

根据对PASS理论和PREP方案的相关研究,对于无意义联系的词汇,同时呈现的词组的再认成绩低于继时呈现(张自亮,2011)。同时加工对应用题的解题影响大于继时加工(左志宏,2006),信息遗漏是导致对问题错误或不完整表征的主要原因之一,同时加工能力强,有助于整合完整信息(傅小兰,2001),发展言语表征、图画表征。因此,针对三名学生成立了干预小组,进行以同时加工为主的干预训练。这里仅以一节小组训练课为例说明设计问题(见附录表2-3)。

附录表2-3 随读生资源教室小组课教学设计案例

小组课单元目标	1. 增强快速识记和同时加工的速度、准确性。 2. 通过记文字摆位置的活动,掌握自己认为简单、有效的一种记字策略。 3. 加强互动交流,杨某能与同学合作完成任务。 本节课目标:快速识记字并组词,一分钟达到3组以上并能3人合作用组的词说三句以上的完整话。
教学过程设计	一、准备活动 快速识记练习:出示"肚子"里有3张水果图的机器猫(3秒),你还记得机器猫的肚子里有多少个宝贝吗? 出示"肚子"里有4~6张水果图的机器猫(3秒),继续回答。 二、我会记 1. 提要求:刚刚的活动中我们记的是数量,下面的活动中老师要大家记住的是文字,而且还要记住内容和位置。 2. 呈现图卡4~5秒 | 汁 | 叶 | | 他 | 冰 | 请学生用手中的文字卡片按照图中的位置摆一摆。 说一说是怎样记的,对比摆对和摆错同学的方法(找规律)。 换图卡做巩固练习。

续表

	三、我会想 提要求：看看你记住了哪些词？发现了什么规律？ | 果、叶、汁 | 汗、字、流 | | 小、河、任 | 手、洗、悦 | 果、手、汁、任、字、流、悦、河、汗、叶、洗、小 　　这些词使你想到了什么？如果按照你找到的规律去记，能记住什么？请孤独症学生杨某做小老师，评判另两名学生。 四、我能说 　　三名同学用记住的词一起商量编 3 句有联系的话，每句话都要用到找过的词，完成得快则可以再改编，要求孤独症学生中间说。 　　教师小结：我们可以通过一个字想到很多的东西，在今后的学习中如果也能用到这种方法，就能把我们学过的新旧知识连在一起，便于我们记忆和使用。
评价设计	1. 能在规定时间内摆对位置，三次全部正确为通过。 2. 三人合作以找出的词为主说三句以上有联系的话，孤独症学生懂得与别人一起创编。
备注	本资料提供者为新源西里小学朱丽丽老师

附录3 第六章第二节

附录3-1 以生活语文课为例进行班级课程目标设计案例

二年级一班,一共7名学生,3名孤独症、3名中度智力障碍、1名脑瘫,年龄8~10岁。

目标设计的依据:班级总体目标[①],自主交往课程本位评量、义务教育阶段课程标准评量(以下简称课标评量)。

学生	学段目标	自主交往课程本位评量	课标评量	集体现状分析
甲	听懂基本指令,回答简单生活问题,可掌握常用生活用语(称谓、常见物品、少量动词)	关注	1.4.9.2 能听懂常用基本名词 1.4.7.1 愿意用语言表达需求	3名具有关注能力的学生中丙生最差,4名具有参照能力的学生中,己生最好;根据学生基本情况,本学期课程目标选定在参照阶段,从参照低阶段目标进行,对丙生做个别辅导
乙		参照	1.4.7.5 能与人交谈	
丙		关注	1.4.8.3 对他人的身体动作有反应	
丁		关注	1.4.9.2 能听懂常用基本名词	
戊		参照	1.4.7.5 同上	
己		参照	1.4.7.7 能与人维持交谈(3回合)	
庚		参照	1.4.7.5 同上	
本学期集体课程目标	能跟随老师的肢体或语言变化而变化(即动作参照、语言参照),并简单命名或简单陈述变化过程,己生应能达到独立陈述			

[①] 节选自:教育部基础教育司"培智学校义务教育课程标准"(征求意见稿)

续表

本学期单元课程目标	1. 单元名称：小鼓咚咚响，目标：能根据老师的鼓声（节奏、响度、数量）变化进行相应的变化，并说出至少一个变化内容 2. 单元名称：图卡连连看，目标：根据已知图片位置、内容进行后续摆放和调整，多数学生能说出调整的想法 3. 单元名称：绳子变变变，目标：了解并说出生活中绳子的3种以上用途，能变换多种造型和解系方式
本目标设计的进一步解读	单元核心是在加强关注能力的基础上培养语言参照能力，一个单元比一个单元增加难度；单元主题要符合核心目标，符合学生实际和兴趣，有利于生活适应、劳动技能、生活数学等各科的合作
解注	相关学段目标1、2、3课程评量详见第四章第一节；

附录3-2 自主交往课程中的运动康复课设计案例

自主交往训练课程和课表中编排的生活语文、生活数学、康复训练怎么衔接？本案例将从康复训练课与自主交往关系角度回答这一问题。

贾某为一名随班（学前）就读的高功能孤独症儿童，5岁10个月，独生子，3岁时被医院诊断为孤独症，智商正常。该生情绪不稳，多"胡乱"自言自语，不如意时则尖叫或躺在地上不起来。很不爱运动，喜欢跪着、趴着或者躺着，走路时喜欢踮脚尖儿。该生不能整齐均匀涂色，也不能画三角形、圆形等简单图形，甚至连一条直线都不能完成，而且在拿笔写画时线条常画出纸边到桌子上。他有一定关注力和主动语言，这常在他感兴趣的数字方面表现出来，能认识常用字，能计算加减乘除、正负数、小数、分数等，但不关注的事物也很多，集体课上自己玩手、东张西望的行为多。经过专业评估进一步发现，其肩肘部位肌肉张力低，髂腰肌、臀肌、大腿肌肉张力偏低，小腿肌肉张力偏高，动作的持久性和稳定性差，在感知觉和运动能力上都存在严重异常，大运动肌群本体觉普遍缺乏，后内侧丘系触觉发育迟缓。

一、具体内容设计

1. 运动康复类活动

高跪走：本动作需儿童利用臀大肌进行维持。由于他肌张力低，在运动过程中还需要背阔肌和竖脊肌进行维持平衡，并且在持续运动过程中，本体感也获得大量刺激,臀肌、背肌张力得到充分调节。

交替半跪伴举手:充分锻炼膝屈曲肌、肱四头肌、臀肌、髂腰肌,补充弯曲位缺乏的本体感,提高以上各部位肌张力。伴举手这一动作需要与交替半跪的动作同时进行,充分练习他动作的协调支配性。

高跪姿俯地挺身:此动作增强躯干和骨盆的控制能力,也对手臂伸直和弯曲的肌肉进行相应的锻炼,增强肌张力。在大量运动的过程中,本体感刺激也相应得到大量补充。

团身屈膝抱:这一动作充分调动了全身各个肌肉群,也要求个体对身体动作有充分的感知,且身体多数部位均要求弯曲位,恰恰弥补了弯曲位本体感不足的状况。

2. 关注类运动游戏

运动评估后发现他做高跪走的动作比较配合,做交替半跪伴举手情绪稳定时比较配合,做团身屈膝抱很不配合。老师利用他比较喜欢球和数字的心理,先满足他的要求,与他一起玩,还让他出题考老师。双方用三周时间建立了比较亲密的关系,高跪走和交替半跪伴举手每天都练至少半小时,动作已经很娴熟,对老师的要求基本都能执行。即贾某已经情绪比较稳定,对老师的动作、语言关注较好。下一步在动作上主要练团身屈膝抱,并培养关注表情的意识。老师和他一起做搂搂抱抱的游戏活动,在团身挤压的同时加入了表情变化,以有意思的表情吸引学生、对应不变的团身挤压,在运动的同时提升相互关注力。

还设计了与同学共同涂鸦的趣味活动,每周两次。所用材料丰富多彩,十分吸引贾某,两个月后发现他越来越喜欢画画了。

3. 上肢运动训练类

握笔写画需要手指、手腕的灵活运动,与肘、肩关节稳定的运动控制也有关系。手部小肌肉对手部关节有灵活而准确的掌控性,前臂肌肉促进手腕灵活弯曲,肱二头肌、肱三头肌这一对拮抗肌自如配合以达到控制肘关节的目的,肩部斜方肌和上臂三角肌的有效配合达到肩部运动控制比较自如,但上述肌肉运动的前提是躯干肌肉能力稳定,即肩部斜方肌也需要背部背阔肌和竖脊肌的肌能达到一定水平,臀肌、肱四头肌等肌肉能力得到稳定。也只有这一系列的肌肉张力得到平衡才能够从整体上对写画这一过程进行准确而又自如的支配与掌控。上述肌张力问题又与本体感觉的缺乏和前庭功能的不稳定有着密不可分的联系。因此,对相关肌肉部位和感知缺失方面进行补救训练是提高写画能力的基础。匍匐爬、辅助下平板支撑等内容必不可少。

二、干预结果

经过3个月感知运动密集训练,其写画能力有明显改善,进步幅度参见附录图3-1。贾某从以前的只能用手掌握笔、不受控制地乱画到现在能正确握笔写1到10的阿拉伯数字;从以前需要别人扶着手才能勉强写简单汉字到现在能自己正确临摹"千""三""克""十"等简单汉字;从涂色不均匀、线条不整齐、出格发展到基本均匀不出格填充。以前的画画课是从不参与,现在已经能跟着同学一起涂颜色,还在上数学课的时候将对应关系的题目准确连线。对比儿童以前连一个简单的横线都不能控制画好,现在却能自己写1到10的阿拉伯数字,家长感到很满意。

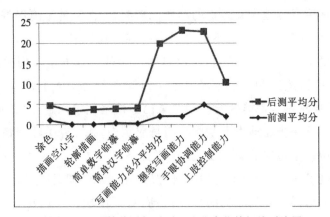

附录图3-1 贾某前测与后测平均分变化的折线对比图

该个案在接受训练前经常趴、跪在地上,训练后能安稳地坐10分钟,课堂的参与度比以前有明显提高,已经会主动抢答教师的问题,而训练前他连教师点名活动都不能参与。

户外活动的表现也很大,在课间操的表现也是从以前的一动不动地盯着外面发呆到现在的主动跟着教师做动作;从以前的几乎不参与户外活动到现在开始跟小朋友一起排队玩滑梯、主动追随集体。

情绪方面的问题也减少了好多,"胡言乱语"、哭闹次数明显减少,他能主动向教师举报喝水插队的同学,以前从未有过,说明他开始关注外界了。

可见,自主交往课程设计与运动康复的目标不但不矛盾,而且可以做到相辅相承,运动康复是调整情绪和关注力的好媒介,运动康复训练要与课程总目标结合，追求长期效应。

　　生活语文、生活数学也不例外，自主交往课程核心是满足需要以后主动学习、主动交往以逐渐社会化，并从情绪调整到合作分享分层实现这一目标，而在实现过程中一定要联系学生已有的生活经验并不断发展他们，生活语文和生活数学课程也是为其社会化而服务的。

　　在课程目标主干清楚的基础上设计课程内容更能有的放矢，取得事半功倍之效果。

　　（本案例由北京东城区华丰幼儿园张迪老师提供，有删改）

附录4　自主交往课程教学设计案例集

附录4-1　案例中的理解关键和常见问题提示

阶段	正确理解的关键	常见问题
情绪调整	预先满足需求（运动或按摩使身体舒服、一定的食物满足、感觉满足）	把满足需求与"惯坏孩子"混为一谈；看到干预奏效就马上提要求，忘记满足需求的最终目的；不能做到预先满足而是事后满足；不能保持满足环境的一致性；把情绪调整当成"情绪放松、放任不管"；站在干预者角度考虑情绪原因而换位困难；感知运动调整情绪所用方法过于强迫
相互关注	主动关注他人的动作、语言、表情	相互关注与注意力、观察力混淆，关注游戏过程和结果都是对物的关注多于对人的关注；关注语言变成"听指令"；频繁以奖励物吸引注意力；为训练关注而训练关注，失去相互关注中的情感供给
相互参照	跟随对方的变化，引导对方跟随，语言交流中有2句以上的问答	参照与模仿混淆，变成连续的动作模仿；持续变化困难而中断教学；对以学生为参照主体重视不够，教师或家长不会反参照；对已有经验的重视和利用不够；不会实施同伴参照
意图理解	联系动作、表情作解读，能自己执行后续活动（不用提醒执行自主做两步）	误以为讲解意图后执行就是理解；创设情境中缺少互动元素、为理解而理解；在参照能力欠缺的情况下急于训练意图理解；与思维训练、语言训练混淆

续表

阶段	正确理解的关键	常见问题
拓展想象	能补充没有出现的条件	对生活情境的重视不够,训练题材以假想故事居多;为练而练,把想象与思维训练割裂;培养想象和利用想象混淆
合作分享	两个以上的人在一起做新任务,可以一起完成或交流想法	与食物分享混淆,曲解"分享"的内涵;在一起完成中出现竞争场景,影响后续任务实施;持续合作的团体任务不突出或片断式

附录 4-2　情绪调整阶段的教学设计案例

4-2-1

活动名称	我和大球玩一玩	设计者	王梅
设计意图	用感知运动手段调整情绪，使儿童身体舒服，触觉和本体感协调发展，主要针对触觉敏感、触觉不足、本体感不足、情绪躁动的学生		
活动准备	大龙球两个；直径 40 和 60 厘米左右，体操垫若干		
所属阶段	情绪调整		
主要活动	1. 推、抱 40 厘米的大球或拍打大球以熟悉大球，喜欢接触 2. 师生对坐，相互滚大球，要求用手臂抱再滚出去 3. 学生躺在体操垫上，用 40 厘米的大球轻轻在其身上滚动 4. 学生躺在体操垫上，用 40 厘米的大球按压肩部、胯部、腿部，每次都停顿至少 5 秒钟，力度因人而异；以后可改为用直径 60 厘米的大球按压，让学生要用力推开大球。至少持续 10 个回合 5. 学生腹趴、背趴在大球上，做按压并在老师保护下做上下滚动动作		
活动提示	需要 4～6 节课完成，实施过程中要增加趣味性；触觉敏感的应在家里配合按摩和腹爬（匍匐前进）；严重触觉敏感的开始要重压一处不动，以免感到瘙痒；触觉不足的学生可选用硬一些、带"软毛刺"的球做按压		

4-2-2

活动名称	踩气球	设计者	王艳
设计意图	指导学生发泄压抑情绪,借助气球这一学生较为喜欢的媒介,在教师的引导下能够在放气球中的气体和踩爆气球过程中慢慢释放不良情绪,在运动和游戏中疏导情绪		
教学准备	各种颜色的气球、一段有关的视频		
所属阶段	情绪调整		
主要活动	1.学生自主选择不同颜色、形状的气球 2.引导学生各自吹气球,个别学生在需要的时候教师可帮忙吹并帮助绑好气球 3.感受空气的进出;放气、相互对着放气(个别辅导) 4.组织学生观看踩气球的视频 5.学生用脚踩小气球,直到踩破并让所有的气都放出来为止 6.让学生再吹另一个气球,吹大且系紧后找勇敢的学生踩,个别学生可捂耳朵或站远些,比较声音和用力,说说喜欢踩哪个 7.再吹大一个,先不要绑起来,让学生把气球拿着并且不让空气跑出来。再让学生慢慢地放出一些气体然后又捏紧 8.反复泄气、吹气和踩 9.让喜欢玩这个游戏的学生大胆玩,影响和带动其他学生		
活动提示	学生在放气过程中有些不会控制而马上全撒手,教师要协助,同时做手部力量和控制能力练习;有些对声音敏感、胆小的学生先看再参与,可踩纸叠的球等比较声小的道具		

4-2-3

活动名称	音乐舞动	设计者	郭贞
设计意图	利用音乐本身的感染力使学生动起来,在有节奏的主动运动中调控身体,使身体舒服、情绪愉快		
活动准备	多媒体设备、大屏幕、录像机		
所属阶段	情绪调整		
活动过程	1. 询问学生喜欢什么歌曲？可以自己找到并播放,任意听唱 2. 学生跟随节奏感强的音乐随意舞动身体,只要动起来即可 3. 教师"随意"舞动,如拍手、跺脚、扎马步、转圈儿、左右摇摆手臂、上下跳动、弯腰等,动作要连贯、动作变化少、有陶醉感,学生观赏 4. 学生自己跟随音乐和教师一起舞动,节奏基本符合要求,不纠正动作 5. 连贯、变化、有节奏地自己跳舞,要跟教师有一定情绪回应,但动作不一致 6. 练好节奏感强的就要换舒缓音乐,缓慢下来的舞动需要更好的控制变化能力		
活动提示	1. 开始选取节奏较快、歌词简单、重复性较多的音乐 2. 要尊重孤独症儿童开始对歌曲挑选的执著要求 3. 舞动起来是关键,动作熟练后再提供镜子等,不能开始就在有镜子的舞蹈教室进行,他们看到自己动作不美就不跳了 这些活动可以演变成培养相互关注的活动		

4-2-4

活动名称	撕纸游戏	设计者	王艳
设计意图	学生在随意把废旧纸张撕开、撕碎的过程中宣泄不良情绪，同时锻炼学生双手手指的协调控制能力		
活动准备	不同质地的废旧纸张，如：报纸、旧杂志、超市海报		
所属阶段	情绪调整		
活动过程	1. 教师引导学生认识几种常见的纸，区分哪些纸可以用来撕着玩，哪些纸张还有用 2. 同学们自主选取废旧纸张 3. 喜欢撕纸的学生带头任意撕，其他学生观看他们的撕纸动作，如何双手配合、如何将这些纸撕得更小？并鼓励学生将纸撕得更小 4. 重复撕纸并使纸变得小一些 5. 把掉在桌子上和地上的小纸片收集起来，放在教室的正中央，大家一起将纸片抓起来用力丢到空中，让这些纸片在整个教室内飘扬 6. 喜欢抓握的抓握飘扬的纸张并团成一团，练习双手握力和配合 7. 组织学生清理干净		
活动提示	1. 学生喜欢把纸堆在一起然后往上丢或是用纸片将个别同学脚、腿等埋起来。有的喜欢握成一团以后投掷。多个动作与运动变化控制有关，在情绪调整的同时发展控制力 2. 有个别孤独症学生从感官完整性出发不喜欢破坏性活动，参加此活动反而情绪不稳定，这样对他可换成沿着印记撕成小条并吹纸条或折纸、撕不规则的超市宣传彩页等活动，一般宣传彩页上的图形不规则，撕出整齐的边界不容易 这些活动可以演变成培养相互关注的活动		

4-2-5

活动名称	亲密的毛毯	设计者	张艳丽
设计意图	在利用毛毯组织教学的过程中,通过毛毯软软的触感以及裹在身上的感觉满足学生触觉和本体感的需要,从而使学生的情绪更为稳定			
活动准备	地垫或合适的教室(可以躺在地上)、干净大毛毯(长形)或长绒布床单若干			
所属阶段	情绪调整			
活动过程	1.开始让学生在垫子上滚来滚去,舒展身体,老师可以一起参与,和学生互相碰撞身体,放松情绪 2.在地垫上并行匍匐前进,上下肢配合 3.老师拿毛毯盖在学生身上,老师带领学生一起在毛毯下钻来钻去,让喜欢抚摸的学生尽情抚摸 4.老师先用毛毯把自己的身体裹起来,然后邀请一名学生一起"裹",然后做按压或抚触,要保证学生感觉隐蔽和舒服 5.引导学生表达自己的需要,"我要裹",按照一定的先后顺序进行裹毛毯的游戏 6.让学生躺在垫子上滚动,自己将毯子松开或裹起来 7.变换裹法或裹的部位,进行专门疏通经络的活动			
活动提示	1.老师可根据学生的需要调整毛毯的松紧,喜欢裹的学生可以紧些,不喜欢的可以先松后紧。许多学生喜欢紧紧地裹着软软的毯子与老师挤在一起,然后老师帮他按压身体不同的穴位,按揉后十分舒服,不愿意出来,老师要想让学生快速出来就要找到控制该活动结束的动作:如按揉学生感觉疼痛的穴位等 2.活动中应配合一定的语言、表情变化 3.可以在毛毯裹住某一部位(上身或下肢、脚)的基础上做动作,如裹住手运球,体会不同的感知动作 4.注意安全,避免隐蔽情景下的磕碰 这些活动可以演变成培养相互关注的活动			

4-2-6

活动名称	大米好伙伴	设计者	张艳丽
设计意图	大米不仅适合手部触觉敏感的学生脱敏,也可以对迟钝者进行刺激,其作用是双向的。学生在用手抓大米、撒大米的过程中情绪得以放松,体会舒服感觉		
活动准备	5平方米以上空地、至少30斤大米		
所属阶段	情绪调整→相互关注		
活动过程	1. 老师提供适量的大米给学生随意玩耍,先观察学生喜欢玩耍的方式 教师可在旁边玩米,享受玩米的乐趣(用各种器皿、各种动作方式玩,但开始要少变化、多呈现享受),看学生是否按教师玩法玩 2. 创造机会共同玩耍,但要按照学生喜欢的玩法玩 在学生玩大米过程中表现出情绪平稳,或者有笑容、唱歌等情绪出现时,老师用学生们的方式一起玩,如抓米撒、归拢大米等 3. 老师改变游戏方式,吸引其注意(可用夸张的语言描述自己在做什么)后,可以让学生跟随自己玩 玩的过程中加入动作变化,如撒米到学生胳膊上,引起学生关注,尽可能互动多一些 4. 在米中藏入食物(动作开始要慢),老师马上找到并自己吃,促使学生关注老师的动作变化,以后要关注眼神或表情、语言提示,从情绪调整逐步过渡到相互关注阶段		
活动提示	1. 有些上肢感觉迟钝的学生可能把米放嘴里,吐着玩,教师要尽量给这些学生加上肢简单的运动,如盛米、米中找食物或喜欢的东西等,善于引导他们的注意力 2. 有条件的教室可在上完两周左右的该类课程后再收米,没有条件的可考虑用大洗澡盆、沙池装米,每天收拾好 3. 应配合核心稳定运动和上肢运动,尽早提升学生上肢粗大肌群的力量和调控能力		

4-2-7

活动名称	狂想曲中的运动	设计者	张娜
设计意图	用运动治疗手段调整情绪,使儿童身体舒服,关注力提升;能在教师所放的音乐《森林狂想曲》中根据不同的小动物叫声做出不同的动作,并能按节奏持续做几个动作,提高听关注能力;在运动活动中学习骨盆及下肢的弯曲控制能力,增强踝关节及膝关节负重		
活动准备	铺有一圈彩色地垫的活动场地、必要的活动装备(如护膝、棉袜等)		
所属阶段	情绪调整→相互关注		
活动过程	1.常规热身活动,熟悉音乐 学生熟悉音乐,听不同小动物的叫声,并在教师指导下熟悉音乐节奏,热身活动结束后音乐也结束 主要动作有双脚跳、蹲跳等,由于跳跃的动作对全身的弯曲能力要求较高,当学生的骨盆及下肢具备一定的弯曲能力时才能做出这两个动作,因而在进行这两个动作的教授前可适当增加仰卧起坐、仰卧缩腿等动作,不应过于强调训练剂量而忽视学生感受 2.动作与音乐的配合 当学生听到某个小动物的叫声时连续做出蹲跳或双脚跳动作,在动作中练习听关注。当学生能够掌握一些节奏配合时,组织学生踩在用突出颜色围成的长方形的垫子上,边跟着音乐移行边配合音乐进行蹲跳或双脚跳动作 3.蹲姿稳定 活动结束前加入蹲姿稳定等静态弯曲动作,帮助学生将高涨的情绪稳定下来,以便更好地进入下面的学习		
活动提示	需持续6~8节课完成,要由专业运动治疗师评估后给出每人不同的练习量,合适的运动不仅能帮助学生增加本体感,从中体验到舒服的身体感受,而且这种稳定情绪一直能延续到运动后,持续运动与音乐的美妙结合能满足学生身心双重需求。这类活动既可以稳定情绪,也可以提升共同关注力		

4-2-8

活动名称	虫虫爬	设计者	王国光、王梅
设计意图	满足学生身体触觉刺激需求或脱敏，增加身体近距离接触机会，为相互关注打基础		
活动准备	小椅子或地垫、光滑的小塑料球或毛毛球		
所属阶段	情绪调整→相互关注		
活动过程	1.老师和学生对坐在椅子或地垫上，两人一起在自己身上或对方身上、臂上滚小塑料球，我滚你抓、你滚我抓。 2.老师手指做"小耙子"状，在学生手臂上从下往上"攀登"，同时说小儿歌："手指手指爬爬，爬到小肩膀，手指手指跳跳，跳到小肩膀，手指手指像虫虫，爬呀爬呀，爬到……"右臂和左臂都要做，视学生反应而变换动作节奏、数量。 若学生很怕痒，则动作要重且停顿2～3秒，并少变化"爬到的部位"；若学生不怕痒，则要一会儿轻快、一会儿重快，重快多些，增加触觉刺激和听刺激，部位变化要少，以后逐渐增多，且在主要穴位上停顿、加力。 3.每次老师用手指"爬"一次，就换学生当"虫虫"爬老师，老师要有一定的表情、语言的变化，不断激发学生玩的乐趣，若学生手指活动不灵活，可以"攥拳爬"或改用"拍"的动作，儿歌也调整为"小手拍拍，拍拍拍拍，拍到肩膀上，拍到肚子上……"同时加强手指灵活运动的练习。 4.三四个学生一组，可两两做也可两人一起"爬"一个人，一人"爬"左臂，一人"爬"右臂，视学生接受能力而定		
活动提示	小组活动或有家长帮助下开展较好，每天要连续做5次左右，持续两周"上肢"再换"下肢"或身体		

4-2-9

活动名称	我支撑、我能行	设计者	王迎、王梅
设计意图	用完成相对感觉困难且能自我克服困难的运动来调整情绪,增加"我能行、我真行"的真实体验		
活动准备	体操垫子、可供蹬踩的重物		
所属阶段	情绪调整→相互关注		
活动过程	1.上臂练习,接抛球或平举、上举小沙袋30个一组 教师与学生一起做平板支撑(肘支地)或上臂支撑(手掌撑地) 2.俯卧,双肘弯曲支撑在地面上,肩膀和肘关节垂直于地面,双脚踩地,身体离开地面,躯干伸直,头部、肩部、胯部和踝部保持在同一平面,身体平直(平板支撑),俯卧,双手撑地,肘伸直与肩胛骨平衡,脚踩地,开始时脚抵重物或墙壁,头颈和身体基本平直(上臂支撑),若一个也撑不住,可在其腿下垫体操垫子做辅助,直至一方(通常是学生这方)上臂开始颤抖时再倒数5个数,或喊坚持、坚持的口号三次以上 3.学生坚持住后,视学生的情绪和行为表现而选择终止的时间点,学生看到自己能坚持会很高兴,情绪高涨。若开始颤抖的一方是教师,一方面说明学生上臂力量较强,一方面更有利于学生自我力量提升,教师也要给自己鼓劲,让学生不要过于"沾沾自喜"		
活动提示	运动中自然调整情绪和关注,开始产生成功体验最重要		
备注	本设计理念来自于海淀培智学校邓秀华老师,深表感谢!		

4-2-10

活动名称	有用的刷子	设计者	张艳丽
设计意图	在操作过程中,刷子的毛、湿抹布的触感会自然对学生产生一定刺激,对清洁后的环境和物品的感受也有助于学生产生良好的情绪体验,在干活过程中自然提升关注力,个别学生也可借此设计发展参照能力		
活动准备	多式样刷子、抹布、鞋盒等多种盒子		
所属阶段	情绪调整→持续关注		
设计活动	1.感受刷子:用干净、较为柔软的多把小刷子刷一刷学生的手部、手臂或脸等部位,感受材质的不同,记住并能从一堆刷子中挑选出感受良好的、喜欢的刷子 2.使用刷子:在盒子里刷颜料或在鞋盒里作画,学生应关注老师的动作提示,如横与竖、左与右 3.说说刷的方位和用抹布擦干净的方位、步骤(左上角到左下角,左下角到右上角),有人说有人做,然后再互换 4.用刷子绘画方式装饰黑板报,有人直接刷涂料,有人在纸上涂画 5.用"徒手"动作表示我刷了哪。熟练后可动作接龙:以动作演示"我刷了前面的上部",让另外的学生猜出空间位置,再往下刷,这个内容需要有部分参照能力的学生才可能完成 6.说一说各种刷子的用途或用法(包括牙刷、鞋刷、油刷等)		
活动提示	建议作为单元课程安排在情绪调整和关注力提升的衔接时期,可持续上8~10节课,请家长配合增加刷子日常使用的经验,锻炼生活技能		

4-2-11

活动名称	挤挤晃晃乐乐	设计者	王梅、王艳
设计意图	学生在愉快地相互身体摇晃过程中充分感受别人的动作、语言和表情，体会交往的乐趣，同时调整触觉、本体觉、前庭觉综合问题，提高核心稳定控制能力		
活动准备	体操地垫		
所属阶段	情绪调整→相互关注		
活动过程	1. 蹲起、蹲走等准备练习 2. 老师和几个学生围坐一圈，手拉手挨着坐在体操垫上，听音乐缓缓同向晃动 老师和几个学生挨着坐成一排，听音乐轻缓地前后、左右晃动上身 3. 音乐停止后老师突然倒向人多的一侧，学生之间自然相互挤压（要有助教或志愿者在场辅助），东倒西歪，互相关注扶起、拉住旁边的同学，再放音乐，重复 4. 体验2~3次受力和撤力状态的不同感觉：不突然撤力和突然撤力，突然撤力后怎么做更安全？ 5. 两人一组，随着音乐，上身一侧使劲靠向同学、往一起挤，不许用手、头挤，可用肩、肘挤，看谁能挤动对方（不许用手扶、有一方可能为了不摔而动作变形，此刻停止再挤），实力相当的组要记录相互挤的时间，越长越好，并在计时一两分钟后问学生被挤的感受：热、有往哪个方向摔的感觉、感到哪个部位用力（开始哪用力，后来哪用力，最后哪用力） 两人交换位置，挤另一侧，方法同前 6. 拓展活动：告知部分学生遇到人多拥挤或要被挤倒时可以怎么做		
活动提示	1. 活动看似简单，实际作用非常多：锻炼感知运动控制变化、平衡控制等能力，快乐而自然地关注他人，生活技能、安全意识等都会涉及，实用意义和训练意义多合一 2. 注意安全，开始时要有一位助教在场，以免用力不当摔倒，注意两人一组时运动控制能力基本匹配		

4-2-12

活动名称	小小泼水节	设计者	杨艳平
设计意图	水具有非常良好的质感,是触觉敏感或迟钝的学生都可以接受的媒介。满足学生快乐地玩水的需求,提高手眼协调、身体整体灵活运动能力		
活动准备	各种水盆,每生准备干净的换洗衣服1～2套和防滑防水鞋子,气温28摄氏度以上的室外或空旷楼道(地面不能沾水以免过滑),墩布多个		
所属阶段	情绪调整→相互关注		
主要活动	1.独立玩水,变化多种玩法 2.与同学、老师一起玩水,踩小水坑,普遍对溅水可以接受 3.运水游戏:准备小盆,先双手平稳端水、再单手平稳端水练习(辅以上肢力量练习活动) 4.泼水浇花,撩水泼地活动 5.看泼水节的视频,注意提示"快乐的节日表情",再次强调为什么相互泼水?谁被泼就说明人们喜欢他 6.创设"泼水节"情境,鼓励想玩的几个同学一起玩,其他可观看 7.自由泼水,不提任何要求,表扬躲避好的同学,及时清理干净 8.自由泼水,但要先看或口头告诉那人后再泼(发展关注),多泼喜欢的同学或老师,鼓励躲避,争取泼的同学越来越多 9.自己换衣服,擦干地面和相关地方		
活动提示	1.需持续8～10节课完成,相互泼水2节课,每次玩完水后都要及时擦干地面 2.个别学生不喜欢湿衣服贴身的感觉,要持续参与就要先脱敏或让他少参与 3.特别关注个别会泼自己的学生,让其玩水机会多一些 4.教师控制好每人水盆水量,注意手劲不足的、不会泼的要因人而异		

编著注:上述多个活动提供了关键的训练思路,情绪调整不可能仅仅依靠上述活动完成,有些需要持续运动、按摩、营养调整与脱敏等综合干预,畏缩型学生需要调整的时间比躁动型的长,评估全班多数出现关注时则过渡到下阶段。

附录 4-3　自主交往中关注阶段的教学设计

4-3-1

活动名称	声音变变变	设计者	王艳、王梅
设计意图	关注声音及其持续变化,为发展语言及其口语交流打基础,发展上肢运动协调性和腕力、臂力		
活动准备	大、小鼓,空盒子若干,砂锤,铃鼓等,小棒或鼓槌		
所属阶段	听关注		
主要活动	1.听一段鼓曲,结束后听老师敲鼓,然后学生自由敲小鼓,个别学生敲大鼓 2.老师鼓励学生敲出节奏,有些学生可以数数 3.跟着节奏敲,然后变化轻重、快慢,学生要跟随节奏变化 4.两三人一组,一人一个鼓槌,轮流敲,逐渐形成快慢、轻重不同的节奏,要能持续三分钟以上的变化 5.用手或小棒、鼓槌敲击各种空盒子,晃动沙锤等,感受声音的不同,并分辨是什么发出的声音 6.用喜欢的物品或乐器伴随着节奏明快的轻音乐,全班合奏 7.听一听、辨一辨:播放自然生活中常见声音的录音,包括人的说话、哭声、笑声,提问听到了什么、说话的人是男是女、是老年人还是小孩、是老师还是同学。表达能力强的要回答说了什么,说话人是高兴还是生气的语气		
活动提示	1.口语含混不清或很少有口语沟通的需结合进行臂力训练,如推举哑铃;可持续进行 8 节以上,着重点是对声音变化的持续关注 2.为防止声音敏感的学生情绪波动,不要播放汽笛、喇叭等高频声音		

4-3-2

活动名称	手偶亲亲	设计者	赖小京
设计意图	利用自制表情手偶发展表情认知,通过手偶碰碰等方式发展语言、动作和表情的多重关注		
活动准备	自制表情手偶(纸质、布质均可)、文字手偶多个,高兴表情的手偶人手一个,其他表情的每人一个		
所属阶段	相互关注		
活动过程	1.认识真人图片和简笔画表情(高兴、生气、愤怒),认识表情手偶上的高兴、生气、愤怒表情 2.每人一个高兴表情手偶戴手指上,再自选一个其他表情的手偶戴另一只手的手指上,教师创设一个高兴情境(得到喜欢的东西等),想亲亲自己哪个手偶?实际亲亲,再用手偶亲亲旁边同学的同样的手偶、或用手偶轻轻碰碰对方的脸 3.再创设高兴情境,重复手偶亲亲活动 4.用语言或图片创设另几种情境,一部分人用手偶做出反应,一部分人观察他们的反应,并用相同的手偶去对碰,然后交换观察角色。有些同学可直接用表情表达,鼓励相同表情的同学拥抱(内在交流) 5.再根据班里每位同学的特点、结合真人真事创设新情境,每个学生佩戴汉字手偶或直接用彩笔在上面写"高兴""笑""生气""怒"几个汉字,根据情境由不同的人作反应(如张学生把李学生的水杯摔坏了且不道歉,李学生很生气,此时李学生要做出生气的表情或举起生气的汉字手偶),其他学生找手指上相同汉字与之对对碰,有些还可以说相应的话(如:要是我也会生气的),继续进行情境教学(如教师批评了张学生,第二天张学生给李学生买了新的杯子,李学生很喜欢她的新杯子,她很高兴)		
活动提示	手偶亲亲与真实的抱抱等直接表达的作用不同,活动中既要安排真实情感的表达,提供直接经验,也要安排手偶表达,提供较为抽象、有一定表象的经验,为发展想象力打好基础		

4-3-3

活动名称	踩脚丫	设计者	张娜、王梅
设计意图	在发展平衡控制和稳定性的交替半跪活动中互相踩脚丫,关注对方的动作变化		
活动准备	地垫、护膝若干,最好在有大镜子的舞蹈教室开展		
所属阶段	相互关注		
活动过程	1.自己在大镜子前完成交替半跪,10个一组做两组 2.两两相对,尽可能在保持上身直立时做一组交替半跪动作 3.站立后玩"踩影子"的游戏(灯光下或阳光下),伴随音乐蹦蹦跳跳,听到"踩"或音乐停后就去踩周围同学的影子,周围同学要躲避。条件不具备的可以在地上摆纸或布,根据摆的位置要随时换音乐或鼓点、口令停后就马上踩在上面。可以多人一起踩一张,也可以各踩各的 4.两人相对,一人在地垫上脱鞋完成交替半跪,一人站在地垫的固定报纸上(A3纸大小),交替半跪出腿者要边出腿边用脚踩另一个人的脚,另一个人要在平地上平行把脚躲开,不许抬高脚,不许挪出报纸,两只脚都被踩中一次即两人交换做。交替半跪者的出腿位置和方向要有轻微调整,但出腿动作不能变形		
活动提示	在学生基本会做标准交替半跪、不乱晃的前提下完成,引导学生从自然关注脚的位置变化到关注带来变化的人,切忌讲解过多		

4-3-4

活动名称	沙堡探秘	设计者	刘艳华、王梅
设计意图	在与干、湿不同的沙子"亲密接触"中自然脱敏或增加刺激,关注同学的动作和语言,下蹲玩沙子可以同时锻炼动作稳定性和弯曲肌力量		
活动准备	干、湿不同的细沙各50千克以上,大、中号浴盆,小包装食品和玩具;人数多沙子也要多		
所属阶段	相互关注(语言)		
主要活动	1.下蹲,挑拣大浴盆干沙子中的小石子 2.教师当着儿童的面在干沙子中放入儿童喜欢的鲜艳的小包装食品。儿童自然会找放食品的位置 3.教师用手握住小食品后把两手都放入沙子中,在干沙子中变化手的位置或食品的位置,儿童可能开始会找错,不增加找的难度 4.往中号盆沙子中倒入清水,两人一起制作两个沙堡,挖沙堡,中间要有几个空洞且连通,通过沙堡取物,即抓手、抓物 5.教师当面把写字的小纸条或食品包装带等埋入沙堡,有的在明处,有的在暗处,学生一起找,奖励先找到的,若沙堡损坏则不奖励,并要及时修补好 6.学生埋、老师找写字的纸条,再交换老师埋、学生找,要有相互的语言提示,要与同学一起找,不能破坏沙堡,谁破坏了就输了 7.撮湿沙子、整理干净		
活动提示	1.用大米、碎纸同样可以进行此活动,但塑型和脱敏效果不如沙堡。 2.应注意强调藏东西时不能破坏沙堡,同时注意用手用眼卫生 3.有条件的可以选取在沙滩上进行,可以埋手、脚、腿等,直接触觉脱敏,但要注意安全		

4-3-5

活动名称	下雨啦!	设计者	张艳丽
设计意图	通过把大米洒落在学生的手、胳膊、腿等身体部位上,将学生对物品的关注转移到对他人的动作、语言的关注上,提高学生对人的动作关注		
活动准备	装米的器皿,如瓶子、杯子、碗,100斤以上粳米或糙米		
所属阶段	相互关注		
活动过程	1.老师与学生用手玩大米,老师将大米撒到学生的手里,在此过程中老师可以调节手的位置(高低、前后)引起学生对老师的动作变化的关注 2.老师用语言吸引学生关注,说:"下雨啦,下雨啦,落到手心(手背)上啦。"对有的同学可以说:"下米了、下米了,看看米洒到哪儿了?" 3.引起学生对语言的反应,做出相应的动作:老师请学生将大米洒在自己的手上,老师不停地移动手的位置,对有些学生要放慢移动速度,提高高度,开始时使其成功接到所有的米,基本不遗撒是继续活动的关键 4.老师提供各种玩大米的器皿,老师与学生间、学生与学生间互相用器皿接到大米 5.收拾整理		
活动提示	1.针对有些孤独症儿童喜欢把食物放嘴里而选用"米"作为训练中介更安全。此阶段老师可将大米的数量进行一定的控制,提一些要求,学生完成了可以满足他的需求,如:请你抱抱我或请你坐在椅子上 2.开始倾倒米时控制好速度、高度和容器,确保孤独症学生都能接到,利用成就感激发继续参与活动的欲望,也可以一边倾倒一边唱儿歌 3.可用豆子等替代大米		

4-3-6

活动名称	会动的盒子	设计者	王艳
设计意图	老师把学生喜欢的东西装在盒子里,学生关注盒子与移动的过程,指出盒子的最终位置,找到里面装的东西		
活动准备	大小形状图案相同的 3~6 个小盒子、不同材质的物品(能放进盒子里的糖果、玩具、学具等)		
所属阶段	相互关注		
活动过程	1.老师引导学生选择自己最喜欢的物品,放在手中摸一摸有什么感觉 2.学生按顺序说一说自己拿的物品的名称 3.老师选择一件物品并把它放在准备好的小盒子里面,让学生说一说物品放在哪里了? 4.老师把装有物品的盒子,与其他几个盒子变换位置,学生一直关注盒子的变化,并记住换到什么位置了 5.学生根据自己的观察、记忆找到盒子。打开盒子进行检验 6.老师让学生轮流往盒子里藏东西,再变化盒子的位置,再让同伴找		
活动提示	1.老师把学生喜欢的东西藏在盒子里,老师轻摇盒子,学生借助物品撞击盒子时发出的声音,激发学生猜测盒子里面装的是什么? 2.对于不喜欢声响的学生尽可能不用金属制的盒子 3.建议持续进行 6~8 节课 4.变化方式和变化动作的快慢、变换不同地点的设计要根据学生能力而灵活设计		

4-3-7

活动名称	摇摇小小船	设计者	王梅
设计意图	提高腹肌、髂腰肌弯曲力量和核心稳定能力,发展对别人动作、语言和表情的持续关注		
活动准备	大体操垫若干		
所属阶段	相互关注		
主要活动	1. 仰卧起坐或辅助下仰卧起坐,10个以上 2. 独立或辅助下做"背飞"(俗称小燕飞)10个,开始时可适当支撑上身再后举腿,循序渐进 3. 双人直腿仰卧起坐:两人一组对坐在体操垫上,大腿互相交叉压住对方,手互相拉住,要抓紧,眼睛互相对视,一人往后仰,一人往前探身,会数数的接力数数,不会数数的也要说:我坐起来,你躺下去(自然关注对方的语言),要想停,就要告诉对方"我要停",至少持续10回合 4. 观看小船视频,看摇晃的小船,把学生示范动作视频与之对照观看 5. 双人屈腿仰卧起坐:两人一组对坐在体操垫上,屈腿,一人腿在里、一人腿在外夹住另一人的腿,双手握住对方的肘部,尽量握紧后一人往后仰,一人往前随身,教师可以从旁给予动作辅助或语言鼓励:让我们的小船摇起来,摇呀摇,摇呀摇,让我们的小船慢慢停下来……学生要感受对方不再摇动而控制自己停下来,交换腿姿,至少能持续10回合 6. 坐"船"前进:保持上面姿势,两手分开分别撑地,腿夹着,一人先后撤,另一人则跟着前进,像"小船"前行		
活动提示	学生要穿宽松、方便运动的裤子,注意活动者身材、力量、灵活性基本匹配。"小燕飞"即俯卧平地,同时做抱头和抬腿动作		
备注	此设计受到海淀培智中心学校张娜老师启发,深表感谢!		

4-3-8

活动名称	拍气球	设计者	王艳
设计意图	借助五颜六色的气球作为训练的媒介,把吹好的不同颜色的若干气球捆绑在一条绳子上,高度要求学生伸手起跳就能摸到。当学生听到表示颜色的词语后,就要在绳子上找到相应颜色的气球,然后跳起来拍到它。锻炼学生手眼协调能力、反应能力的同时关注他人语言		
活动准备	吹好的气球		
所属阶段	相互关注		
活动过程	1.老师指导学生做好准备:吹气球并一起把绳子系到适当的位置 2.在绳子上悬挂气球,注意气球与气球之间有一定的距离 3.学生站在气球的下面,仰头观察气球,说一说有哪些颜色的气球,自己喜欢什么颜色 4.学生随意站在一个气球的下面,老师用手晃动拴着气球的绳子,使气球忽高忽低,忽左忽右,并说"气球来了",引导学生用手去拍打气球,能连拍三个最好 5.学生找到自己喜欢的颜色的气球,找到后就跳起来拍打它,几个学生都喜欢某颜色的气球,都可以拍,看谁能拍到 6.学生拍打气球,要求当听到老师说不同的颜色的名称后,在气球中进行选择,然后拍打 7.一起托玩共同喜欢颜色的一个气球,像托排球一样,叫谁的名字谁上前托球(手腕和肩肘配合)		
活动提示	1.所选的气球一定要质量好,注意离开一定距离,保证学生安全。一起拍气球时避免互相冲撞 2.根据学生能力可换成稳定性好的、较重的塑料球		

4-3-9

活动名称	发现宝藏	设计者	赵长宏、王梅
设计意图	通过腹爬练习发展上下肢协调性和本体感,为做上臂支撑打基础,同时关注学生或家长的动向,和他人一起寻找桌子、柜子底下藏的物品		
活动准备	桌椅(沙发、茶几或敞开式柜子),苫布,木地板教室或铺地垫,大小不等的皮球或汽车等学生喜欢的玩具		
所属阶段	相互关注		
活动过程	1.在木地板或地垫上练习腹爬(匍匐前进),20米一圈,连续做3圈 2.摆好用苫布苫好的桌子(桌子至少50厘米高),创设一起玩大球或小汽车的情境,玩的过程中球(或车开)滚到了苫布盖着的桌子下,让两个学生一组,同向腹爬着去够球,并用手把球拨出,奖励两个人,可重复一次 3.再玩小球,同样情境,要求持小球腹爬爬进爬出,奖励动作达到要求或持球爬出的一个同学(一个有奖励物、一个没有奖励物),促使两个人互相关注对方的动作和动作速度 4.其他同学当裁判要评判谁爬得对,谁比较快 5.多并排摆一列桌子(球可能从这张桌子滚到另一张桌子底下、增加难度),或桌子换地方、增加玩的学生至四人,玩小球(或其他可推、可滚的玩具)、捡小球,两人一组,哪组捡到就给予奖励 6.换人进行后,已进行的学生做直立放松运动		
活动提示	1.若组织成捡球活动就属于失误了,活动中学生关注的不是球,也不是桌子,是另一个学生或另一组学生怎么爬,比我爬得快还是慢,姿势是否爬对了,其他当裁判的学生也要关注这些 2.注意腹爬到柜子或桌子底下时不要撞头,个别学生可戴防护帽子,苫布苫的桌子或其他家具的高度要先高后矮,便于学生爬进爬出。拨出球和持球腹爬难度不同,要精心组织		

4-3-10

活动名称	开心果，好开心	设计者	刘海霞、甄亚娜
设计意图	持续关注老师的手部动作，看清老师将开心果装在大、中、小号哪个药丸壳中。摇晃药丸，凭借声音判断药丸中是否有开心果并能打开药丸剥开外壳吃到开心果，在发展关注的同时提高手眼协调能力、手指灵活度和力量		
活动准备	大、中、小号药丸盒20个、开口的开心果		
所属阶段	相互关注		
主要活动过程	1.剥开心果、吃开心果 2."藏"开心果，找开心果 出示两个大小不同的药丸壳，教师在学生的关注下将一颗开心果装进大（或小）的药丸壳中，将两个药丸壳同时摆在学生面前，问："你看见开心果装在哪个药丸壳里？"根据学生能力的不同以及视觉关注持续时间的长短，药丸壳数量可增加3个或4个 3.晃动药丸壳，凭声音找开心果 教师将开心果装入药丸壳中在耳边晃动发出声音，说："开心果在里面，"再晃动没有开心果的药丸壳："空的，没有开心果。"将几个药丸同时放在小筐中，学生凭晃动发出的声音判断有或无开心果，找到2个后可剥开吃一个或都吃了 4.将装有开心果和另一种物品，如：纸片的药丸壳让学生分辨哪个里面装的才是开心果		
活动提示	1.活动最初教师可以选用颜色不同的药丸壳以降低寻找难度 2.根据学生判断的准确程度，药丸壳的数量可逐步增多，将空的和有开心果的药丸壳混装在一起让学生连续寻找，让学生通过听声音练习判断装有一个或多个开心果，帮助建立"一个"和"很多"的概念 3.持续进行6～8节课为宜		

4-3-11

活动名称	抓"星星"	设计者	陈烁瑶
设计意图	利用视觉刺激，即会发光的"星星"来培养学生关注位置及其变化、关注动作的能力		
活动准备	星星手电筒或其他有图案的手电筒		
所属阶段	相互关注		
活动过程	1.打开两个手电筒并晃动，语言引导学生发现"星星"的亮光（注意房间遮光） 2.慢慢移动手电筒，分别照到孩子的肚子、手、肩膀等身体部位，引导学生尝试抓"星星"，及时调整晃动的速度，保证学生能够找到并抓住"星星" 3.在能比较熟练地抓到"星星"后，教师移动"星星"的位置，使其从孩子的上身逐渐移动到腿上、脚上、后脚跟等处让学生弯腰去抓 4.慢慢移动"星星"手电筒，将光照到离学生一步或几步远的位置上，学生能移动脚步去抓"星星"。及时调整速度，保证学生能够追得上，其后老师可以不断地变化"星星"的位置，但是移动速度放慢，让学生能够找得到、抓得住 5.逐渐加快速度并且不断地变换位置，让孩子快速寻找到"星星"的位置，抓住"星星" 6.用"星星"手电筒找东西：把食物或喜欢的东西放在暗处，故意照射到此物，让学生抓此物上的"星星"，抓到"星星"的同时发现可以吃或玩的，逐渐体会到手电筒的实用价值 7.使用手电筒		
活动提示	开始时要保证学生能抓到，孩子找不到"星星"或兴趣降低时可以快速晃动手电，避免照射到眼睛，要事先提示		

4-3-12

活动名称	听声音"抢"美食	设计者	刘海霞
设计意图	能关注教师的话,"抢"到自己喜欢吃的食物,有一定等待意识		
活动准备	视频资料片或录音、小饼干(或薯片、"好多鱼")等		
所属阶段	相互关注		
活动过程	1.听几种常见动物发出的声音,并和图片配对(视频) 动物的声音一定要逼真 随着活动的深入及学生对活动的熟练程度,教师可录制学生喜欢模仿的歌曲片断让学生听,并与歌名配对 2.看小动物照片,抢相应的食物 如要求看到小猫的照片吃桌子上的某种食物(小饼干等),练习之初,放在桌子上的食物要每个人都有,随着学生对规则掌握得逐渐熟练及对图片关注能力的不断提高,逐步减少食物数量,直到3~4个学生抢夺1个食物,逐步锻炼学生集中专注力,提高反应速度。但一定要听清规则后再抢,要等待 随着学生等待时间的持续增长,教师每组呈现的图片的数量可以逐步增加,关注图片的距离要有变化,如关注身边的图片,关注远处老师手中的图片等 3.听到指定的声音后可以吃桌子上的食物 可以根据学生感兴趣的物品不同,用常见物品发出的声音(如流水声、玻璃碰撞声、火车呼叫声等)代替小动物叫声,其他做法同前面,随着学生间互相熟练的程度的增加,教师可以将学生喜欢的歌词、数字作为关注声音来练习		
活动提示	建议4~6节课完成		

4-3-13

活动名称	愉快的"划消"	设计者	聂亚利
设计意图	划消数字或文字的同时关注老师的动作变化,提高注意稳定性		
活动准备	各种难度的自制"划消"训练用表		
所属阶段	相互关注		
主要活动	1.出示"划消"练习题,跟教师一起快速划去下面看到的"8"。数字间距大、字号至少4号字,老师示范划几个后就由学生独立划去,教师记录所用时间: 2398746510328797738652738257019303874109389016743 59874238241068 2.出示排列紧密的四列"划消"表,让学生还"划消8",教师记录总时间、"划消"总数、漏划数、错划数 2398746510328797738652738257019303874109382 8018 3.训练表不变但变化要求,划去8,同时7前面的8不划,教师记录总时间、"划消"总数、漏划数、错划数但不反馈,经常用"好,又划对了"等用语鼓励学生 4.教师和学生用不同颜色的笔一起"争先恐后"地划去数字2或其他数字,让学生有一定的"紧迫感",同时关注老师的动作和位置,老师要左右变位,学生要力争自己先于老师找到,制造快乐氛围很重要。可允许有些学生用手遮盖一部分的行为,目的是促使学生时刻关注教师		
活动提示	"划消"活动有助于提高注意力,但开始出示的数字不要多,两三行即可,多了学生容易放弃;"划消"训练表的难度要循序渐进,开始可以用不同颜色的笔、纸制作有意思的练习表,甚至可以"划消"小图片或小图形		

4-3-14

活动名称	挂在纸条上的食物	设计者	紫翠红
设计意图	在手眼协调练习过程中培养动作和语言关注		
活动准备	带包装袋的小食品、不干胶条、桌椅、报纸做的长纸条		
所属阶段	相互关注		
活动过程	1.同学们一起用报纸撕纸条(至少5厘米宽),越长越好,互相帮忙 2.自取自己喜欢的带包装袋的小食品(饼干、糖豆等),然后自己结成小组,高矮不同或喜欢物品不同的至少三人组成一组,每人都要告诉其他人自己喜欢吃的是什么 3.在喜欢吃的食物包装上沾不干胶条,然后沾在报纸条上,报纸条的另一头沾在黑板或高一点的柜子上,把食物挂起来后,学生自己说一说自己喜欢吃的是什么(除食物名称外尽可能把物品包装也说出来,如"我喜欢吃'好多鱼',在那个绿色亮亮的口袋里") 4.一个小组的学生一起来到黑板前,每人把自己喜欢吃的食物指给同组人(食物高高低低挂在黑板的不同位置上),然后分工取食物:如一人站椅子上,一人扶着椅子,一人说"拿那个绿色亮亮的口袋里,谁的什么食物"(说不全的可互相补充),一组取完再换一组 5.每组再说出一样老师喜欢吃的食物:事先挂在黑板上,必须描述清楚食物包装,说对了再请同学帮忙取下,分给老师和同组人吃,完成这一环节后开始打开包装吃食品		
活动提示	撕报纸、沾胶条、取物换物整个过程需要6节课以上		

4-3-15

活动名称	"矿泉水"乐队	设计者	苗颖、王梅
设计意图	针对喜欢咬手、晃手或嘴里喋喋不休的学生上臂力量弱,运动变化少和控制力差而专门设计,在运动中培养关注力,引导出动作参照		
活动准备	每人若干瓶装500毫升的矿泉水		
所属阶段	相互关注→相互参照		
主要活动	1.空手握拳、肘支撑爬行20米,至少做2个来回 2.抓握矿泉水瓶,鼓励空中打开并喝水,若打不开则可先帮助打开再轻轻拧上后再让学生自己开 3.每生一手拿一瓶矿泉水,做上举、平举各20个 4.两生面对面站,往前平伸臂,互碰矿泉水,先碰到5组、矿泉水瓶不落地的为赢 5.两手各自拿一瓶矿泉水自己独立做上举,两手矿泉水瓶对碰、头尾对碰、瓶身互碰均可,10次起步,越多越好,若做不到则可以在身前对碰,做到的可加上身后对碰 6."矿泉水"乐队:每生各拿2瓶矿泉水,环形排队,在音乐背景下,自己晃动自己的矿泉水瓶并做"动胯、跺脚、探身"等动作,然后随着音乐的变化,与身边同学或老师的矿泉水瓶自由碰撞,鼓励高高低低的变化并多碰着(自然由关注发展到动作参照)。个别上肢没有多动问题的学生可换"铃铛""响板"等伴奏,增加趣味性		
活动提示	1.平举、上举可以发展上臂力量和控制能力,通利胆经,对碰中的振动有助于本体感和后内侧丘系触觉的发展。撞击瓶装的矿泉水的瓶质量要很好,以免敲击后漏洒,力量弱的可以先拿半瓶水的水瓶对碰,逐渐增加分量或先拿小矿泉水水瓶,逐渐换标准瓶 2.学做肘支撑和平举到位等需要8～10节课,所有活动都进行完需要20节以上		

4-3-16

活动名称	吹纸条	设计者	王梅、甄亚娜
设计意图	增强口唇肌肉力量和口部肌肉控制,为清晰发音说话打基础,同时增加相互关注和参照		
活动准备	彩色、白色 A4 纸,撕得宽窄不同的卫生纸,薄厚、长度不同的纸条		
所属阶段	相互关注→相互参照		
活动过程	1.与同学一起撕纸条,以 A4 纸为例,横向摆放,上面留 3 厘米宽不撕断,下部撕出一条条的,整个纸撕成"帘状"。条的宽度是先宽后窄,根据学生能力,可有的有"折印儿",有的没有。纸条颜色由学生任选 2.观察同学纸条的宽窄,说出其不同,有的可以用卫生纸撕,这种"纸帘"容易被吹动 3.多生举起自己喜欢的"纸帘"遮住脸,老师和一两个同学在对面吹纸条,吹动后要能看到对方,并高兴地说:"我能看见你了!"换成拿纸帘的同学吹纸条,鼓励使劲吹,争取能通过掀动的纸帘看到老师或对面的人 4.两人一组,我拿你吹,你拿我吹,要能透过纸帘看到对方,两人可吹左右不同位置,纸帘越分开越好;其后一起吹,看纸帘往哪边飞,双方都要距纸帘至少 15 厘米以上 5.可以根据年龄和肺活量大小先后进行"吹泡泡"或吹蜡烛、"吹龙"等,"吹龙"时不能只是吹,要组织"对对碰",吹泡泡时要一个吹,几个抓,增强关注和变化是目的		
活动提示	注意匹配学生能力,避免过强和过弱一组,把吹气、憋气和关注、参照结合起来,防止为吹而吹。要牢记吹纸条的主要目的是增强关注		

4-3-17

活动名称	新式跳"房子"	设计者	聂亚利、王梅
设计意图	在跳跃过程中增强腰腿肌肉力量和本体感,关注同学的位置,根据同学的位置变化而变化自己的位置			
活动准备	不光滑的较空旷地面画上多个格子,如图,1和2、4和5、7和8都为双脚站立点,小沙包一个			
所属阶段	相互关注向相互参照过渡			
| 活动过程 | 1.学生从前、左右等角度观察图形,说出像什么? <br> 2.学生站房子图两侧,教师示范:增强孤独症学生关注力,直接让他站到6号位或8号位,教师去找他。然后开始跳,双脚站、单脚站,再双脚站,到6号位或8号位时跟他握手,然后再跳回来,换人接着跳,中间站立者也可调换 <br><br> ```
         /\
        /  \
       ┌─┬─┐
       │7│8│
       ├─┴─┤
       │ 6 │
       ├─┬─┤
       │4│5│
       ├─┴─┤
       │ 3 │
       ├─┬─┤
       │1│2│
       └─┴─┘
``` <br><br> 3.可以用沙包投掷的方式再做,先扔沙包到6号位,学生或老师按规则跳过去捡沙包并拿着交给指定的人,如沙包投到4号,学生站在房顶,学生跳着拿到后交给那个同学。跳过去的学生返回并获得奖励 <br> 4.站立房中的学生可以变换一次位置,跳的学生要及时应变,根据不同站位变化自己的跳跃点(旨在发展参照意识),见面后要与之握手、拥抱、击掌 ||||
| 活动提示 | 1.房子形状和格子数量可以根据学生能力改变,能力低的格子大、数量少,双脚站立点多
 2.建议持续6~8节课,不断变化房子的画法,可分组进行,个别的可以走进走出
 3.关注同学动作、站立位置、语言表情是此活动的重点 ||||
```

4-3-18

活动名称	纸条拔河	设计者	苗颖
设计意图	在纸条拔河的游戏中，促进学生手臂力量，并在游戏中关注到他人力量的变化，能在活动中适当地调整用力		
活动准备	报纸、布纹纸多张		
所属阶段	相互关注→相互参照		
活动过程	1. 撕纸条 学生在教师的组织下把废报纸或布纹纸撕成长长的纸条 2. 纸条拔河 两名同学一组，拿一张长纸条"拔河"，纸条断了，长段纸条的一方为胜 3. 变换指条粗细和形状，看看谁能使纸条不断，先拔过两人的中线（对坐，找出中间位，标出中线） 4. 变化用力，看哪组持续时间长，即一方要根据对方用力而收力，像"拉大锯"一样，持续时间长的组获胜 5. 可让学生自己挑选对手、纸条自由开展		
活动提示	注意学生臂力、腕力的匹配		

4-3-19

活动名称	神奇的画	设计者	刘海霞
设计意图	手指作画的过程可以进一步加强触觉刺激或脱敏，提高手眼协调能力，几名同学在一张大画布、画纸或纸板上写画，相互关注对方画的动作和内容		
活动准备	水粉颜料盘、画布、画纸、清水和水盆		
所属阶段	相互关注→相互参照		
活动过程	1.欣赏一些学生的画作，带领学生用手沾不同颜色的颜料在纸上任意写画，喜欢什么颜色就沾什么颜色，同时准备水盆、清水，方便学生洗净手 2.教师和学生一起写字、绘画，如：教师用手指沾红色画一个圆，让学生在外周添线条，变成太阳；教师用绿色画花叶，学生用手掌印上手印画成盛开的花，逐步组成一幅漂亮的画，让学生体验写画的快乐 3.可以帮助学生用同样的方法与折纸技能配合，做立体作品，如给白色花瓶填色、给小动物添眼睛、翅膀……需要教师发挥创造能力，让学生体验成功的快乐 同样可以用彩色在大纸板上画画、写字 4.写画的形式、材料和方法很多，一些会写字、爱写字的学生也要注意教师和其他同学是怎么写画的，还可以拿出自己做的和教师、家长做的比较，反复改变用笔和纸张 5.一些从不会写画、也不爱写画的与运动不协调、触觉敏感、肩肘部本体感发展迟缓有关，开始时要以激发兴趣为主，培养画画本身技能为辅，待关注力、手眼协调能力提高后，绘画写字水平随之提高		
活动提示	避免为画画而画画的组织教学方式，画画只是媒介，目的是提高关注和参照		

4-3-20

活动名称	我会玩"拉大车"了	设计者	张艳丽
设计意图	经过改编的"拉大车"活动既可以利用孤独症的视觉优势培养其自我认可,又可以培养他关注他人出牌、抓牌的动作的意识,能等待和配合多回合出牌需要参照意识,活动本身还可以使学生感受与他人互动的乐趣		
活动准备	4副扑克牌(不能太滑)拼成一幅特殊的扑克,有多张同花色的2-9,大小"王"牌		
所属阶段	相互关注过渡到相互参照		
活动过程	1.几个人每人"洗"一部分牌,练习手部控制能力 2.几个人(至少两个人)一组,每人轮流抓取三张扑克牌(开始可抓1或2张) 3.一人先出,出一张才可以再抓一张,轮流出,每人看到自己这张牌与前面的牌的花色相同,就把两张相同牌及其中间的牌全拿走,可以在三张牌中选择出牌。一人拿走后换下一个人出,下一个人出牌后,若因没有看到而未拿走相同花色的牌,过后不许再拿走。轮流进行,直到牌都抓完 4.牌抓完后谁手中的牌多可得到鼓励 5.掌握规则后可加入个别干扰牌(如JQKA凑不成对),可变为谁先出完谁得奖励,这样儿童会更关注对方剩的牌数 6.根据学习情况变换规则,增加难度 如要说出自己拿的牌都是几或有几张、一次洗多张牌、用标准的扑克牌、先出完为赢等		
活动提示	根据活动人数组合牌的数量,人少牌就少,用感兴趣的图片自制扑克牌也可以		

4-3-21

活动名称	大肚子找朋友	设计者	宗佳
设计意图	关注歌词中的关键词,迅速做出相应反应(用自己的肚子撞别人的肚子),提高学生的听关注能力的同时发展协调运动、控制能力,为培养参照意识打基础 后背碰触主要为发展本体觉,互相不看能碰在一起		
活动准备	松紧带、靠垫、多个可爱的小熊图片		
所属阶段	相互关注		
活动过程	1.观察多个胖胖的可爱的小熊图片,激发学生的喜爱之情,然后在每名学生的腹部用松紧带绑一个靠垫,模仿小熊动作 2.将学生分成2组,围成内外2圈,两圈学生面对面站好 3.听歌曲《找朋友》做动作(如前弯腰、侧弯腰、点头等),听到歌词"找呀找呀找朋友,找到你的好朋友"时,用肚子与对面的学生碰一碰,此时音乐停顿,让学生充分体会快乐。然后再跟着后面的歌词继续做动作 4.歌曲结束后,内圈的学生向右边挪动一个位置,与另外的学生面对面站好。准备完成下一段乐曲的动作 5.在每个学生后背、腹前各绑一个靠垫,放改变过的歌曲,如可把找朋友或健康歌等串烧在一起,告诉学生听到什么歌词时用后背靠垫碰碰,听到另一句歌词时用腹前靠垫碰碰和挤抱在一起,自由碰		
活动提示	营造快乐氛围下面对面碰触是为提高关注力,后背碰触是为发展本体觉,组织中要根据学生能力设计		

4-3-22

活动名称	橡皮筋火车	设计者	王梅、张娜
设计意图	髂腰肌关乎髋关节屈曲，发展髂腰肌有助于髋关节的稳定和维持坐姿。很多孤独症儿童坐不住、髂腰肌松弛，需加强训练。在跪走训练中借助火车游戏加入关注意识培养，一举多得		
活动准备	长松紧带若干条		
所属阶段	相互关注→相互参照		
活动过程	单人高跪正走30米一圈，走一圈 侧跪走30米一圈，两圈 倒跪走30米一圈，一圈 站立玩开小火车的游戏，互相搭肩，开到"车站"，到站下一个人 两人一组，相对而跪，搭上肘臂，一个正跪走、一个倒跪走，20米来回，换位置再走20米 跪走开小火车：两三个学生一组，正跪走，相互搭肩，顺开小火车 三四个学生拉起橡皮筋，一前一后两个中间，学生之间至少要间隔1米，正跪走，像开小火车一样。学生手轻放皮筋上，要保持皮筋高度平衡，皮筋"火车"形状在走的过程中不能变形，"火车头"要说："开车了，到站了，请下车"等话，其他学生配合。要高跪着（不站起）从"橡皮筋火车"中下车（即钻出）且不能跌倒。换人当"火车头"再重复此过程。 "橡皮筋火车"活动能增多学生的关注点，视后面学生情况而"开、停火车"，即利用和发展参照意识		
活动提示	为保护膝关节，学生跪走时要带好护膝，开始时要挑选关注好的学生"当火车头"		

4-3-23

活动名称	有用的夹子	设计者	张艳丽
设计意图	针对学生手指力量弱、手腕转动困难，自理能力低而设计，从体会用夹子的过程中体会自己手有力量有本事，进而增加自我认可，同时在认识物品摆放地点的过程中发展出参照意识		
活动准备	各种大小、硬度的夹子、发夹，日常物品（抹布、小件衣服、书本、塑料袋等）		
所属阶段	相互关注过渡到相互参照		
主要活动	1.认识生活中的夹子的用途，如文件夹、发夹、晾衣架上的夹子等 2.相互合作开合不同的夹子，挑选不同的夹子夹住要夹的东西：书本、衣服、头发、抹布、塑料袋，分辨不同夹子的不同用途 用两手掌或两手指作夹子，夹其他同学的手或手指，增加关注 3.体验夹子的不同力道：用表面平缓、较宽而力度适中的塑料夹子夹住学生的手指、手掌等，感受夹子的力量，用夹子夹住袖子，感受松紧变化 对个别不断啃咬、吸吮手指的学生可用力道略大的12个塑料夹子同时夹住大拇指、食指、中指，他们喜欢这样做，但时间和力道一定要控制好，一般夹住3秒要及时拿下来，拿的过程要轻，然后按揉3秒后再夹，重复几次 4.练习打开各种需要较大力量才能打开的不同的夹子，学生看到自己能打开很多的夹子并夹住不同的物品，可增加自我认可 5.两人合作用夹子整理多种物品，一人拿着一人夹，或一人给另一人戴发夹，并练习说刚做的事情：我会用夹子夹住……		
活动提示	家长带领孩子在生活中多使用夹子等小工具，提高孩子的自理能力及自我认可，建议10~12节课完成		

4-3-24

活动名称	捉人	设计者	杨艳平
设计意图	关注语言(声音)变化和前面同学的动作,在游戏情境下发展语言理解、眼神理解和相应的参照意识		
活动准备	长毛巾或长的粗绳子		
所属阶段	相互关注过渡到相互参照		
活动过程	1. 按照顺序排队,腰间系长毛巾或粗绳子,方便后面同学拽住,每人都要系,随时换排头和排尾学生 2. 找一名学生和教师,搭起拱形桥式的架子 3. 在听到开始的时候,有序排队通过拱形桥式架子,边走边说:"快走快走快快走,不会被捉住;慢走慢走慢慢走,这就被捉到"(类似"一网不捞鱼"的游戏,但儿童缺乏想象力,要改变名称和用语,如也可以说"前进前进我前进,快快慢慢走不停") 控制好语速和语气,可重复几遍其中的话,开始时要及时捉住一两个学生,被捉住的要换下或排到队尾。及时变化语速,要捉前可以高关注某人,给予眼神提示,根据他的反应决定捉不捉,若他有快速通过的意识则要放过 4. 奖励没有被捉的小朋友笑脸或食物等 适时换人搭架子,搭架子者之间要开始商量先捉谁再捉谁,捉人时动作步调要协调一致		
活动提示	1. 安全为主,后面的学生注意别踩到前面学生的脚后跟,选择好排头以控制速度 2. 绳子和毛巾都要柔软,松紧视学生情况而定 3. 若秋冬季穿的衣服多且方便拽时也可以相互拉住衣服		

编著注:过渡阶段上完后是否进入下一阶段要依据本书第六章内容进行评估,全班三分之二学生可以通过则进入下阶段。

附录 4-4 自主交往中参照阶段的教学设计

4-4-1

活动名称	种小草	设计者	宗佳
设计意图	每名学生参考小草的样子,按顺序依次作画。每人只画一笔,3人合作画出小草		
活动准备	可多次写画的纸、垫子、水和小水桶(瓶)、绿彩笔		
所属阶段	相互参照		
活动过程	1. 出示画有一片树林和小木屋的大幅画,地面上是光秃秃的,问学生可以画什么(小草、小河) 2. 学生观察简笔画——小草,记住是怎么画的,自己手指沾水在桌上画直线、斜线,小草(如下图) 3. 学生坐一排,面前摆放一块垫子和装有少量水的水桶(瓶),垫子上放着纸,从左到右编号 4. 三个学生合作完成小草画,按照编号顺序,第一名学生用一只手指蘸一些水,在纸上画一笔。画完回到座位上,第二名学生用手指蘸水,根据第一名学生画的笔画,画小草的第二笔 5. 所有学生按顺序在教师面前的大纸上画一笔,后面学生要参考前面学生画的,当画好第一棵小草后,可开始画第二棵。尽可能多画几棵 6. 所有学生画过几次后,在大画纸上用绿彩笔一人一笔画小草,后面的学生要参考前面学生画的笔道、位置来画,相互欣赏		
活动提示	可变换绘画主题(如小山、房子等),用多人每人一笔连续画画的方式完成,绘画是培养参照的媒介,写字也可用这种方式学		

4-4-2

活动名称	小棒变变变	设计者	王艳
设计意图	从简单的位置参照、动作参照到位置、小棒的颜色的多角度参照,进而要同时考虑选取小棒的颜色、长短,选择小棒所放的位置是否合适,从中理解前一个人的摆放意图,为意图理解作铺垫		
活动准备	长短、颜色相同或不同的若干塑料小棒		
所属阶段	相互参照		
主要活动	1.摆小棒:参照教师用相同颜色的小棒摆数字和图形,如 +△□☆◇← 2.教师摆一根,学生摆一根,用不同颜色、长短的小棒摆汉字:如三上下十口木工干日王由田目石刀 3.变图形:选择不同颜色、长短的小棒跟着教师或学生摆图形,自由变化,一人摆一根,另一人跟着摆一根,位置、长短、颜色都可以变,但可以提示学生:你要先想好自己摆什么?想想他(跟他一起摆的人)要摆什么?多提醒,免得总摆不出来 开始时允许摆不出规整的,可以问学生像什么,注意引导学生想想自己要摆什么,别人要摆什么(意图理解) 4.变位置:改变数字中的小棒的位置,使数字变成另一个数字,如8变成0,学生摆好后老师拿走一根或两根,在老师摆好后学生拿 使图形或汉字变成自己已知的另外一个图形或汉字,如三变成王,田变成由,方法同上 5.学生发起,教师跟着摆,随时提问:你是要摆个三角形吗?若学生说不是,教师接着猜,要故意说错几次,学生可多动脑,换成教师摆学生猜		
活动提示	教师摆学生猜已有意图理解练习,建议12节课以上		

4-4-3

活动名称	菜谱拼拼拼	设计者	赵长宏、王梅
设计意图	说出常见菜的名称，建立自己喜欢的菜的菜名、原料联结，与学生一起搭配菜谱和原料，关注自己和别人爱吃的食物的不同，阅读菜谱		
活动准备	根据班里学生兴趣自制菜谱、菜品和原料图片		
所属阶段	相互参照		
活动过程	1.说一说、认一认自己爱吃的菜，主要是家里和学校常吃的 2.说一说、想一想这些菜是什么原料做的，在若干图片中找出来：如西红柿炒鸡蛋主要有西红柿和鸡蛋，有的学生可能一开始会找错，开始要让常吃这道菜的学生找 3.两个学生一组，提供自制菜谱，自己根据菜谱每人点一个菜，然后找出原料图片；找对后收起菜谱，让学生想一个菜，拿出一张这道菜的原料，另一个学生拿其他的原料图片，若这道菜只有两个主要原料，则把他们找对的原料放一边，若有两个以上的原料，则继续由第一个拿图片的学生再拿，一个学生拿一张图，直至找对三个菜（参照意识），看一看自己喜欢的菜与别人喜欢的菜的原料差别 4.与另一组学生相互展示找出的菜，记住菜名（由会写字的记录菜名），进一步加深原料与菜名的联结 5.把学生爱吃的菜写成菜谱，与图片对照，请同学阅读		
活动提示	1.与生活经验有关的课要与家长配合，如家里做这道菜时让学生看着，并说出原料名称 2.学习期间按学生点的常见菜准备晚餐，加深印象和现实经验，第二天要交流吃了什么菜 3.建议持续学习6~8节课		

4-4-4

活动名称	围追堵截	设计者	王梅、王迎
设计意图	经过改进的真人版的类似打"地鼠"活动,根据对方探头、伸手的速度调整自己的动作,争取不要对方"跑出来"		
活动准备	半人高的柜子或讲台,遮挡起来看不见对面的桌子,小软靠垫		
所属阶段	相互参照		
活动过程	1.追追跑炮 组织几人一组在操场上追追跑跑,追跑的角色要不断调换。要会调头跑 2.我跑你追 四五人一组在教室里的柜子、讲台对面站立,两个站一边,另两三个占另一边,然后两人藏起来(只需蹲在桌子、讲台后面,不许坐地下),不许露头或胳膊,站着的学生尽可能安静,每人手拿一软靠垫,藏的学生很快就想站起来,只要头或胳膊露出台面,另几名学生就可以用手中小靠垫击打,被打中者就退出活动并换人,及时缩回者则可以继续,逐渐明白露哪打哪、伸哪打哪的规则,可选出两人当"裁判" 3.两人一组在教室里站在讲台或柜子对面,相互追跑,(四周不宜过于空旷,利用墙壁和桌子巧妙安排),一人往东跑,一人要从东面堵住,一人看这人从东面过来了一段距离后,这人要调头往西跑(参照对方位置、运动速度而调整自己的位置),捉住对方或2分钟左右没有让对方捉住即可得到鼓励		
活动提示	1.使用的靠垫(或类似物)一定要轻软,即使使劲也不会打疼对方 2.讲台周围不能有障碍物,讲台的两侧跑动空地不宜过大		

(编者注:不仅关注对方,根据对方变化要做相应变化,即为参照意识)

4-4-5

活动名称	色与形的变奏曲	设计者	王梅
设计意图	在认识各种常见物品颜色和常见形状、能说出基本名称的基础上,能注意听别人的话语并正确连接,强化持续地听说配合		
活动准备	颜色图卡或字卡、形状图卡或字卡		
所属阶段	相互参照		
主要活动	1.认识各种常见颜色和各种海报上的食物的颜色:红的西红柿、苹果、大虾,绿色的香瓜、绿色包装的薯片,黄色的香蕉、梨 2.每人选出自己喜欢的几种颜色图卡(如几张红色、一张黄色、几张绿色的)和食物海报图卡五到六张,图案颜色可重复,集中放在一起,然后每人抓一张拿在手里 3.几个人一起玩出卡游戏:一人先出一张,如出示红色或苹果图卡,要看着图卡说出"我要红色的苹果"(不能只说颜色、要说这种颜色代表的东西),然后把图卡放在桌上,再抓一张图卡拿在手里等待下一轮自己发言。下一个人也抓到了红色的,他要说"我要红色的西红柿"(不能与别人重复),说对了就摆放在前一张图卡上,再抓另一张图卡拿着并等待。第三个人拿到了绿色的,他要说"我不要红色,我要变绿色的香瓜"。第四个人可以根据自己的图卡决定自己变不变。说不出来或说不对具体食品名称或重复说了别人说过的答案即停抓一次图卡,最后说得多且对的有奖励 4.再重新排列图卡(像洗扑克牌一样),重新抓 5.换成形状图卡,活动方式相同		
活动提示	参照别人说的答案,必须变化后说出自己的答案,同时建立颜色、形状、物品名称的联系,中间不能提示,没有一定语言参照能力的完不成此活动		

4-4-6

活动名称	瓶子演奏会	设计者	王艳
设计意图	利用瓶子可以装东西的特点,培养学生对连续动作的参照能力,引导他们能够较好地操作瓶子,使其发出不同声音,为形成动作联想打基础		
活动准备	各种形状的塑料瓶、沙子、大豆、大米、绳子、球		
所属阶段	相互参照和简单联想(意图的初期阶段)		
活动过程	1.做一做:你能让瓶子发出声音吗? 2.将准备好的沙子、大米、豆子、绳子等装入瓶子,听辨瓶子里装东西后发出的声音,说出喜欢的声音并反复操作 3.三人一组,在短乐曲伴奏下,依要求参照前一个学生摇瓶子的次数后确定自己摇的次数,并要知道自己停止,让下一个同学摇动瓶子(乐曲一定要短,开始30秒左右,若其中一个学生摇着不知主动停,则要他意识到音乐停了,别人还没有摇),换首乐曲继续配合 4.集体演奏乐曲:6人左右,在一段乐曲伴奏下,依要求参照前一个学生的摇瓶子的次数确定自己摇的次数,不规定每人具体的摇动的次数(参照别人决定自己的行为) 5.瓶子保龄球游戏:用球击倒2米左右距离外的瓶子,要注意别人打倒几个,下面再打的人应该怎么打		
活动提示	注意别人的活动及其结果始终是重点,一般需要持续进行8～10节课才可能掌握此项活动		

4-4-7

活动名称	多彩"守门员"	设计者	朱丽娟、王梅
设计意图	根据对方的动作和力度,调控自己的手的动作和力度,然后调控吹的力度,增强动作控制、口唇控制和相互参照,并开阔眼界——绘画的新方法		
活动准备	直径1~2厘米的小绒线球、鞋盒(或毛衣包装盒等)盖(在白色底面上依次画好半圆、整圆和半圆,如图)和什么都不画的空盒盖、中国画天然矿物质粉状颜料		
所属阶段	相互参照		
活动过程	1.挑选自己喜欢的颜色的颜料,盛一小勺放在盒盖里自己这侧,鞋盒盖竖放,把小绒球放在中间,两人分别拿住盒盖的一端,一起滚盒盖里的小球,争取把小球染成自己喜欢的颜色,事先强调谁撕坏盒盖就让对方滚球,注意学生上肢动作控制能力要匹配 2.在正中圆形里放入几种颜料,两人要协同晃动小盒,把放入盒中的小绒球变成多彩小球,同方法在盒内晃动染色,多制作几个 3.观看一组足球图片,知道球进对方球门算赢 4.吹盒盖中的多彩球(先用小球再用大球),力争吹到对方球门,同时多彩球在盒内滚动自然即在鞋盒盖里作画 5.各组相互欣赏别人吹出来的画作		
活动提示	1.相互参照始终是这个活动的主线,动作控制和绘画是中介和成果 2.小绒球沾的颜料不宜过多,避免吹出"灰"		

4-4-8

活动名称	听短文找词语	设计者	姜德强
设计意图	强化听觉关注的基础上培养听觉加工和理解能力,能在听一段小短文后回答简单的问题		
活动准备	听觉训练材料和自编生活小短文		
所属阶段	相互参照		
主要活动	1.听反应:听辨方向,几个人叫名字,听到去找叫自己名字的人 2.听找数字或常用词语,问学生刚才出现过没有 根据学生能力水平让学生听一段短文,学生听完后让学生说出某一词组或某一个字的个数 3.听记重复数字,看看谁的耳朵灵 如 356、7682、13582、48921 不断增加长度 4.听数字、记数字,简单概括 给学生读一段数字,读完后让学生说出某个数字出现的个数:如陈述"妈妈带丽丽进了一家超市,买了一个面包和三袋牛奶,然后她们就回家了",问这句话中数字1出现了几次 5.听短文回答问题 让学生听一段短文,事先没有提示,听完短文后问学生几个短文中的问题 6.听词抓手活动 几个学生先准备好,一个手准备握拳状,去攥另一个学生的大拇指,而另一个学生的手伸出大拇指,准备从另一个学生的手中逃跑。活动开始时,教师讲一个小故事,规定好当故事中出现某一个字时,大家同时动,一个手攥,一个手逃,看结果定输赢。(需要注意分配,许多儿童要长期训练后才能完成)		
活动提示	在参照能力发展到一定程度后,而且需要训练的时间较长,建议持续进行 20 节课以上		

4-4-9

活动名称	位置变变变	设计者	门越、王梅
设计意图	学生能够关注各种周围同伴的提示性语言,能进行简单的生活情景对话,有表达自己需要的口头语言,会排队并且有一定的方位感和顺序感,发展他们参照语言的能力,根据变化的提示找到变化后的位置		
活动准备	桌椅或储物柜、熟悉的物品、多媒体教学情境		
所属阶段	相互参照		
主要活动	1. 我的座位变到了哪儿 换座位找座位:学生座位上加小物品或装饰,有的明显,有的不明显,变换座位,让学生根据学生或教师的语言提示(位置、上面放的物品、标记不断变化)找到相应的座位,并说出左右、前后座的学生 变换描述者和寻找者,继续练习 2. 说一说怎么能让学生很快找到自己的座位 对于能力强的,若不想让学生找到,学会应该怎么做(联系意图理解) 可拓展进行的活动:我把书包(或其他物品,如水杯等)放哪了?应该放在哪儿?学生书包没放对。我可怎么办? 3. 我应该坐在哪个位置? 结合看电影或演出,对号入座,根据座位号找座位或请服务员(教师装扮)帮忙,若不对号入座,我应该坐在哪? 4. 根据公交车真实图片创设情境,结合公交车的座位安排,在情境图片帮助下,有前后排、靠门靠窗多个空座位,我们(和某个同学)一起上车,应该可以坐哪儿?		
活动提示	适时建立秩序意识,根据学生能力持续进行12~16节课时		

4-4-10

活动名称	猜猜生活中的动词	设计者	门越
设计意图	与学生每天做的劳动相结合,在培养自我服务意识的同时发展参照意识和联想能力,为意图理解作铺垫,同时结合动作记住重要的动词并分辨		
活动准备	真实录像或照片、抹布等劳动工具		
所属阶段	相互参照		
主要活动	1.桌子脏了怎么办? 出示图片,午饭后,桌子上还有米粒和菜汤怎么办?喝水时水洒在桌子上了怎么办?地面脏了怎么办? 想一想,说一说 2.做动作让学生猜一猜擦桌子的步骤 实际跟着教师体验一两遍,学生按顺序做擦桌子的几个动作:一连串动作包括弄湿抹布、拧干、擦桌子、洗抹布、再拧干、挂起来,再让学生做动作,其他学生猜他在干什么? 3.学生分组一起完成擦桌子的整套动作,两个人同时擦一张桌子,动作之间、位置要协调一致(参照学习) 4.想一想我们平时在学校和在家还做什么劳动?并说一说劳动时常用工具 做动作让学生猜一猜有关的连贯动作名称:弄湿毛巾、洗脸、洗毛巾、拧干是在干什么? 倒垃圾、扫地等都可以比比划划,学生辨析(渗透意图理解) 倒垃圾、倒热水、倒脏水的动作有什么不同,并记住动词"倒";做擦手、擦脸油、擦桌子动作并记住动词"擦" 5.学生一起完成简单的劳动,说出干了什么。主要是学习动词		
活动提示	与家长配合,强调要跟上劳动中的动作变化(参照),并自然学习一些便于交流用的动作		

4-4-11

活动名称	百变面人	设计者	甄亚娜
设计意图	在练习和面的基础上掌握面部五官、表情及其变化,使动作参照和表情参照有机结合		
活动准备	一个和好的大白面团、几种带颜色(不同蔬菜汁的颜色)的小面团		
所属阶段	相互参照		
主要活动	1. 和面揉面并制作面人(人脸):继续发展上肢肌肉控制能力;推拉、翻腕,肩肘腕手高度配合 2. 教师用面团搓成条状和小球等形状,摆出小人的脸,并让学生看。其后,教师做出脸的一部分,学生参照教师做的补上缺少的部分,形成各种小人脸的造型 3. 胖脸和瘦脸:教师跟学生一起做胖胖脸、瘦瘦脸等进一步的变化,在用面摆完之后,自己学这个表情,体会其中的滋味,胖胖脸的两颊要鼓起来,瘦瘦脸的脸颊要缩回去 4. 笑脸和哭脸:在观看录像的基础上,或结合学生近几天的情绪,让学生变化面团表情,哭脸和笑脸进行转换,观察"小面人笑的时候的嘴角是向上的,他的眼睛是眯着的;小面人哭的时候他的嘴角向下或张大嘴,眼睛下面也是流眼泪的",根据观察变化自己的小面人 5. 根据语言描述添加变化:根据描述,如"这是个小女孩",让学生自己添加,可以加上头发、衣服,描述为"这是个爱吃饼干的小男孩",让学生把吃的(彩色面团制成的假装物)放进嘴里……此活动有助于联想能力的发展		
活动提示	对触觉十分敏感的学生,开始时要提供小而硬的面团,逐渐过渡到软而粘的面团,在教学的同时进行感知脱敏		

4-4-12

活动名称	小小化妆师	设计者	苗颖
设计意图	了解画中人物胡子（或鼻子）的位置并练习粘贴，在此基础上利用小镜子来给自己或学生贴"胡子"，提高学生空间位置的参照能力，同时利用学生喜欢粘贴物品的兴趣，引入生活中常见的便签纸条的使用		
活动准备	各种五官贴纸（可用不干胶条和生活便笺纸自制）、小镜子、身边人化妆照片、老爷爷照片		
所属阶段	相互参照		
活动过程	1.观察化妆与不化妆的各种人的图片，同一个人的不同装束，学习化妆一词 2.给照片贴胡子 学生参看各种有胡子的老人照片，看教师如何"贴胡子"，再两人一组，选择一张照片，给照片上的人贴胡子 3.给自己化装：贴胡子和眉毛 对照小镜子给自己贴胡子或眉毛 4.给学生贴胡子（个别可以涂抹红脸蛋） 选择自己的好朋友（同学），给好朋友贴胡子，要知道根据对方要求和脸型选择胡子和涂红脸蛋，并把化妆和未化妆人的图片用便笺纸标记，把胭脂盒上也贴上便笺纸，以了解生活中便笺纸的用途，同时加强练习撕与粘 5.表演 装扮好后一起学老爷爷走路，走在前面的"老爷爷"走，大家就走，他停，大家就停（参照） 可拓展增加贴眉毛、头发帘儿、衣服等装扮活动		
活动提示	对皮肤敏感的学生使用贴纸时预先贴在手背等部位测试其是否过敏，即使不过敏也注意及时撕掉，贴自己胡子用的贴纸黏度不宜过大		

4-4-13

活动名称	积木建筑师	设计者	张艳丽
设计意图	学生在垒积木的活动中参照教师、同学的动作、语言,在推倒积木的过程中宣泄情绪,体会"自己"有力量		
活动准备	各种大小不同、材质不同的积木		
所属阶段	相互参照		
活动过程	1.两人一组搭"泡沫积木",你搭一块,我搭一块(参照式学习),形状不限,鼓励摞着搭,直到积木自动坍塌 2.两人一组搭木制积木,教师用语言提出玩积木的要求,"把积木码得高高的!"其中教师利用语言引起学生的关注:"看,××的积木好高!"等类似的语言,请学生参照别人的方法来码一码,也可以自己尝试更换方法来码 3.纵向排列方式码积木,像多米诺骨牌,然后尝试推倒几个 若不会,教师可示范一种码的顺序或是推倒的动作(前、后、左、右),学生跟随教师一起来玩 4.组织学生一起码高楼,要和前面的学生码放的方法、方向基本一致。如先放红色的长方形,再放绿色的积木,第三放蓝色的正方形等,然后请同学"推倒",鼓励一次性推倒很多个的学生"真有力量" 5.有主题地搭积木;如搭高楼、搭火车等,若能结合搭的积木进行口语对话则更好:你下面底座是用什么颜色的积木搭的?换一换行吗?你想怎么换?并尽可能鼓励学生提问		
活动提示	若增加建造者保护"高楼",破坏者"推倒"高楼的互动则更好,有助于学生产生更多的联想		

4-4-14

活动名称	跳呼啦圈	设计者	王艳
设计意图	借助学生喜欢的零食图片和呼啦圈作为活动的媒介,训练学生参照同伴的语言进行语言表达的能力		
活动准备	彩色呼啦圈,食物图片(内容均为从校门口或附近商店买到的物品,如:面包、糖果、酸奶等)		
所属阶段	相互参照		
活动过程	1.每个学生根据教师取呼啦圈的地点、动作取一个呼啦圈,拿在手里 2.教师把手中的呼啦圈放在一个空间较大的地方,学生参照教师在地上摆出形状,一字排开或正方形、Z字形,随意摆,教师摆一个学生摆一个(最好不要事先画好图案,按图案摆不是参照、也不是关注,是秩序性引导的视觉反应) 3.教师依次从一个呼啦圈跳到另一个,然后引导学生跟着做,要求提示:只有前面一个学生跳出圈后你才能跳进去。不能一个圈里面同时有两个人 4.教师变换动作方式:把呼啦圈从自己的头顶套进去,让呼啦圈落在地上,然后再从呼啦圈中跳出来,或用腰转动呼啦圈,要求能做的学生跟着做 5.组织学生依次跟着教师和前面的学生一起做 6.开始时跳对的学生能得到食物图片奖励,中午或下课后跟教师去购物 7.购物中如何取货架上的物品,如何付款同样包含参照学习		
活动提示	在参照学习过程中教师要少提示、少要求,学生多看、多跟随、多想		

4-4-15

游戏名称	照镜子	设计者	王艳
设计意图	借助我们每天洗漱的时候都会使用的镜子作为教学媒介，帮助学生在照镜子的过程中看清镜子的动作和表情，通过照镜子的方式懂得观察、调整自己的动作和表情		
活动准备	大小、形状各不相同的镜子，一面穿衣镜		
所属阶段	相互参照		
活动过程	1.认识生活中常见的各种形状、大小不同的镜子。一起照镜子看镜子里面有什么，教师边照边说"老师生气，撅嘴儿；老师哭，呜呜呜；老师笑，哈哈哈"，学生观察，再让学生自己做五官变化的动作，自己说做的什么表情，也可以请教师帮助解释 2.教师把学生说的五官名称画在黑板上，问眼睛、鼻子、耳朵、嘴巴的位置是否正确，正面像和侧面像都要画，然后擦去一个五官，学生指出正确位置并补画好 3.一名学生做动作，教师和其他学生站在对面跟着做同样的动作，然后问该学生"我们做得对不对？"使学生理解镜子中影像的相对性 该学生再变化动作，其他学生再跟着做，请他人判断做得对不对；另一部分模仿动作的学生要用镜子反馈自己做得对错 4.教师和学生面对面站好，教师这侧放一面穿衣镜，教师做操或变化一些表情，学生镜像模仿，并看镜子里的自己和教师做的表情、动作是否一样，分辨对错 5.照镜子练习系红领巾、梳头、整理衣服		
活动提示	要尽可能与生活紧密联系		

4-4-16

活动名称	小小精灵帽	设计者	张艳丽
设计意图	相互戴帽子的活动增进空间方位感觉,同时参照对方的身高调整自己的动作,保证将帽子戴到对方的头上,还有助于认识各种职业的帽子		
活动准备	各种帽子、戴帽子外出的照片、镜子		
所属阶段	相互参照		
活动过程	1.出示一年四季学生戴帽子外出的图片(家长提供照片),说一说为什么戴帽子 (安全)小黄帽与别的帽子有什么不同? 刮风天戴帽子外出应注意什么? 2.展示每个人带来的帽子,一顶大人的,一顶自己的,相互记住他人帽子,看看能否分辨帽子是谁的 3.自己试试各种戴帽子的方法:帽檐向前、帽檐向后、帽檐歪着戴(照镜子) 4.给学生用各种方法戴帽子 两个学生之间相互调整(高个子的蹲下一点、帽子挡住眼睛等等),换帽子戴,不同帽子戴法不同,调整需要多次 5.认识不同的职业帽子:以口头描述常见职业的工作人员的帽子为主,个别图片辅助 6.戴异型帽或职业帽时装表演 自己按照喜好选择厨师帽、环卫或医生帽、各式纸口袋作成的帽子等,戴在头上在学生面前展示走几步或晃动几下,做各种动作(隐含着联想)		
活动提示	1.第四步开始是参照学习,以前步骤用关注能力即可完成,要分清两者的区别 2.教该内容要注意时间选择,冬天教就要多联系冬天特征,夏天教就要变化 3.建议持续讲授10节课时以上,若学生理解能力达不到,则可以5、6部分以后教,即分开讲授		

4-4-17

活动名称	小小指挥棒	设计者	刘海霞
设计意图	在知道各种小棒原有用途、主要用途的基础上变换用途，建立更广泛的表象联结，为发展意图理解、变通思维和拓展想象打基础		
活动准备	长杆画笔、小鼓槌、其他小木棒、签字笔、报纸卷		
所属阶段	相互参照→意图理解		
活动过程	1. 观看学校乐队演奏和合唱队演唱录像，放几首学生喜欢的歌曲，一起学习指挥的动作 2. 全班演唱，请一名学生和教师一起指挥（参照教师动作），然后再换人指挥 3. 在班里寻找指挥棒：可选用长杆画笔、鼓槌、小木棒、签字笔、报纸卷、其他纸卷等，学生尝试用各种指挥棒指挥唱歌，并说说有什么不同感受 4. 引导学生思考我们手里的"指挥棒"还可以做什么？分小组做一做、说一说 画画、敲鼓和盒子做击鼓传花，假装当麦克风唱歌、夹东西…… 学生边说边体验，教师或学生用联结符号写出学生的答案，如下 画笔 → 唱歌　　指挥棒 　　　　唱歌　　麦克风（真实图片） 　　　　游戏　　夹东西 　　　　游戏　　敲击 说说与真实物品的差别 根据学生能力，还可以加上心情或其他相关活动的描写 5. 伴随音乐多人用不同物品做指挥棒指挥，指挥者动作要基本协调一致		
活动提示	4、5项对有些学生做起来可能有困难，可适当降低难度		

4-4-18

活动名称	神奇的钥匙	设计者	王梅
设计意图	在应用钥匙开锁、观察钥匙和锁的形状的过程中建立两者之间的联系,根据描述的语气、提示分辨关键信息与不相关信息,提高理解语言的能力。锻炼生活自理能力		
活动准备	5种以上的大小、形状不同的锁和比锁多的钥匙		
所属阶段	相互参照→意图理解		
活动过程	1. 创设情境:出示幻灯片或图片,也可以实地演练,教师手里拿着很多东西站在门口,脖子上挂着一串钥匙,学生应该怎么办?(意图理解练习) 学生回答帮拿东西或帮取钥匙都可以,尝试帮助开教室门锁 提问还知道身边有哪些需要帮忙的事情 2. 学生选择自己喜欢的各种常见门锁、自行车锁等,在两把钥匙中挑选并尝试打开、锁上锁(参照能力),反复尝试。熟练后提供其他形状很相似的钥匙,让学生尝试开锁 观察钥匙之间的细微差别,得出"一把钥匙能开一把锁",门锁形状一样,但需要不同的钥匙打开,讨论原因 3. 在若干把钥匙中快速选择配对钥匙:学生观察锁孔形状和钥匙形状,用手指触摸钥匙后,根据教师描述挑选出相应形状的锁和钥匙并尝试开锁(建立表象和联想,包含意图理解,能分辨教师的重点语气和非重点语气,及时捕捉提示),换人继续进行,其他学生判断对错 教师在相关信息描述中加入其他信息(如钥匙与锁的颜色、标志),学生筛选信息(能理解意图)后挑出正确的钥匙 4. 分组练习:由一名学生描述,两三个学生听,找出相应的锁和钥匙		
活动提示	慎重选择弹簧锁,注意安全		

附录 4-5 意图理解、想象力拓展和分享阶段的教学设计案例

4-5-1

活动名称	有用的箭头（一）	设计者	王艳
设计意图	以生活中的箭头用途（"箭头告诉我方向"）为中介建立多种事物的联系；形与形、形与方向，并理解他人的想法		
活动准备	各种箭头纸贴，三角形、长方形等简单图形、图卡		
所属阶段	意图理解（联想）		
活动过程	1. 认识图形的组成：出示某些图形（诸如小房子、小汽车等，参见下图），说出由三角形、长方形、正方形、圆形哪些图形组成？可借助图卡辅助 2. 自己利用简单图形卡片拼一拼，拼一半或多半时请学生猜想拼什么图形（意图理解） 3. 从学生拼出的图形中选取"箭头"，说说在哪见过，并出示有关图片，想想这些箭头有什么作用，没有它们会怎么样 4. 我想去哪或我想找什么？学生顺着"⇒"三角指示方向寻找物品，看能找到什么，如门、黑板、柜子……方向不要错，物品可以多个（包含意图理解） 5. 换箭头形状，学生顺着"→"末端指示方向寻找指定物或人 6. 利用肢体语言提示方向寻找指定物或行走；可先播放交通警察指挥交通的录像、带箭头的红绿灯变化录像，看人往哪指，车往哪走 7. 可拓展为没有箭头指引的问路指路活动，注意礼貌语言的使用		

续表

活动名称	有用的箭头(一)	设计者	王艳
活动提示	把意图理解和生活中箭头的使用、指路方式的理解融汇在一起,能围绕箭头产生相应的联想,可拓展为在没有箭头的情况下应如何找路、找东西		

4-5-2

活动名称	有用的箭头(二)	设计者	王艳
设计意图	以生活中的箭头用途("箭头告诉我顺序")为中介建立多种事物的顺序意识和依次联结能力,掌握的联系越多,思维越灵活,并与上单元有效衔接		
活动准备	各种箭头纸贴、每组一份课表图卡		
所属阶段	意图理解(联想)		
活动过程	1. 延续学生顺着"⟹"三角指示方向寻找物品的活动,结果是没有找准确,再增加箭头,直至找到他人想找的物品(包含意图理解) 2. 按顺序说说我们一天的活动,用箭头表示 3. 学习其他顺序表示方式 (1)以课程表为例,表格表达顺序 **课程表** 	时间\节	星期一	星期二	星期三	星期四	星期五
---	---	---	---	---	---
第一节	康复训练	生活数学	唱游律动	康复训练	劳技
第二节	康复训练	运动保健	信息技术	生活适应	游戏
第三节	艺术休闲	艺术休闲	游戏	绘画手工	运动保健
第四节	运动保健	生活语文	绘画手工	游戏	生活语文
午间休息					
第五节	生活适应	康复	职培	唱游律动	
第六节	生活适应	音乐	职培	唱游律动	| (2)用数字序号表达顺序,请学生说出星期二第一节和下午最后一节分别是什么课 ① _____ ② 运动保健 ③ 艺术休闲 ④ 生活语文		

续表

活动名称	有用的箭头(二)	设计者	王艳
	⑤康复 ⑥_____ (3)单向箭头表达顺序 生活数学 → 运动保健 → 艺术休闲 → 生活语文 → 康复 → 音乐 (4)看图示表述泡方便面的顺序,具体实施 (5)根据提示在方格内写出劳动(如擦桌子)的顺序 在学生对每天上课都要依据课程表顺序的已有经验的基础上,学习用箭头、表格、数字序号表达顺序,通过箭头所表达的顺序顺利完成各种任务 4.箭头功能(方向和顺序)的综合应用练习:假如我饿了,要在图上用画箭头绕过障碍物找到指定地点(如麦当劳、车站等),有些学生可学习走错了怎么办?(箭头的相反方向的使用:如何回到前几步,重新出发) 5.出示泡好的方便面,假如我想吃泡面,没有筷子或勺子,其他人有,但是离我较远,可以怎么办?如何请人帮忙传递,自己用手势、语言、表情表示(意图理解与实际应用结合) 用文字或图片表示怎么解决问题的		
活动提示	独立表达有困难的学生可借助图卡、字卡完成,两单元内容用16节课时以上		

4-5-3

活动名称	天气预报员	设计者	王艳
设计意图	借助当"天气预报员"的游戏活动,使学生正确掌握表示天气的词语,如:刮风、下雨、晴天、阴天。学生能够通过看天气预报员的动作和表情,能基本理解是什么天气,把天气状态和人们的表现联系在一起		
活动准备	词卡		
所属阶段	意图理解		
活动过程	1. 教师引导学生说一说今天的天气怎么样,要想知道明天的天气怎样,我们应该怎么办 2. 播放天气预报录像,由教师当天气预报员,"天气预报员"出示词卡,问问学生"阴天"了,我们出门前或在路上应该怎么办。请学生做出相应的动作,再依次出示"下雨""刮风"等其他天气词卡、做动作,如:刮风可做东倒西歪的样子;阴天要做快快走(很着急)的样子等(包含意图理解和联想) 3. "天气预报员"只做动作,让学生猜测是什么天气,并说明自己要做什么准备 如"天气预报员"做出特别高兴地出去玩的样子,让学生猜是什么天气,说说自己想去干什么,或听其他学生说完后,自己想不想一起去,为什么 若做出打伞的样子猜是什么天气,根据路上行人的样子(可提供相应情境的图片)猜天气 4. 师生变换角色,学生做"天气预报员",随意从有关天气的词卡中抽出一张词卡,"天气预报员"做动作,其他学生猜测		
活动提示	学生在家多看天气预报,了解、熟悉与天气相关的词语		

4-5-4

活动名称	变化的弹力圈	设计者	王艳
设计意图	借助松紧带的特性改善学生对肌肉控制的能力，促进发展学生理解同伴动作、语言的能力		
活动准备	多种长松紧带		
所属阶段	意图理解		
活动过程	1.教师组织学生手拉手围成一圈，拿出学生早已准备好的松紧带，围在每个学生腰间，围一圈 2.学生和教师站立并握紧松紧带，听"向后走1步"的口令，学生能够拉着松紧带后退，听"向后走3步"的口令，学生能够拉着松紧带继续后退，感受松紧的变化 3.学生选"队长"：教师说出选队长的目的和当队长的学生的条件，学生选"队长"（意图理解） 4.当"队长"的学生站在圈外抓着松紧带，其他学生则站在里面抓着松紧带，"队长"通过动作把松紧带撑大并向不同的方向移动脚步，其他学生被带领着跟着变化动作和队形 在里面的队员必须学会如何被带着走而不掉队，"队长"要根据其他同学的跟随情况调整自己的变化幅度和频率（双方意图理解） 再选"队长"，改变"队长"站位或换松紧带后继续进行 5."队长"发出相反的指令，如不能站着、让圈变小，其他学生按照要求完成相反的动作（开始时可由教师和少数学生做示范），"反口令"的发出者"队长"要注意学生的执行情况而发出难度适中的指令，进一步体会发口令的"快乐"，其他学生快速反应，练习灵活性，个别参照能力不达标、达不到意图理解的学生可继续提高此能力，换"队长"继续做		
活动提示	根据松紧带的质量、拉伸程度发"扩大圈"的指令，防止过于绷紧		

4-5-5

活动名称	猜猜我要干吗	设计者	王梅、刘艳华
设计意图	通过图片联系猜对方意图		
活动准备	图片或照片		
所属阶段	意图理解		
活动过程	1.围绕学生的日常生活经验,选择2~6张图片,请学生排序,如一组为起床、刷牙、吃早餐、背书包上学的图片,一组为挑选物品、排队、交钱、拿面包的图片等 2.视学生能力,老师出示3~6张照片或图片、实物,如一张10元钱,一张有豆浆、油条、小菜的早点照片(文字的也可),一张大家排队的照片,提问:大家在干吗? 3.鼓励学生说出多个答案,把相应的图片排序后确定最可能的答案 4.继续增加难度,呈现其他图片:一张有两辆不同汽车的图片,一张有野餐垫上放食物的照片,一张人物和风景照,问:这些人在干吗?他们怎么去的?都干什么了?(包含意图理解) 学生说对后挑出与"事件"不相关的图片,自己按顺序排列图片,叙述图片 5.可加大难度,与"拓展想象"相联系。如还是上面4幅图片,教师问:这些人都去了哪?是去了超市、郊外和卖车的地方,还是联系在一起,开车先去超市买郊游吃的东西,再开车去郊游、照相。可让学生做各种不同解读:这是卖车的地方,旁边还有一家卖野餐食品的超市,在一个景区附近		
活动提示	1.话题要选择学生感兴趣的,如喜欢汽车,就先选与汽车有关的让他们联系 2.有些活动做不同设计变化就提高或降低了目标,变成了另一个层次的教学设计,如意图层次变成了想象层次,开始不能混上,后期要相互渗透		

4-5-6

活动名称	多用途的卡	设计者	门越
设计意图	学生已能认识"银行""交通""卡"等字,知道生活中有各种卡,要让他们能根据卡上的关键信息辨识是什么卡。能把不同种类的卡与不同的使用地点联系起来		
活动准备	学生卡、交通卡、电卡、银行卡		
所属阶段	意图理解		
活动过程	1.认识卡:能观察并且用简单的语言描述出卡上的关键信息,如卡上的字、标志、图片等。通过卡上面的字和标志知道是什么卡(能说出一句话如,"这是××银行的银行卡") 通过看卡上的关键信息能联想出卡的用途并表达,如"我用银行卡取钱"。 2.使用卡:能联想出不同卡的使用场所,如银行卡——银行、ATM机;交通卡——地铁、公交车 创设情境学习正确使用各种卡:如交通卡如何使用——用卡贴住刷卡机等 使用饭卡:每名学生做一张小饭卡,吃饭之前要交给教师才可以吃饭,要得到饭卡,就要保持整洁或完成与此有关的任务,进一步建立"在哪、什么时候、什么条件下使用饭卡"的各种联系 3.拓展活动:了解电卡、银行卡、身份证的用途和学会保管 如能读出各种卡上面的号码,能记住自己银行卡的密码,能读出自己身份证上的身份证号码、提取出自己的生日等,此活动要根据学生实际情况安排		
活动提示	要用真实的卡进行教学,注意强化保管意识		

(编者注:不会的要练习理解提示,这一阶段不直接手把手教和让学生模仿,要培养理解"各种提示、联系暗含信息的能力"即为意图理解训练)

4-5-7

活动名称	声音连连看	设计者	朱振云、王梅
设计意图	建立或强化各种声音联想,联系各种声音出现的场景并根据自己的解读做出相应的回应,发展语言理解能力			
活动准备	中文、外语口语交流,语气语调变化的录音,常见生活中声音的录音,哑剧录像			
所属阶段	意图理解			
活动过程	1.播放中文、外文电影录像片段,要有明显语调变化的,学生猜测录像中人物情绪是高兴、愤怒还是害怕 也可先观看哑剧表演片段,理解动作、表情 2.听生活中常见声音录音,说一说都是什么声音,如电话铃、上课铃、汽车喇叭、打雷声等 3.声音连连看:教师发一个象声词并做动作,让学生不模仿,再说出一个象声词并做动作,开始时可以请别的教师帮忙引导:如教师说"吱扭"(并做推门动作),另一个教师看看这个教师,接着说"嗒嗒嗒嗒"(并做鞋子点地动作),第三个人接着说"哐当"(并做碰椅子或桌子的动作,可作滑稽状),都说完后再解释、提问 4.重新说象声词或模仿声音,后说的人一定要自我解释前面人说的象声词,再说出自己的词,但不解释,后说的人去解释,如一连串"噼里啪啦、唉(叹气声)、哗啦哗啦、叮咚"可能与打碎碗等一系列活动有关,学生怎么解释都可以,后跟的象声词不硬性规定(联结的过程都必须先解释别人说出的拟声词或象声词,很重要的意图理解能力)			
活动提示	1.重在对象声词、拟声词的解释,每个人都要解释,为顺利进行,提倡动作式解释,若不会解释,可观看哑剧,把别人的动作、声音联系起来 2.哇噻!哈哈哈哈、咯吱、嗒嗒、嘀嘀嘀嘀、哗啦哗啦、砰、呼哧呼哧、咕咚咕咚、轰隆隆等很多象声词、拟声词都可以练习用 3.正确解释是交往所必需的能力,建议连续进行 6 节课时以上			

4-5-8

活动名称	报纸也疯狂	设计者	杨艳平
设计意图	两人互相用报纸卷击打对方的手臂或腿、脚,用"盾"防御,开始时告诉对方要击打部位,后面则不说,双方要互相猜测对方的意图		
活动准备	6张报纸卷成报纸卷作为"剑",6张报纸(或大纸板)展开并粘合在一起作为"盾牌",击剑运动图片一两张		
所属阶段	意图理解		
活动过程	1. 出示"击剑"运动图片,告知活动安排 2. 学生和教师自由站成面对面的两排,两个人一组,面对面站好,商量谁拿"剑",谁拿"盾牌",说明不许击打"脖子以上部位"的规则 3. 拿"剑"的一方先说"我要攻击你的左臂了,小心了",然后马上行动,另一名学生用各种"盾牌"做掩护,尽量不要被攻击到。先示范,再选择一组尝试,之后随意进行,若此环节学生不按说的攻击,则只让该生拿"盾牌"。谁被击到2次就交换"角色"或组别,注意学生能力匹配 4. 拿"剑"的一方不说"我要攻击哪了",而说"开始,小心了",然后马上行动,另一名学生用各种"盾牌"做掩护,尽量不要被攻击到。先示范,再选择一组尝试,之后随意进行(练习意图理解),谁被击到2次就交换"角色"或组别,注意学生能力匹配 5. 之后可拓展"说哪不打哪","交战"双方要相互注意对方的眼神、手臂位置和动作		
活动提示	1. 严禁击打脖子以上部位,控制好可能难约束的个别学生,经过运动和情绪调整、参照能力评量过关的学生到这个阶段后比较配合,一般都会遵守指令 2. 能完成"说哪不打哪"活动的学生可开拓想象		

编者注:所有活动都只适合具有此阶段能力的学生,切忌不评估而着急开展难度高的活动。

4-5-9

活动名称	有用的瓶子	设计者	王艳
设计意图	联结动作意图、瓶子及其内装物用途,扩充生活经验；根据对方的非语言表达方式来判断是什么意思,做出相应的反应			
活动准备	多种瓶子实物或图片			
所属阶段	意图理解			
主要活动	1.猜猜生活中不同的瓶子都有什么用？出示瓶子实物或图片:药瓶、酒瓶、化妆品瓶、饮料瓶、油瓶、酱油瓶,记住每种瓶子特征并能分辨,不同瓶子不能混同 2.看动作猜意图、拿不同的瓶子 根据动作猜老师手里面拿的是什么？学生根据动作联想到老师的手里面拿的是什么东西,如老师作用口杯喝水状,用手假装作端碗吃饭状,用手扇扇子,作梳头状……让不同的学生猜老师用什么(东西)做什么(动作) 3.根据老师喝饮料、喝药后的表情猜瓶子里面装的是什么口味的饮料,或者猜药是什么味(苦、没什么味道、甜)？ 4.创设情境:老师感冒了,头疼(伴随咳嗽声)咳！咳！咳……还可以换成老师胃痛、腿疼、热得很等,学生要了解老师的意思,能够帮老师拿不同药瓶(上面写着治什么病)、拿扇子、拿膏药等 5.可拓展活动:遇到一个同学喝另一个同学的饮料,遇到身边同学哭,遇到街边有人打架,我们应该怎么办？			
活动提示	要不断扩充学生的生活经验,加强经验之间的联系和泛化			

4-5-10

活动名称	会说话的水果	设计者	宗佳
设计意图	学生能够根据教师的直接言语和表情动作判断教师的意图,摆出笑脸或哭脸等,强化对各种表情的认识		
活动准备	多种水果切片、保鲜膜		
所属阶段	意图理解		
活动过程	1.说说自己爱吃的水果,认识更多样的水果,尝尝它们的味道 2.学生洗干净手后,坐在座位上,把保鲜膜铺在桌子上,每名学生领取3片水果,2个圆形的,1个小月牙形的 3.听句子猜表情 根据教师说"我爱吃苹果""我爱吃甜的水果""我爱吃酸甜的水果""我不爱吃太酸的水果""我不爱吃涩的,柿子太涩了""我爱吃水多的水果"等句子,判断教师是否爱吃这个水果,并摆出表情 如当听到教师说"我爱吃甜苹果"后,学生在保鲜膜上用水果片摆出一个笑脸,当听到教师说"柠檬太酸了"后,学生在保鲜膜上用水果片摆出一个哭脸 4.根据句子将表情摆对时,可以将水果吃掉,没有摆对时,将水果切片打乱,准备听下一个句子,请一个学生说,其他人猜		
活动提示	请家长配合多增添相关经验		

4-5-11

活动名称	我是劳动能手	设计者	门越
设计意图	能建立工具与劳动间的联系,熟悉常用的工具,能选取多个劳动工具来共同完成一个劳动,对劳动步骤更加熟悉,能与同学合作劳动		
活动准备	有关工具的图片、劳动受伤的图片、劳模或劳动能手工作的图片、大红花		
所属阶段	意图理解→拓展想象(渗透合作)		
主要活动	1.猜猜它们是什么 说并比划某个工具的外部特征或声音特征,让学生联想出这是什么工具。如通过比划剪刀的外形和剪的状态、声音等特征认识它 2.做某个动作让学生猜一猜这个动作需要什么工具来完成,如教师做扫地动作请学生猜用什么完成?完成时出了问题怎么办?如假装扫地(包含意图和想象)时,某某的手划破了,请学生想象怎么破的?破了以后会怎么样?应该怎么办?强化安全意识 3.会变的工具 把工具的图片进行加工处理,让工具的颜色、形状、大小等发生变化,让学生想一想变化后的工具是什么(融入再造想象) 出示某个工具某部分的图片让学生想一想这可能是什么工具 出示与某个工具相关的图片,让学生想一想这是什么工具。如出示没剪好的纸和剪好的纸让学生想一想这会是什么工具,出示没有组装好螺丝的椅子腿儿和椅子面,问用什么工具完成 4.我会用工具 让学生两人一组选取适合的工具做相应的劳动,如组装或加固椅子腿、用裁纸刀裁纸、用核桃夹夹核桃,用文件夹整理卷子或作业 每做一项劳动都要求学生能用语言描述出劳动工具使用时的步骤,并且连续独立做出每一步的动作。可以画流程图帮助记忆		

续表

活动名称	我是劳动能手	设计者	门越
	5.我是劳动能手 劳动能手指什么？看劳动能手的图片、讲这些先进人物的故事,以佩戴大红花等方式鼓励注意安全、按照顺序且劳动效果好的学生 其后选取两个或更多的工具劳动,强调工具的使用顺序,如先用扫帚扫地后,再用墩布墩地,学生要自己判断完成一项劳动应先使用什么工具干什么,再使用什么工具干什么,说清楚了再开始干(培养基于联想的简单规划能力) 同学间互相检查劳动成果,争取更多的戴红花的机会 在会干的基础上再培养"眼里有活儿":寻找班里、家里可以做的劳动,说出能干的事 6.我们一起来劳动 能按顺序说出在卧室、客厅、厨房、卫生间需要干的活,在会干并已经干了哪些活儿的基础上讨论班里需要做什么劳动,楼道和运动场所、校内外草坪等场所都需要做什么劳动(结合本校、家庭实际) 学生自由结合,两三人一组选取适合的工具一起做劳动 几组之间互相观察后说一说自己的组做了什么劳动,别的组做了什么劳动,若都做同一个劳动,让学生互相观察每组的做法有没有不一样的地方,并用表演方式表达:如我们组怎么从上往下竖着擦墙,拐角处怎么办？谁先擦谁后擦,谁擦得最认真？别的组有没有更认真的同学(要形体模仿表演出怎么认真擦的)		
活动提示	1.先干活再找活儿,找活儿需要意图理解、联想和计划性,很多学生在意图阶段上不具备此能力 2.使用工具的整个过程中要注意培养安全意识,可多设计相关活动 3.本设计视学生能力而连续进行或分段进行,总计至少需20节以上的课时		

4-5-12

活动名称	心领神会	设计者	王梅、孙萍
设计意图	通过做动作猜动词（发展意图理解能力），在动作与词语对应联想的活动中，理解动词及其区别，提高言语理解和表达能力		
活动准备	动词词卡、装物的各种器皿（各种瓶子、盒子）、动作图片（打饭、打水、打开、打人）		
所属阶段	意图理解→拓展想象		
活动过程	1.说一说平日自己做的事 说的过程中要强调动作，注意动词的使用 2.猜猜他在做什么？ 教师或学生做一个常见动作让其他学生猜 做一连串动作，让其他学生猜他在做一件什么事，如穿衣服、洗手、提裤子、系红领巾等，要结合学生经验做动作 同一个动词可能对应不同的动作，要做区分练习：如洗碗、洗毛巾或抹布、洗澡中都用洗，但对应动作不同 相同动作对应不同动词的情况也可在此分辨，如打开、打饭、打人、打水（图片提示） 3.应该怎么办？ 教师拿出装小食品等食物的瓶子晃，问应该怎么做 学生要边说边比划，如先一手托瓶底、一手摸瓶盖，然后大拇指和食指用力上翻瓶盖，要求学生想并比划或说出，教师写下动词后再请学生实际操作：打开瓶盖，倒出食物，关上瓶盖并享用拿到的小食品 另一个学生重新打开，并陈述"怎么打开瓶盖取物的全过程"，教师写下全部动词，学生集体巩固 练习说怎么从其他器皿中取物，先说后做		
活动提示	涉及动作概念的形成，概括对孤独症儿童是十分困难的事情，要结合实践经验学习		

4-5-13

活动名称	我不想让你知道	设计者	王梅
设计意图	意图理解不仅包括对他人意图的猜测、推论,也包括对他人欺骗意图的识别,在交往中分清亲疏关系,对某些人守住秘密		
活动准备	多种彩纸、魔术表演与揭秘的录像		
所属阶段	意图理解→拓展想象		
活动过程	1.理解为什么要保密 播放魔术表演录像,说说心情;再播放揭秘录像,再放原表演录像,说说心情,体会保密的重要性 创设有秘密不想让学生事先知道的情境,给学生惊喜:如给谁准备了什么生日礼物,想把某礼物给谁,不事先通知什么时候组织出游 邮箱、银行卡密码可否告诉不熟悉的人 自己今天带钱交饭费,是否要告诉不认识的人 总结什么事需要保密?看看在下面的练习中谁能做到保密 2.教师按照自己的想法撕纸,请学生猜猜"老师想撕出个什么",开始时可以撕两下,让学生猜一猜,基本猜不对,教师继续撕,越接近答案时越能基本猜对。夸奖先猜对的学生,强调不事先透露、不按顺序撕,别人很难猜到(在学生一直看着的情况下) 3.学生按照设想自由撕纸,请教师和学生猜撕出的是什么,想想怎么才能不让其他学生很快猜对,奖励没有让大家很快猜到答案的学生 比较按顺序撕和不按顺序撕哪个不容易被猜出,老师可再引导,或跟学生一起撕,撕法不同 4.守住秘密:创设各种需要对某部分人守住秘密的情境,练习对某部分人保守秘密,如不想送食物给谁,怎么做		
活动提示	能进入此活动学习的孤独症学生的情绪已基本稳定、运动协调性较好、语言能力较强、能理解亲人的大部分意图		

4-5-14

活动名称	奇妙的拼插	设计者	姜燕燕
设计意图	让学生用插片拼插出不同的造型,在拼插玩具的过程中增加想象力和动手能力		
活动准备	积木或插片		
所属阶段	想象力拓展		
主要活动	1.发放积木或塑料瓶插片(参见下图),学生自由拼插简单图形 其后学生说自己想拼什么,教师引导学生拼插出自己喜欢的手枪、汽车、飞机、城堡等 2.学生自己独立拼插出手枪、汽车、飞机、城堡等,并说出自己是怎么拼的:想拼什么?先拼哪部分?拼这部分用了什么颜色的插片,怎么一片片插入,再拼哪部分?怎么组合 学生若表达困难,老师要有图片或文字、箭头等提示 3.学生自己创造性地拼插出自己喜欢的玩具,如云彩、花朵、推土机、小猫、球…… 拼插好后一定要说出自己拼插的是什么或像什么		
活动提示	拓展想象阶段禁止提供拼插步骤图或样图,拼插的像与不像都要鼓励,自己创造性地拼插并看着作品想象是关键,一定要鼓励学生语言表达		

4-5-15

活动名称	图形连连看	设计者	聂亚利
设计意图	认识各种有趣的图案并依次联系若干个图案进行拼摆,说出自己的拼接理由,提升想象力		
活动准备	各种经过修剪的、有空白处的超市海报和背景图等		
所属阶段	想象力拓展		
活动过程	1.还原海报 把从超市海报上剪下来的图案和相应的被剪掉的超市海报按照学生的能力或喜好分发给学生,请学生还原海报并用透明胶条贴好 开始发放镂空部分正好的、少一两个图案的(类似最简单的玩具拼图),以后发放镂空部分不适合的、小于海报剪下部分的,学生要根据海报内容(食品、日用品、家电等)选择并拼接,提高联想和概括能力 能力强的还要拼接不规则、位置不正的,能力弱的要拼接位置正、规则的图形 2.结合背景的图形拼一拼、连一连 教师出示一张沙滩画的背景图,请学生在空白处做图形拼接:如教师先摆出一张沙滩椅、学生要摆出遮阳伞,靠近遮阳伞摆上游泳圈等,并说出为什么这样摆 换场景继续练习 3.图形关系连连看 教师拿出一张白纸,在上面摆出一把椅子,学生一个接一个摆,最后摆出教室或客厅等,摆出每一个都要说一说为什么摆它		
活动提示	只有扩充生活经验,拥有建立有序联系的能力后才可能完成本活动,此能力具备后可帮助学习应用题和理解简单课文		

4-5-16

活动名称	生活词语变变变	设计者	朱振云、王梅
设计意图	在头脑中围绕某一场景对已知词语进行整理，提高规划自己语言的能力		
活动准备	无		
所属阶段	拓展想象力		
活动过程	1. 相近词语变变变 教师说一个名词，让学生不变意思变词，如杯子，学生变水杯、缸子、水碗 2. 让学生变意思，不变功能，如水瓶、碗 或者教师说喝水，学生不变动词变名词：喝汤、喝饮料、喝粥 3. 词语联想 教师说"警察"，学生说相近的联想词汇：帽徽、站岗、交通、大檐帽、岗亭……鼓励学生说得越多越好（说得多说明联系广），把学生说的词要用图或表整合，或按顺序从上到下、从外观到内在及工作相关等方式整合 换售货员、售票员、司机、餐厅服务员等词语再做练习 换成描述场景、心情等不同系列的词语继续练习 在变的过程中汇总词汇、分辨词汇 4. 相近句子变一变 教师说一句话或几句话，学生不变意思变词汇，如教师说"我们去一家超市逛了逛"，学生可改成"我们去一家商店看了看""他俩一起去一家超市逛了逛"，甚至改成"他俩去逛街"，大致意思相同即可 5. 教师创设情境，请学生造句，其他学生改编		
活动提示	提升语言和想象力活动中一定不提示、不设标准答案，学生回答不出说明缺乏这方面的经验或情境创设过难，改变情境即可		

4-5-17

活动名称	生活词语辨一辨	设计者	王梅、吕会华
设计意图	"打开与拧开"同样是动词,"打开"应用场合更广,更抽象,因此要后教,先教具体的"拧开"。巩固相关词语的联系,有序联想		
活动准备	螺丝扣式盖的瓶子、门锁、大塑料螺丝		
所属阶段	联想和想象		
活动过程	1. 做动作体会动词 教师提供多个盖着螺丝扣式瓶盖的瓶子,里面装着东西,请学生帮助"拧开瓶盖" 要求学生做完动作后说:我拧开了瓶盖,拿出了什么东西 教师再给每人发一个瓶子,让学生说一说应该怎么办,在说了"我要拧开它"后执行动作 发放旋拧式门锁,再次请学生拧开,并书写或指认"拧" 2. 我们什么时候会用到这个词? 拧开门锁、拧开瓶盖、拧紧瓶盖、拧紧螺丝、拧干毛巾,可选取一两个做动作体验或比划 解释什么叫"拧" 3. 用"拧"字聊天:再组词或造句 如瓶子里的饮料洒出来了,为什么? 应该跟对方怎么说?"你把盖拧紧点" 看到一瓶满满的、没有拧开盖的饮料,我们想喝,都应该做什么?可能会发生什么?要尽可能想、说完整		
活动提示	1. 孤独症学生学习词语的步骤是先做中学、边做边说,再先说后做,最后泛化,上升到概念层面后灵活应用 2. 可尝试的教词语步骤:做——想动作——想词——多符号形式连接后上升到概念理解		

4-5-18

活动名称	故事一条龙	设计者	王梅、朱振云
设计意图	以给出故事开头和结尾,让学生根据开头、结尾进行规划、续写中间的方式搜集、联结已有经验,发展思维逻辑性和想象力		
活动准备	无		
所属阶段	拓展想象		
活动过程	1.以词语接龙活动作为准备活动,接龙有首尾字词相接,如苹果、果实、实验、验证……还可以意思接龙,如背书包、开汽车、上学校、进校门、放书包 2.给开头,编故事 教师说出故事开头,学生依据句意往下编,一人一句,每人说过一遍后,教师补充结尾,再总结故事,使学生理解编故事的含义 3.给开头和结尾的一条龙 教师出示故事开头、结尾的句子,说明要求,学生续写中间,且要回到结尾自由续写,最多一人两句,续写两句的学生要说说自己后面还想说什么 如开头一句是:我走进教室,结尾:在教室吃午饭,要求最多一人接两句、中间最少要接三句话。学生可以说"我走进教室,看到同学们已经准备上课了,我们第一节上了音乐课,后来又上了三节课,然后都在教室吃午饭" 加大难度再继续故事接龙,如开头是某某和我是幼儿园时候的伙伴,结尾是她没有给我吃生日蛋糕 分组后可以对能力强的学生继续加大难度,如加入科幻元素等		
活动提示	开始给出的开头和结尾要简单,基本符合学生的已有经验,以后要有脱离直接经验的开头或结尾,用以激发更多的想象		

4-5-19

活动名称	图形讲解员	设计者	张艳丽
设计意图	通过想象,用图形磁贴拼摆成各种有趣的图案并依此联系1~2个图案说一句话,提升学生的想象力和语言表达能力		
活动准备	各种颜色的图形磁贴		
所属阶段	想象力拓展		
活动过程	1.拼磁贴 把磁贴按照学生的能力或喜好来分发,请学生用磁贴创造出各种图案。能力较弱的学生可以引导他用不同的方法(改变位置)拼摆 2.磁贴变一变 请学生按照新想法变化拼成的图案,不许再加磁贴,可以适当减磁贴,先说变什么再动手操作 3.图案讲故事 根据学生拼的图案,请学生把图案联系起来说1~2句话,如下图,根据房子、小女孩,可以说这是小女孩的家,小女孩喜欢这样的房子,等等 		
活动提示	事先看着简单图案进行联想和规划是关键,可持续进行6节课时以上		

4-5-20

活动名称	百变橡皮泥	设计者	王艳
设计意图	以彩色橡皮泥作为活动媒介,在把橡皮泥变得形态各异的过程中,提高学生的动手能力,丰富想象力和思维能力,增强学生对色彩的认知能力		
活动准备	不同颜色的橡皮泥、图片		
所属阶段	想象力拓展		
活动过程	1.欣赏各种橡皮泥塑形图片,说说它们是什么或像什么 2.学生按自己兴趣选取不同颜色的橡皮泥,自由发挥,但要自己先说说想捏成什么 可引导学生将橡皮泥搓成各种形状的物品,如用绿色橡皮泥搓成长长的黄瓜、用红色橡皮泥搓成圆球、用黄色橡皮泥搓成大饼等,同时鼓励各种组合 3.教师启发学生观察自己的塑形像什么,可以怎么加工得更像? 如把一块白色橡皮泥搓成圆形,在适当位置放两粒黑豆作为眼睛,切一小块红萝卜作为鼻子,用红色橡皮泥捏成一个小半圆形做嘴巴……教师引导学生表达自己的作品 4.一起观赏学生的作品,几个学生互相合作制作更复杂的作品,先规划要做什么,再分工每人做什么,用什么颜色的橡皮泥做,再一起完成		
活动提示	橡皮泥可用面团加颜料替代,和面活动有助于上肢本体觉的发展		

4-5-21

活动名称	瓶子保龄球	设计者	王艳
设计意图	一起完成打保龄球的活动，并以小组记分，使学生之间增加交流，理解一起做事的必要性。在摆瓶子的过程中提高思维的灵活性（站在不同角度考虑问题）		
活动准备	各种塑料和玻璃瓶子、篮球、足球、实心球、记分牌、计算器		
所属阶段	合作与分享		
活动过程	1.按要求为瓶子排队 按高矮顺序为瓶子排队或者按照瓶子上面贴的数字的顺序排队 看看教师在干什么，用不同的数字标记瓶子并参照老师的摆放顺序摆瓶子 2.练习用不同的球打"瓶子保龄球"，然后分组进行"保龄球"比赛，小组记分高的获胜 3.为瓶子重新排队 以组为单位为瓶子排队形，一起商量怎么排可以让本组的多打着，怎么排可以让别的组打不着 自己排好后可试打一次，相互说说可以怎么排 每次都可以更改排法，找出最好的排法 自己组排的球被别组打倒得少，且本组打倒别组球多的组获胜 练习用计算器在记分牌上统计分数，两人当裁判、两人统计分数：一人念一人算，分工合作 4.用实际保龄球的排法进行比赛，说说为什么这么排？比较哪种排法更合理 自由选取打保龄球的"搭档"再比赛，知道与打得好的学生合作		
活动提示	一起摆瓶子和一起比赛、分工合作都是为了让他们真正体会交往的乐趣和技巧		

4-5-22

活动名称	毛巾拼画	设计者	张艳丽
设计意图	在游戏中学生需要和同伴配合一起用毛巾拼成多幅画,感受一条毛巾和多条毛巾组合出的作品的不同,认识同伴一起参与的重要性		
活动准备	各种颜色的小毛巾		
所属阶段	分享合作		
活动过程	1.学生自己用各色毛巾折成各种形状或物品,说说折的是什么 2.组织学生选择一个主题,如房子、花园等,小组学生一起用毛巾折成各种形状,按照主题进行拼摆,共同组成一个图案。同时在此过程中,学生要根据前面学生摆放的位置,利用想象调整自己毛巾的形状或位置 不断变化折和拼的形状,力争拼出复杂的图形,如上图中的大象等 说一说多人一起拼和自己拼的图案有什么不同,喜欢哪种? 组织学生观看各组拼摆的是什么画?创作这幅画是怎么分工合作的:谁出的主意?谁拼得哪部分?谁负责扶着或固定拼好的,进一步体会分工合作的重要性		
活动提示	这一阶段的学生已经有了一定的语言沟通能力和想象能力,在此基础上,才可能真正实现合作和分享想法并效果较好		

4-5-23

活动名称	我该找谁帮忙？	设计者	王梅
设计意图	创设需要帮忙的情境，通过情境中的角色扮演，理解对方。要先后变换三个以上的角色，一会儿当自己，一会儿扮演别的角色，体会不同角色的心情，加深相互理解，为合作分享夯实基础		
活动准备	创设各种情境，真实录像或照片		
所属阶段	合作与分享		
活动过程	情境一： 我忘带水杯了，想让家长送，一个学生扮演爸爸，一个学生扮演妈妈（最好由智障生完成），爸爸在上班，妈妈在家打扫卫生（他们要做出典型动作） 学生手拿电话，判断应该找谁送，应该怎么说，然后出演。接电话的人接完电话以后是怎么想的？边做边说想法 情境二： 最好在投影幕布上显示公交车图片，在公交车上，四周都坐着老年人，这时又从前门上来了一位老人，手里拿很多东西，我应该怎么办？ 一名学生扮演拿很多物品的老人，一名扮演家长。不干预学生怎么演，即不要求学生让座，而是每个人都说说当时的心情，再互换角色，说说每个角色的心情 情境三： 我要玩跳皮筋，需要找同学"押皮筋儿"，一位学生在画画，一位在操场锻炼，还有一位在听歌，我请谁帮忙呢？怎么说合适？听到请求后学生说真实想法，鼓励相互帮助		
活动提示	以上只是提示，必须根据学生实际经验创设情境		

4-5-24

活动名称	我是小小领路人	设计者	陈烁瑶
设计意图	由学生带领他人完成行走的活动,从而让学生在游戏中体会到合作的含义和方法,使学生的合作能力得到提升		
活动准备	雪碧瓶或鲜橙多瓶 10 个、用来蒙眼睛的红绸布		
所属阶段	合作与分享		
活动过程	1.教师和学生一起将雪碧瓶子灌满水,不拧上瓶盖,由学生把瓶子放在教师事先画好的圆圈内。每隔 30 厘米左右放一个,共摆成一行,要留出可以使人较顺利通过的距离 2.教师用红布蒙住自己的眼睛,尝试往前走。这时会出现瓶子被撞倒,水撒到地上的情况。擦干地后请学生尝试,想想怎么样才能保证不踢倒水瓶 3.教师组织学生自由分组进行练习,要求其中一人的眼睛蒙上红绸布,另一个人负责带着他走 S 形,要求走到终点水瓶不能倒 4.经过练习后,小组之间可以进行比赛。各比赛小组在起点处站好,一个学生的眼睛蒙上红绸布,由另一名学生带着他走 S 形,走到终点水瓶不倒的小组可以得到奖励 5.教师组织学生分享合作的感受,强化合作意识。讲述合作的重要性,让学生理解合作就要几个人一起完成一件事儿,要有分工,一个人力量小 6.选出配合好的组,一人用语言引导,另一人绕过瓶子走到终点,其他组自愿参加		
活动提示	可结合拔河、撕扯纸条等活动进一步体验,同时注意学生要穿防滑鞋,小心地下有水而滑倒		

4-5-25

活动名称	踢足球	设计者	王艳
设计意图	借助踢足球运动培养学生小组合作的能力,活动中学生要懂得找到自己的队员,能参照对方的位置调整自己的动作,利用手势进行相互沟通协作完成踢球进门的活动		
活动准备	场地、球门、足球、队服		
所属阶段	合作与分享(综合活动),可拆分成参照、意图理解等多阶段活动		
活动过程	1.观看踢足球的录像片段和球迷的高昂情绪,激发学生的参与激情,有条件的可以现场观看学生足球赛 2.教师组织学生进行运动前的准备活动,如压腿等 3.把学生分成两组,如红队和蓝队。学生选择颜色标志以示自己的组别 4.每队选择一名守门员,站在本队球门的前面,要明确自己的职责 5.教师示范,学生会根据脚踢球时的动作、摆位猜测球将要踢向哪里,学生练习传接球 根据教师的提示接住球,然后再用脚把球传出去 想把球传给谁,就叫该学生的名字,该生接住球后再传回来 看到教师做了几个连续的手势后,理解要传给哪个同学 参照同学们所代表的颜色进行传接球练习 6.守门员要根据脚踢球时的动作、摆位,猜测球运动的方向,挡住球不让球进门 7.学生分组实地进行踢足球比赛		
活动提示	注意提醒个别学生注意安全,场地条件要合适,可比一般足球场小四分之三,运动鞋等都要准备		

4-5-26

活动名称	自定规则的纸牌游戏	设计者	王梅
设计意图	体会与人合作玩牌的快乐;先体会"我说了算"的感受,在此基础上体会制定规则要考虑他人感受		
活动准备	几副特制纸牌:零散的,每张牌上的数字不要超过10,但要有大牌和一样的牌,如有4个黑桃3,五个一样的红桃5等,一两副普通纸牌		
所属阶段	合作分享		
活动过程	1. 自选扑克玩牌 由学生提出用哪种扑克牌,玩哪个扑克牌游戏:如"拉大车""争上游""算算术",玩牌中要让某些不爱参与的学生多赢,以言语动作多加表扬 2. 自定规则玩牌:提供特制扑克一起玩"拉大车",但可以自定规则,如红色的遇到红色的、相同点数遇到相同点数都可以拿走,自定牌多还是牌少为赢,尽可能创造条件(如提出修改规则建议)让"最怕输"的学生多赢 3. 自创"争上游"扑克玩法,看谁跑得快,自定怎么"进贡",在学生能参与的基础上增加参与的主动性,体会多人扑克游戏的乐趣 4. 当小组中所有学生都爱玩以后,改变规则,让赢的机会基本均等,鼓励竞争 5. 让好朋友赢牌 创设"争上游"情境,自己组成小组,两三人一组,记小组分,小组分高的为赢,不能用大牌"管"同组人,理解同组人先"赢"、自己"输",但小组得分高,若互相"管牌",大家都会输,树立集体意识 可联系实际拓展活动:为班集体争红旗、为爸爸妈妈争光		
活动提示	玩扑克牌活动是非常好的社交技能培养活动,注意灵活应用		

4-5-27 综合活动设计

活动名称	我更懂事了	设计者	王梅、吕会华
设计意图	通过概念运用与生活推理,提高生活概念与现实情境的联结能力、概括能力		
活动准备	无		
所属阶段	超越合作分享阶段,上升到概念理解与问题解决阶段		
主要活动	1.情境中的问题解决,提高联系情境条件解决问题的意识 选取生活中常用的概念(如拿、放、找、选、算、都、行等),教师以省略方式表达想法,学生联系场景,自己解决问题。 如创设情境,学生抱着一摞本走进教室,教师说"放下吧""发了吧"等省略句,学生要结合场景选择放的合适地点、放的数量,选择全发还是发部分等 可联系语文课文中常用省略句学习加强联系上下文思考的能力 2.语言推理练习 例如,出示句子,明明妈买了苹果回家,奶奶问:"买什么了?"妈妈说:"买了水果。"问学生妈妈的回答对不对(即要建立推理和概括能力:苹果是一种水果,水果包括多种如苹果、桃子、梨等),类似练习重复做 之后可以提升概括层次,下面提法对不对,应向学生家长、向客人怎么介绍王老师 老师们叫她主任　　　　　教语文的 　　　　　↘　　　↙ 　　　　　王老师→一个女孩的妈妈 　　　　　↗　　　↘ 是张老师的领导　　　　　和张老师是同事		
活动提示	为智力正常、交往能力发展基本正常的学生设计		

4-5-28 综合活动设计

活动名称	我会购物了	设计者	门越、王梅
设计意图	在使用人民币购物的过程中体会钱物交换的规则和合作购物的乐趣,为已有辅助购物实践的学生设计		
活动准备	创设各种情境,真实录像或照片		
所属阶段	各阶段能力的综合与提升		
活动过程	1.生活联想 说出生活中哪些情境需要用钱:想吃饭、想穿新衣服、想乘公共汽车等等 你在什么地方花过钱:饭馆、超市、公交车、出租车、公园等等 2.实地购物 会看商品的价签,多次练习拿出多于价签的钱,认识50元、20元、10元、5元、1元整面值的钱 兑换整钱:如10元换成10张1元的 5元换成5张1元的(其他生活中出现概率很少的不涉及) 一次以一种面值的钱的兑换为主,熟悉一种再学一种,视觉记忆记住结果即可 实地购物练习,每次在小卖店买一两样物品 到大超市买日用品,学会找收银台和看购物小票 认识找回的零钱 3.钱从哪里来? 问父母要:怎么问父母要钱?父母的钱从哪里来? 观看父母劳动的照片,父母的银行卡、父母从银行取出钱的照片(过程) 我会挣钱了:通过洗筷子或是劳动换取相应的钱,用自己挣到的钱买喜欢的零食等		
活动提示	鼓励学生自己劳动赚钱是重点,购物和交费只是铺垫,充分相信和利用他们的视觉优势和记忆力学习		

4-5-29 综合活动设计

活动名称	躲躲藏藏	设计者	王梅
设计意图	同一媒介进行相互关注、参照,意图理解,拓展想象多阶段活动设计,充分比较各阶段的联系		
活动准备	各种盒子、桌子、颜色形状不同的器皿		
所属阶段	相互关注、相互参照、意图理解、拓展想象(跨越三年左右时间)		
主要活动	**活动一所属阶段:相互关注** 主要内容: 1.当着学生的面在盒子里藏喜欢吃的食物,盖上盖让他们找,找到后享用(关注动作) 2.背着学生把两种食物或一种食物、一个用品藏进盒子,晃动盒子(发出声音要明显不同),分辨想要的那种藏在哪个盒子里(关注声音) 3.背着学生把两种食物藏进盒子,用眼睛或语言提示,在提示下找到食物并享用它们 **活动二所属阶段:相互参照** 主要内容: 1.教师藏物,一个学生找,可提示,其他学生看,教师背着学生稍稍改变地点,让另一个学生找。学生学会藏找后学生藏,学生找(参照老师藏的方式) 2.一学生连续变换藏的地点,尽可能增加找的难度 3.学生变换藏的地点并要能清楚陈述藏的路径:"开始放什么地方,后又放什么地方,最后放在什么地方" **活动三所属阶段:意图理解** 1.几个相同器皿放在不同地点,教师背着学生藏好后给予眼神变化提示,让学生自己判断在哪个器皿里,用行动验证 2.我会把某物藏在哪?教师明确告知藏起了学生喜欢或需要的一样东西,藏在了教室的一角(让学生看到曾去过某角落,再背着学生藏好),然后让学生找,变换地点、器皿颜色形状后再做几次		

续表

活动名称	躲躲藏藏	设计者	王梅
	活动四所属阶段：拓展想象 1.猜一猜我想让你找什么：用徒手游戏方式创设情境，如比划出"我看书"，问需要什么？（书、眼镜）猜出后再找（比意图理解阶段多了"联结"成分） 2.猜一猜他可能去哪了？ 一个学生在教室外，告知其他人该同学之前发生了什么事（可以是老师找、生病、没吃早饭……），问他可能去哪了？两情境一起创设，分析最有可能的地点并说明理由。也可以创设"他最有可能把某物放哪儿"，让学生帮着找 本内容还可以延伸到合作分享、问题解决阶段		
活动提示	1.不许藏在身上，且要注意周围不能有怕磕碰的物品 2.几个活动分属不同阶段，难度差别大，不能接连做，视学生进步情况而选择，不要为完成活动而提示过多，实际超越了学生的能力		

编者注：在此鸣谢所有教学活动设计者及其单位：北京朝阳区新源西里小学（王艳、张艳丽、朱振云、苗颖、宗佳、陈烁瑶、门越、姜德强、姜燕燕、朱丽娟、郭贞）、北京海淀培智中心学校（刘海霞、张娜、孙萍、甄亚娜、紫翠红）、北京丰台培智中心学校（杨艳平、刘艳华）、北京东城培智中心学校（赖小京、王迎）、北京西城培智中心学校（聂亚利、赵长宏）、北京联合大学（吕会华、王梅）。

编者推荐阅读资料

1. 陈玉琨,沈玉顺,代蕊华,戚业国.课程改革与课程评价[M].北京:教育科学出版社,2001.
2. 〔加拿大〕J.P.Das 著.阅读障碍与阅读困难[M].张厚粲,等编译,北京:人民邮电出版社,2007.
3. 钟启泉,汪　霞,王文静编,课程与教学论[M].上海:华东师范大学出版社,2008.
4. 〔美国〕William L.Heward 著.特殊需要儿童教育导论[M].肖非,等译,北京:中国轻工业出版社,2007.
5. 李翠玲.中重度障碍者有效教学法[M].台北:台湾心理出版社,1997.
6. 皮连生主编,教学设计——心理学的理论与技术[M].北京:高等教育出版社,2000.
7. 王　梅.孤独症儿童情绪调整与人际交往指南[M].北京:中国妇女出版社,2009.
8. 吴　刚.从课程到学习——重建素质教育之路[M].上海:上海教育出版社,2007.
9. 王　梅.智力障碍和孤独症儿童的学与教(教学设计200例)[M].北京:华艺出版社,2003.
10. 周念丽.自闭症谱系障碍儿童的发展与教育[M].北京:北京大学出版社,2011.
11. 王步标,华　明主编.运动生理学,高等教育出版社,2011.
12. Richard A.Magill 著,运动技能学习与控制[M].张忠秋,等译,北京:中国轻工业出版社,2006.
13. 陈帼眉、冯晓霞、庞丽娟.学前儿童发展心理学,北京:北京师范大学出版社,200 年重印。
14. 王春燕主编.幼儿园课程概论[M].北京:高等教育出版社,2007.

15. 左明雪主编. 人体解剖生理学[M]. 北京:高等教育出版社,2003.
16. Vicky G. Spencer & Cynthia G. Simpsom. Teaching children with Autism in the general classroom[M]. Prufrock Press Inc. 2009.
17. Mu-hong Chen & Tung-ping Su. Comorbidity of allergic and autoimmune diseases in patients with Autism Spectrum Disorders: A nationwide population-based study[J]. Research in Autism Spectrum Disorders, 2013(2).
18. Emily C. Bouck & Gauri Joshi. Functional curriculum and Students with Mild Intellectual Disability: Exploring Postschool Outcomes through the NLTS2[J]. Education and Training in Autism and Developmental Diasabilities, 2012(2).
19. Sally Ozonoff · Gregory S. Young · Stacy Goldring · Laura Greiss-Hess · Adriana M. Herrera · Joel Steele · Suzanne Macari · Susan Hepburn · Sally J. Rogers Gross. Motor Development[J]. Movement Abnormalities, and Early Identification of Autism. 2008 (38).

后　记

在高校教授特教专业的学生"课程与教学设计"这门课程几年了,学生一直没有教材,我感到有些自责,在当今国内特教领域中,研究课程的学者不多,相关书籍很少,普通教育的有关书籍也不适合当特教专业学生的教材。自己想为学生写一本学得懂、以后又用得上的书,但一直信心不足,写教材的事就拖了下来。近来发生的一件事深深刺痛了我,最终促成了这本书的完成。

一个朋友的孩子有一些发育迟缓,问我应该上什么学校?我思考良久也给不出建议。他的孩子被诊断为孤独症,能认识几百个汉字,有清晰的语言,生活基本能自理,但没有数概念,不主动与人交往,不喜欢听指令,有一些情绪问题,如果上普通学校随班就读,可能学习跟不上,还会出现影响课堂纪律的行为,孩子的交往主动性和个性品质的发展可能受阻;若去培智学校,那里的学生个体差异极大,老师顾了这边顾不了那边,没有人给孩子做整体规划,无法预期孩子的发展,家长觉得看不到希望;如果去普小附设的特殊班,安置形式算是比较合适,可特殊班本身很少,没有相应的课程支持,教师缺乏专业性,通常是"摸着石头上课"。因此我这个做了20年特教工作的人一时回答不了这个问题。究其原因,与长期课程理论与实践研究匮乏,特教教师专业水平有限等不无关系,这更令我觉得编这本教材十分重要。

此外,我和我的研究团队在2009年为广大家长写了《孤独症儿童情绪调整与人际交往训练指南》(此书在2007慈善嘉年华和中残联福利基金会的支持下已出版,本书为姊妹篇)。它不仅为孤独症儿童训练指明了方向,而且令许多普通孩子的父母都觉得很受益,但其中针对系统教学的内容比较少,教师依然不知道怎么教。为了使儿童在家庭和学校都受益,提高教师专业水平刻不容缓。这是写本书的第二个动因。

第三个动因是感恩。尽管我们水平不高,但毕竟坚持做了很多年,与特教打交道更是有20多年了,心中累积了许多感激之情。在北京师范大学特教专业读书时,朴永馨教授认真勤勉的工作作风不断激励着我,班主任肖非老师的睿智、宽容的品格默默影响着我……

刚参加工作时,周耿校长语重心长地嘱咐我们:你们要增长实践,一定要到基层锻炼,那短短几个月的锻炼使我们的专业技能有了很大提升;当时北京市教委基教处的李慧聆处长把很多教研工作大胆交给我们这些年轻人,我们的能力和自信都得到了发挥。还有我一直很怀念的原国家教委基教司特教处的赵永平处长,是他在1993年时就给了我们"孤独症儿童教育训练研究"的国家课题,从此我们与孤独症的缘分越来越深,也因她结识了张俊芝、于文、王国光等志同道合的、事业心很强的同仁,在其后漫长的研究路上,他们一直在支持着我,还有默默给予支持的中残联相关部门的领导,重庆江津向阳发展中心的台湾专家,北大六院的刘靖、贾美香大夫,孜孜不倦为孩子辛勤探索的许多家长朋友们……对孤独症和特教的关爱不断激励着我们。

2000年以后,北京联合大学特殊教育学院成立了,特殊教育领域又多了一支强大的生力军,当时曲书记总是鼓励我们争取做到国内一流,许院长则是不断引进新的专业理念,力促专业发展;还有藤书记在上任伊始充满热情和人情的讲话、务实的作风一直感染着我。同事之间润物细无声的关心更是数不胜数:许华红、张海丛、张旭、吕会华、孙颖、郝传平、郝京华等老师……虽不一一点名,但我心铭记。家人更是始终给予我巨大的前进动力,懂事又上进的女儿,真诚宽厚的老公,没有和谐的家庭,我不可能踏实地进行研究工作。

第四个动因是展现我们团队努力工作的成果。这些年最值得我骄傲和自豪的不是出书更不是出名,而是我在研究过程中结识并培养了一个团队,一群有共同信仰和追求的人,她们中有擅长课程设计的朱振云,精于教学设计的王艳、张艳丽,努力钻研动作治疗的张娜,用心做语言训练的孙萍,致力于改变现状的聂亚利、赖小京、杨艳平、赵红影、苗颖……他们都是我的好战友,看到他们的成长,我由衷地欣喜。他们为特殊孩子付出了很多很多。在与特殊孩子、特别是孤独症孩子及其家庭的接触过程中,我们都成长了,我们懂得了感恩,懂得了人的自我发展,懂得了社会责任……

虽然我们一直在努力,但我们深知研究探索无止境,还需要不断深入、深入再深入,为一线教师、家长和特教专业本科生写一本既不空洞又不平庸的书绝非易事,理论结合好实践绝非易事,我们仍需努力、努力再努力。

在收获的同时,我们也越来越坚信,只有不断努力才能不断成长,奉献社会的同时超越自我。

北京大学出版社
教育出版中心 精品图书

21世纪特殊教育创新教材·理论与基础系列

特殊教育的哲学基础	方俊明
特殊教育的医学基础	张 婷
融合教育导论（第二版）	雷江华
特殊教育学（第二版）	雷江华 方俊明
特殊儿童心理学（第二版）	方俊明 雷江华
特殊教育史	朱宗顺
特殊教育研究方法（第二版）	杜晓新 宋永宁 等
特殊教育发展模式	任颂羔

21世纪特殊教育创新教材·康复与训练系列

特殊儿童应用行为分析（第二版）	李 芳 李 丹
特殊儿童的游戏治疗	周念丽
特殊儿童的美术治疗	孙 霞
特殊儿童的音乐治疗	胡世红
特殊儿童的心理治疗（第二版）	杨广学
特殊教育的辅具与康复	蒋建荣
特殊儿童的感觉统合训练（第二版）	王和平
孤独症儿童课程与教学设计	王 梅

21世纪特殊教育创新教材·融合教育系列

融合教育理论反思与本土化探索	邓 猛
融合教育实践指南	邓 猛
融合教育理论指南	邓 猛
融合教育导论（第二版）	雷江华

21世纪特殊教育创新教材（第二辑）

特殊儿童心理与教育	杨广学 张巧明 王 芳
教育康复学导论	杜晓新 黄昭明
特殊儿童病理学	王和平 杨长江
特殊学校教师教育技能	昝 飞 马红英

自闭谱系障碍儿童早期干预丛书

如何发展自闭谱系障碍儿童的沟通能力	朱晓晨 苏雪云
如何理解自闭谱系障碍和早期干预	苏雪云
如何发展自闭谱系障碍儿童的社会交往能力	吕 梦 杨广学
如何发展自闭谱系障碍儿童的自我照料能力	倪萍萍 周 波
如何在游戏中干预自闭谱系障碍儿童	朱 瑞 周念丽
如何发展自闭谱系障碍儿童的感知和运动能力	韩文娟 徐 芳 王和平
如何发展自闭谱系障碍儿童的认知能力	潘前前 杨福义
自闭症谱系障碍儿童的发展与教育	周念丽
如何通过音乐干预自闭谱系障碍儿童	张正琴
如何通过画画干预自闭谱系障碍儿童	张正琴
如何运用ACC促进自闭谱系障碍儿童的发展	苏雪云
孤独症儿童的关键性技能训练法	李 丹
自闭症儿童家长辅导手册	雷江华
孤独症儿童课程与教学设计	王 梅
融合教育理论反思与本土化探索	邓 猛
自闭症谱系障碍儿童家庭支持系统	孙玉梅
自闭症谱系障碍儿童团体社交游戏干预	李 芳
孤独症儿童的教育与发展	王 梅 梁松梅

特殊学校教育·康复·职业训练丛书（黄建行 雷江华 主编）

- 信息技术在特殊教育中的应用
- 智障学生职业教育模式
- 特殊教育学校学生康复与训练
- 特殊教育学校校本课程开发
- 特殊教育学校特奥运动项目建设

21世纪学前教育规划教材

学前教育概论	李生兰
学前教育管理学	王 雯
幼儿园歌曲钢琴伴奏教程	果旭伟
幼儿园舞蹈教学活动设计与指导	董 丽
实用乐理与视唱	代 苗
学前儿童美术教育	冯婉贞
学前儿童科学教育	洪秀敏
学前儿童游戏	范明丽
学前教育研究方法	郑福明
外国学前教育史	郭法奇
学前教育政策与法规	魏 真
学前心理学	涂艳国 蔡 艳

学前教育理论与实践教程	
	王 维 王维娅 孙 岩
学前儿童数学教育	赵振国

大学之道丛书精装版

美国高等教育通史	[美]亚瑟·科恩
知识社会中的大学	[英]杰勒德·德兰迪
大学之用（第五版）	[美]克拉克·克尔
营利性大学的崛起	[美]理查德·鲁克
学术部落与学术领地：知识探索与学科文化	
	[英]托尼·比彻，保罗·特罗勒尔
美国现代大学的崛起	[美]劳伦斯·维赛
教育的终结——大学何以放弃了对人生意义的追求	
	[美]安东尼·T.克龙曼
世界一流大学的管理之道——大学管理研究导论	
	程 星
后现代大学来临？	
	[英]安东尼·史密斯 弗兰克·韦伯斯特

大学之道丛书

市场化的底限	[美]大卫·科伯
大学的理念	[英]亨利·纽曼
哈佛：谁说了算	[美]理查德·布瑞德利
麻省理工学院如何追求卓越	[美]查尔斯·维斯特
大学与市场的悖论	[美]罗杰·盖格
高等教育公司：营利性大学的崛起	
	[美]理查德·鲁克
公司文化中的大学：大学如何应对市场化压力	
	[美]埃里克·古尔德 40元
美国高等教育质量认证与评估	
	[美]美国中部州高等教育委员会
现代大学及其图新	[美]谢尔顿·罗斯布莱特
美国文理学院的兴衰——凯尼恩学院纪实	
	[美]P.F.克鲁格
教育的终结：大学何以放弃了对人生意义的追求	
	[美]安东尼·T.克龙曼
大学的逻辑（第三版）	张维迎
我的科大十年（续集）	孔宪铎
高等教育理念	[英]罗纳德·巴尼特
美国现代大学的崛起	[美]劳伦斯·维赛
美国大学时代的学术自由	[美]沃特·梅兹格
美国高等教育通史	[美]亚瑟·科恩
美国高等教育史	[美]约翰·塞林
哈佛通识教育红皮书	哈佛委员会
高等教育何以为"高"——牛津导师制教学反思	
	[英]大卫·帕尔菲曼
印度理工学院的精英们	[印度]桑迪潘·德布
知识社会中的大学	[英]杰勒德·德兰迪
高等教育的未来：浮言、现实与市场风险	
	[美]弗兰克·纽曼等
后现代大学来临？	[英]安东尼·史密斯等
美国大学之魂	[美]乔治·M.马斯登
大学理念重审：与纽曼对话	
	[美]雅罗斯拉夫·帕利坎
学术部落及其领地——当代学术界生态揭秘（第二版）	
	[英]托尼·比彻 保罗·特罗勒尔
德国古典大学观及其对中国大学的影响（第二版）	
	陈洪捷
转变中的大学：传统、议题与前景	郭为藩
学术资本主义：政治、政策和创业型大学	
	[美]希拉·斯劳特 拉里·莱斯利
21世纪的大学	[美]詹姆斯·杜德斯达
美国公立大学的未来	
	[美]詹姆斯·杜德斯达 弗瑞斯·沃马克
东西象牙塔	孔宪铎
理性捍卫大学	眭依凡

学术规范与研究方法系列

社会科学研究方法100问	[美]萨尔金德
如何利用互联网做研究	[爱尔兰]杜恰泰
如何撰写与发表社会科学论文：国际刊物指南	
	蔡今忠
如何查找文献（第二版）	[英]萨莉·拉姆齐
给研究生的学术建议	[英]戈登·鲁格 等
社会科学研究的基本规则（第四版）	
	[英]朱迪斯·贝尔
做好社会研究的10个关键	
	[英]马丁·丹斯考姆
如何写好科研项目申请书	
	[美]安德鲁·弗里德兰德 等
教育研究方法（第六版）	
	[美]梅瑞迪斯·高尔 等
高等教育研究：进展与方法	
	[英]马尔科姆·泰特
如何成为学术论文写作高手	[美]华乐丝
参加国际学术会议必须要做的那些事	
	[美]华乐丝
如何成为优秀的研究生	[美]布卢姆

结构方程模型及其应用	易丹辉 李静萍	课堂与教学艺术（第二版）	孙菊如 陈春荣

21世纪高校职业发展读本

如何成为卓越的大学教师	[美]肯·贝恩
给大学新教员的建议	[美]罗伯特·博伊斯
如何提高学生学习质量	[英]迈克尔·普洛瑟 等
学术界的生存智慧	[美]约翰·达利 等
给研究生导师的建议（第2版）	[英]萨拉·德拉蒙特 等

21世纪教师教育系列教材·物理教育系列

中学物理微格教学教程（第二版）	张军朋 詹伟琴 王恬
中学物理科学探究学习评价与案例	张军朋 许桂清
物理教学论	邢红军
中学物理教学法	邢红军
中学物理教学评价与案例分析	王建中 孟红娟

21世纪教育科学系列教材·学科学习心理学系列

数学学习心理学（第二版）	孔凡哲
语文学习心理学	董蓓菲

21世纪教师教育系列教材

教育心理学（第二版）	李晓东
教育学基础	庞守兴
教育学	余文森 王晞
教育研究方法	刘淑杰
教育心理学	王晓明
心理学导论	杨凤云
教育心理学概论	连榕 罗丽芳
课程与教学论	李允
教师专业发展导论	于胜刚
学校教育概论	李清雁
现代教育评价教程（第二版）	吴钢
教师礼仪实务	刘霄
家庭教育新论	闫旭蕾 杨萍
中学班级管理	张宝书
教育职业道德	刘亭亭
教师心理健康	张怀春
现代教育技术	冯玲玉
青少年发展与教育心理学	张清
课程与教学论	李允

21世纪教师教育系列教材·初等教育系列

小学教育学	田友谊
小学教育学基础	张永明 曾碧
小学班级管理	张永明 宋彩琴
初等教育课程与教学论	罗祖兵
小学教育研究方法	王红艳
新理念小学数学教学论	刘京莉
新理念小学音乐教学法	吴跃跃

教师资格认定及师范类毕业生上岗考试辅导教材

教育学	余文森 王晞
教育心理学概论	连榕 罗丽芳

21世纪教师教育系列教材·学科教育心理学系列

语文教育心理学	董蓓菲
生物教育心理学	胡继飞

21世纪教师教育系列教材·学科教学论系列

新理念化学教学论（第二版）	王后雄
新理念科学教学论（第二版）	崔鸿 张海珠
新理念生物教学论（第二版）	崔鸿 郑晓慧
新理念地理教学论（第二版）	李家清
新理念历史教学论（第二版）	杜芳
新理念思想政治（品德）教学论（第二版）	胡田庚
新理念信息技术教学论（第二版）	吴军其
新理念数学教学论	冯虹

21世纪教师教育系列教材·语文课程与教学论系列

语文文本解读实用教程	荣维东
语文课程教师专业技能训练	张学凯 刘丽丽
语文课程与教学发展简史	武玉鹏 王从华 黄修志
语文课程学与教的心理学基础	韩雪屏 王朝霞
语文课程名师名课案例分析	武玉鹏 郭治锋
语用性质的语文课程与教学论	王元华

21世纪教师教育系列教材·学科教学技能训练系列

新理念生物教学技能训练（第二版）	崔鸿
新理念思想政治（品德）教学技能训练（第二版）	胡田庚 赵海山
新理念地理教学技能训练	李家清
新理念化学教学技能训练（第二版）	王后雄
新理念数学教学技能训练	王光明

新理念小学音乐教学法	吴跃跃

王后雄教师教育系列教材
教育考试的理论与方法	王后雄
化学教育测量与评价	王后雄
中学化学实验教学研究	王后雄
新理念化学教学诊断学	王后雄

西方心理学名著译丛
儿童的人格形成及其培养	[奥地利] 阿德勒
活出生命的意义	[奥地利] 阿德勒
生活的科学	[奥地利] 阿德勒
理解人生	[奥地利] 阿德勒
荣格心理学七讲	[美] 卡尔文·霍尔
系统心理学：绪论	[美] 爱德华·铁钦纳
社会心理学导论	[美] 威廉·麦独孤
思维与语言	[俄] 列夫·维果茨基
人类的学习	[美] 爱德华·桑代克
基础与应用心理学	[德] 雨果·闵斯特伯格
记忆	[德] 赫尔曼·艾宾浩斯
实验心理学（上下册）	[美] 伍德沃斯 施洛斯贝格
格式塔心理学原理	[美] 库尔特·考夫卡

21世纪教学活动设计案例精选丛书（禹明 主编）
初中语文教学活动设计案例精选	
初中数学教学活动设计案例精选	
初中科学教学活动设计案例精选	
初中历史与社会教学活动设计案例精选	
初中英语教学活动设计案例精选	
初中思想品德教学活动设计案例精选	
中小学音乐教学活动设计案例精选	
中小学体育（体育与健康）教学活动设计案例精选	
中小学美术教学活动设计案例精选	
中小学综合实践活动教学活动设计案例精选	
小学语文教学活动设计案例精选	
小学数学教学活动设计案例精选	
小学科学教学活动设计案例精选	
小学英语教学活动设计案例精选	
小学品德与生活（社会）教学活动设计案例精选	
幼儿教育教学活动设计案例精选	

全国高校网络与新媒体专业规划教材
文化产业概论	尹章池
网络文化教程	李文明
网络与新媒体评论	杨娟
新媒体概论	尹章池
新媒体视听节目制作（第二版）	周建青
融合新闻学导论	石长顺
新媒体网页设计与制作	惠悲荷
网络新媒体实务	张合斌
突发新闻教程	李军
视听新媒体节目制作	邓秀军
视听评论	何志武
出镜记者案例分析	刘静 邓秀军
视听新媒体导论	郭小平
网络与新媒体广告	尚恒志 张合斌
网络与新媒体文学	唐东堰 雷奕

全国高校广播电视专业规划教材
电视节目策划教程	项仲平
电视导播教程	程晋
电视文艺创作教程	王建辉
广播剧创作教程	王国臣

21世纪教育技术学精品教材（张景中 主编）
教育技术学导论（第二版）	李芒 金林
远程教育原理与技术	王继新 张屹
教学系统设计理论与实践	杨九民 梁林梅
信息技术教学论	雷体南 叶良明
网络教育资源设计与开发	刘清堂
学与教的理论与方式	刘雍潜
信息技术与课程整合（第二版）	赵呈领 杨琳 刘清堂
教育技术研究方法	张屹 黄磊
教育技术项目实践	潘克明

21世纪信息传播实验系列教材（徐福荫 黄慕雄 主编）
多媒体软件设计与开发	
电视照明·电视音乐音响	
播音与主持艺术（第二版）	
广告策划与创意	
摄影基础（第二版）	

21世纪教师教育系列教材·专业养成系列（赵国栋 主编）
微课与慕课设计初级教程	
微课与慕课设计高级教程	
微课、翻转课堂和慕课设计实操教程	
网络调查研究方法概论（第二版）	
PPT云课堂教学法